Wo mein Glaube zu Hause ist

KLAUS MÖLLERING HRSG.

Wo mein Glaube zu Hause ist

Heimatkunde für Himmelssucher

April 2007

EVANGELISCHE VERLAGSANSTALT
Leipzig

Die Deutsche Bibliothek – Bibliographische Information
Die Deutsche Bibliothek verzeichnet diese Publikation
in der Deutschen Nationalbibliographie;
detaillierte bibliographische Daten sind im Internet
über http://dnb.ddb.de abrufbar.

Printed in Germany · H 7051

Cover: Georg Design, Münster
Satz: Georg Design, Münster
Druck und Binden: Clausen & Bosse

ISBN 3-374-02362-2
www.eva-leipzig.de

Inhalt

In Gottes Haus zu Hause

Unterwegs in die Zukunft

Glauben – eine Kunst unter anderen

Leben aus der Erinnerung

Wurzeln in eine andere Welt

Alltags und für alle Tage

Vom ersten bis zum letzten Wort

Vorwort

Glaube braucht einen Landeplatz, soll er nicht im Unverbindlichen bleiben. Und zugleich muss er den Himmel im Blick haben, wenn er über den Horizont unserer Wirklichkeit blicken soll. Schon Jesus, den die Bibel nicht „von Ungefähr", sondern „von Nazareth" nennt, schärfte mit seinem Hinweis: „Das Himmelreich ist schon mitten unter euch", den Blick für solche Landeplätze des Glaubens. Beides ist dort zu finden: die Erfahrung, wie er dort wurzeln und wachsen kann – und die Sehnsucht nach mehr. Glauben lebt von der Bereitschaft, dies beides miteinander in der Balance zu halten.

An solche Orte, die man entweder betreten oder doch wenigstens beschreiben kann, führen die 28 Autorinnen und Autoren dieses Buches. In der Deutschlandfunk-Reihe „Am Sonntagmorgen" schildern sie oft sehr persönlich, wo ihr Glaube seine Heimat hat. An ganz unterschiedlichen Stellen kann er wurzeln und wachsen: unter freiem Himmel genauso wie in einer bestimmten Kirche, im Computer ebenso wie im Lesesessel – und sogar in einer Gefängniszelle. Doch stets bleibt er nicht nur da, sondern bleibt in der Schwebe zwischen Zuhause und Himmel.

In der so entstandenen „Heimatkunde für Himmelssucher" ist nachzulesen, was auch mancher gerne wissen würde, der mit den Details des christlichen Glaubens nicht so vertraut ist: Glauben – woher kommt das? Wie geht das? Wohin führt das?

„Glaube ist", so wird der Theologe Eberhard Jüngel von der Tübinger Rundfunkpfarrerin Lucie Panzer zitiert, „ die Bereitschaft, mit der Erfahrung ... selber neue Erfahrungen zu machen." Und so findet er ein Zuhause als „Untermieter im Haus der Künstler", in der Musik oder im Museum. Im Staunen über die Wunder der Schöpfung oder im Atemholen am Urlaubsort. Am Meer genauso wie in der Wüste. In der Erinnerung an die Toten wie bei der Geburt des eigenen Kindes.

Oder eben im Kirchenlied, in einer ganz traditionellen Frömmigkeit – und nicht zuletzt im Wort der Bibel. Religion hat angeblich wieder Konjunktur, heißt es in letzter Zeit. Damit man sich auf der Suche nach der geistlichen Heimat nicht verläuft, gibt dieses Buch auf die Frage nach Woher und Wohin klare, ehrliche und anschauliche Antworten. Ich danke allen, die dazu beigetragen haben.

Klaus Möllering

Wort für Heimat mit drei Buchstaben

Andrea Schneider

Sie kennen Hou nicht, diesen kleinen verträumten Fischerort an der Nordostküste von Jütland? Das ist durchaus entschuldbar. Und ich bin mir auch nicht sicher, ob Sie so viel verpasst haben. Vermutlich würden Sie Hou auch wie „Hoo“ aussprechen oder das o-u zusammen ziehen zu „Huu“. Auch das ist verzeihlich. Fast alle Deutschen – es werden in den letzten Jahren nicht mehr, die hier Urlaub machen – sprechen den Namen falsch aus. Nicht wie die Dänen, mit einem dumpfen „ou“, das im Rachen schnell abgekniffen wird, und eher einem Atemschnappen ähnelt als einer Ortsbezeichnung.

Wie auch immer: Für mich ist „Hou“ ein Wort für Heimat mit drei Buchstaben.

Heimat – dieses Wort löst zwiespältige Gefühle in mir aus. Meine Großeltern väterlicherseits sind während des Krieges aus Ostpreußen geflohen, meine Großeltern mütterlicherseits aus dem zerbombten Dresden. Die alte, die „kalte Heimat“, existierte nur hinter dem „Eisernen Vorhang“, der sich nur zuweilen hob, um von gespannten Kinderaugen beäugte, sorgfältig abgewogene und abgepackte Päckchen durchzulassen. Das sehnsuchtsvolle „Heimatvertriebenen-Thema“ war keins in meiner Familie, und bis heute wirkt es auf mich fremd.

Meine Eltern, die sich im freien Hamburg kennen und lieben gelernt hatten, ließen sich in Heidelberg nieder, der ersten Stelle meines Vaters, eines freikirchlichen Pastors. Hier wurden mein Bruder und ich geboren. In unser familiäres Hochdeutsch mischte sich ein badensischer Zungenschlag. Mit langen Zöpfen und Kniestrümpfen fühlte ich mich als Heidelbergerin. Heimatkunde von Schloss und Bergstraße und Odenwald.

Dann der für unsere Freikirche typische Pastorenwechsel längs und quer durch die Republik. Bochum – damals sprachen wir alle den Namen falsch aus, mit kurzem offenen „o“ statt mit geschlossenem langen. Ich als Zehnjährige allein vor der fremden Klasse, immer noch mit langen Zöpfen und Kniestrümpfen, mit rotem Kopf und ängstlichen Augen. Immer noch das süddeutsche „gell“ auf den Lippen, schwer verstanden von den Mädchen aus dem Ruhrpott.

Schmerzlicher Verlust von Heimat. Aber man gewöhnt sich ein, gerade Kinder. Schloss in der Nähe oder Zeche – letztlich ist das zweitrangig, wo Menschen ein Zuhause schaffen. Ein schönes Pfarrhaus oder eine Wohnung in einer durchgehenden Häuserzeile direkt hinter dem Hauptbahnhof – das Wissen um Geborgenheit hängt nicht dran.

Flügge werden und weg von der Familie, die auch wieder umzieht, Wurzeln kappen und aufbrechen zum Studium. Auf die Zeit in Hamburg folgen einige Jahre im Umland, dann Oldenburg.

Obwohl man so richtiger Oldenburger erst in der soundsovielten Generation wird, oder wenn man in mindestens einem Ortsverein Mitglied ist oder das Alte Gymnasium besucht hat – heute antworte ich auf die Frage „Und woher kommen Sie?“ oft ganz schlicht: „Aus Oldenburg.“

„Heimat ist da, wo der Mensch mit seinen Gefühlen zu Hause ist.“ So hat es Elias Canetti gesagt.

Ich habe schon erlebt und erlebe heute, was für Jüngere noch selbstverständlicher ist: Hier geboren werden, da aufwachsen, dort studieren, hier wohnen, woanders arbeiten. Heimat als prägender Herkunftsort, als Ort der Beständigkeit, abgeschottet von Außeneinflüssen, hat sich längst für viele aufgelöst.

Und nicht nur die äußere Heimat schwindet, auch die innere, die Verortung in Traditionen und Ritualen. Das ist befreiend: Raus aus der Provinz, raus aus der kleinen Welt des „Das tut man und das tut man nicht“. Hinein ins offene Leben. Diese Freiheit ist eine Chance. Aber auch eine Bedrohung.

Sich beständig entscheiden zu müssen: Wo, wie will ich leben? Sich selbst entwerfen müssen: Wer bin ich? Wer will ich sein? Eine schwierige Frage: Wo kommst du her, wo bist du zu Hause?

Für drei Wochen im Jahr bin ich zu Hause in Hou – Wort für Heimat mit drei Buchstaben.

Über Freunde hatten wir den Tipp bekommen für das kleine Ferienhaus an der Ostküste Nordjütlands. Es passt zu euch, hatten sie gesagt. Konnten sie ahnen, dass es so passen würde?

Seit zwanzig Jahren vermietet uns die inzwischen auch in die Jahre gekommene Dänin ihr Sommerhaus. Und jedes Jahr für meine Familie dasselbe Ritual: Auffahren auf das große Naturgrundstück und den Schlüssel vom Haken nehmen am „Aushaus" – liebenswerte, dänisch-deutsche Bezeichnung für Schuppen.

Ein erster Blick durch die kleinen Holzfenster: Wer sieht zuerst, was sich verändert hat? Mal ein neues Sofa, mal neue Gardinen ... Dann ruck-zuck das Haus in Besitz nehmen: für jeden immer dasselbe Fach für T-Shirts und Hosen, die Bücher in dieses Regal, die Spiele in jenes. Der Urlaub fängt sofort an.

Da ist er wieder, der vertraute Geruch nach Holz und nach Decken, die nur im Sommer an die Luft dürfen. Das asthmatische Gurgeln des alten Kühlschranks. Am Abend dann Hot Dog mit dänischen Gurken und Röstzwiebeln. Und in der Nacht wie jedes Jahr der Versuch, auf den schmalen Holzkojen mit den viel zu dünnen Schaumstoffmatratzen eine bequeme Lage zu finden. Der Rücken wird sich wieder dran gewöhnen müssen. Dann der Blick an die Holzdecke: Wo waren noch die Astlöcher, die das Sternbild vom Großen Wagen ergeben?

Heimat – die kann man sehen und hören, riechen und schmecken. Sie ist nicht immer bequem. Zuweilen schmerzt der Rücken. Aber auch das gehört dazu. Vor der Folie des Immergleichen werden Veränderungen umso sichtbarer: Das Baby in der Wippe wurde mit den Jahren der Eins-neunzig Bursche, der sich in seiner Koje zusammenfalten muss. Die roten Nagellackspuren an der Holzwand erzählen immer noch von Malaktionen des kleinen Mädchens, das sich unterdessen längst die Fußnägel lackiert. Die Spielzeuge wurden größer: Ins Aushaus kommen statt Schäufelchen und Sandeimer jetzt Kite-Brett und Neopren-Anzug.

Jedes Jahr bleibt die Zeit ein wenig stehen für eine Momentaufnahme des sich verändernden Lebens. Und damit sind längst nicht nur die alljährlichen, mit viel Murren und auch ein wenig Spaß produzierten Familienfotos gemeint ...

Die kleinen Rituale – die besten Zimtschnecken von „dem" Bäcker, der Abendspaziergang in „unserem" Hafen – sie stiften Gemeinschaft, führen Eltern und Kinder, Geschwister zusammen, die sonst längst eigene Wege gehen. Heimat entsteht im fremden Land.

Ich bin mit meiner Familie in diesen zwanzig Jahren dreimal umgezogen, die Kinder sind ausgezogen. Schulwechsel, Berufswechsel, Studienbeginn. Aber jeden Sommer: Hou. Freunde fragen in einer Mischung von Augenzwinkern und Stirnrunzeln nach unserem Urlaubsort. Und wir antworten in einer Mischung aus Überzeugung und Schamgefühl, schließlich sind wir ja sonst nicht so konservativ ...

Hou – Wort für Heimat mit drei Buchstaben. Heimat für drei Wochen. Nur für drei Wochen. Zum Glück. Die Begrenzung ermöglicht erst das Heimatgefühl. Hou als Wohnort wäre undenkbar. Aber als Insel im immer schnelleren Fluss der Zeit ist es wunderbar entlastend. Keine schwierigen Diskussionen, keine mühsamen Kompromiss-Entscheidungen über die Wahl der Urlaubsorte.

Auch nicht die sonst allgegenwärtige, nervenaufreibende Herausforderung, sich von Neuem – positiv oder negativ – überraschen zu lassen. Hou als Ort der Verlangsamung. Kleine Heimat, die gerade in ihrer Langweiligkeit Raum für Freiheit bietet.

Für die erwachsene Tochter zum Beispiel, die mit ihrem Mann anreist, um dem ihre Urlaubsheimat zu zeigen. Ihrem Vater entlockt dies die Phantasie, wie es wäre, hier mit Enkelkindern herzufahren ... Heimat ist immer auch generationsübergreifend. Eine Tradition wächst aus der anderen. Und lädt andere ein.

Freunde planen wiederholt die eigene Urlaubsreise so, dass Hou auf der Route liegt. Statt des sonst für sie selbstverständlichen edlen Umfelds: Plastiktischdecke. Statt aufwendiger Gästebewirtung: frisch gepflückte Erdbeeren mit dänischem Sahneeis und viel Zeit zum Reden.

Heimat – sie ist umso wichtiger, je mehr das innere Lebenshaus ins Wanken gerät. Sieben Jahre ist es her. Erst nur der Verdacht, dann die niederschmetternde Diagnose: Aggressiver Lymphdrüsenkrebs. Gemeinsam mit der anstrengenden Chemotherapie nimmt mein Mann den Kampf gegen die Krankheit auf. Der Ausgang ist unklar. Und die Fragen an das Leben und an Gott sind laut. Da gerät die kleine Frage – dieses Jahr wieder Hou? – fast in Vergessenheit. Aber sie stellt sich doch. Ärzte runzeln erst die Stirn, machen dann Mut. Mitten in der Therapie eine Atempause. Wo alles bedroht ist – Lebensplanung, Lebensfreude – da findet sich für drei Wochen Leben, fast wie es war und wie es sein sollte. Ein Geschenk, dieses kleine Stück Heimat. Gerade jetzt.

In Nordjütland, wo an der Spitze Nord- und Ostsee zusammenfließen und nicht nur Kinder ihren Spaß haben, mit den Füßen in zwei Meeren gleichzeitig zu stehen – hier hängen die Wolken tiefer. Fast möchte man sie anfassen, wie sie da aufgeplustert vorbeiziehen und auch an trüben Tagen ganz überraschend die Sonnenstrahlen durchlassen und den blitzblauen Himmel.

Es ist kein Wunder, dass diese Gegend schon immer viele Maler angelockt hat, die mit dem Pinsel dieses außergewöhnliche Licht und die klaren Farben einfangen. Und es ist auch kein Wunder – oder vielleicht doch? – wie Gedanken und Gefühle in dieser Umgebung freigepustet werden. Wie sie Klarheit gewinnen unter dem weiten Horizont, wo Wasser und Luft, Himmel und Erde sich berühren.

„Der Wolken, Luft und Winden gibt Wege, Lauf und Bahn, der wird auch Wege finden, da dein Fuß gehen kann." Dieser Liedvers von Paul Gerhardt rückt hier näher als sonst. Nicht nur beim Nachdenken über Krankheit und ihre Auswirkungen. Auch beim Gespräch mit Freunden über einen beruflichen Wechsel. Beim Beobachten der Kinder, wie sie spielen und streiten, selbstständig und erwachsen werden.

Unter diesem Himmel fällt es leichter, das Leben Gott anzubefehlen, die eigenen „Wege und was dein Herze kränkt, der allertreusten Pflege des, der den Himmel lenkt".

Am oft menschenleeren Strand sitzen, die Füße im warmen Sand, während im immer gleichen leisen Rhythmus die Wellen an den Strand spielen. Stille. Lange-Weile breitet sich wohlig aus. Aus der Ferne höchstens das Brummen eines Rasenmähers. Denn die Dänen sind – so hat es den Anschein – Weltmeister im Rasenmähen …

Die Gedanken wandern. Und die Zeit hält an. „Meine Zeit steht in deinen Händen.“ Ja, sie steht. Und sie steht in deinen Händen, Gott, wie der Beter des 31. Psalms sagt: Angesichts des feindlichen Chaos um ihn herum ringt er sich durch zu diesem vertrauenden Gebet: „Was aus mir wird, liegt an dir, Gott.“ Aus den heimtückischen Fallstricken seiner äußeren und inneren Feinde flieht er zu seinem Gott, der ihm ein rettender Fels ist, eine schützende Burg. Ein Stück Heimat. So kann er beten und dieses Gebet an uns Heutige weiter reichen: „Meine Zeit steht in deinen Händen.“

Wie wohltuend – sie steht. Auch wenn sie im nächsten Moment oder in drei Wochen wieder weiterrasen wird.

Wir brauchen im schnellen Zeit-Lauf solche wiederkehrenden Inseln der stehenden Zeit, solche kleinen Stücke Heimat in der Heimatlosigkeit der wechselnden Herausforderungen, des dauernden Sich-Entscheiden-Müssens.

„Meine Zeit steht in deinen Händen.“ Vermutlich kannte auch Jesus dieses Gebet des 31. Psalms. Was Heimatlosigkeit angeht, war er uns modernen Menschen sehr nah: da geboren, dort aufgewachsen, diese Ausbildung und jene Tätigkeit, hier und da arbeitend.

Aber mitten in den drei Jahren wandern, reden, heilen, in dieser Zeit, die ihm nicht einmal wie den Vögeln ein Nest oder wie den Füchsen eine Grube bot, aber alles von ihm forderte, kannte auch er kleine Inseln von Heimat. Wiederkehrende Aus-Zeiten: Zum Beispiel aus dem Haus mit den vielen Leuten, die etwas von ihm wollen, fliehen an den einsamen Ort vor der Stadt. Oder: Die Freundinnen Maria und Martha besuchen und einfach Mensch sein. Oder: Auf den Berg steigen und auf den See schauen. Weiter Horizont, wo Wasser und Luft, Himmel und Erde sich berühren. Wo die Gedanken Klarheit gewinnen und das Leben eine Perspektive. Mit Gott reden und Kraft tanken: „Meine Zeit steht in deinen Händen."

Vielleicht werde ich tatsächlich irgendwann nicht mehr in Urlaub fahren nach Hou. Aber es wird für mich immer ein wenig das bleiben: Wort für Heimat mit drei Buchstaben …

Andrea Schneider wurde 1955 in Heidelberg geboren. Nach dem Abitur studierte sie von 1974–1979 an der Universität Hamburg Evangelische Theologie und Germanistik für das Lehramt an Gymnasien. Nach ihrem Referendariat unterrichtete sie als Studienrätin an einer Hamburger Schule. Während ihres Erziehungsurlaubs engagierte sie sich ehrenamtlich in der evangelischen Rundfunkarbeit, zunächst als Hörfunkautorin, dann auch als Fernsehmoderatorin. Von 1989 bis 2002 war sie »Wort zum Sonntag«-Sprecherin in der ARD. Sie ist Pastorin im Bund Evangelisch-Freikirchlicher Gemeinden, angestellt für Rundfunkarbeit und Gemeindeberatung. Andrea Schneider lebt in Oldenburg, ist verheiratet und hat drei Kinder.

Wüste – Heimat auf Zeit

Helwig Wegner-Nord

Die Araber nennen die Sahara Bahr bela ma – Meer ohne Wasser. Und in der Tat: Die Wüste hat etwas von einem Meer, einem Ozean. Sandberge und -täler scheinen sich wie Wellen über Hunderte von Kilometern zu gleichen. Wind und Wetter haben das Dünenmeer dieser riesigen, eigenartigen Welt geformt. Die Sahara, sechsundzwanzig Mal so groß wie Deutschland, ist zwar das größte Wüstengebiet der Erde. Aber eins haben auch kleinere Wüsten an sich, sei es in Afrika, im Nahen Osten oder in Asien: die Majestät dieser Landschaft, ebenso wie ein Meer etwas Majestätisches hat. Wer je in der Wüste gewesen ist, wird das nicht vergessen.

Zugleich abweisend wie einladend liegt das weite Land da. Für mich ist besonders die Stille faszinierend gewesen, die sich eindrücklich und tief um mich gebreitet hat. Ab und zu das Geräusch eines Geckos. Sonst nur Schweigen.

Menschen aller Zeiten haben das als den großen Reiz der Wüste erkannt: Einsamkeit, Weite, Stille. Eine Art geographische Askese, wenn man so will. Ein altes Sprichwort führt die Besonderheit der Wüstenlandschaft darauf zurück, dass es einfach irgendeinen Platz geben muss, wo auch Gott mal seine Ruhe findet: „Die Wüste ist der Garten Allahs, aus dem er alles überflüssige menschliche Leben verbannt hat, damit es einen Ort gibt, wo er in Frieden wandeln kann." Alles Leben verbannt – und doch sind hier immer wieder auch Menschen unterwegs. Die Wüste ist attraktiv. Wer dort hingeht, entdeckt oft nicht nur eine bizarre Landschaft, sondern sich selbst. Man wandert dort nicht nur zwischen irgendwelchen Dünen, man geht auch in seinem eigenen Denken und seinen eigenen Ansichten umher. Wüste ist Denkland.

Und die Wüste kann sogar zur Heimat, zumindest zur Heimat auf Zeit werden. Johannes der Täufer findet in der Wüste zu seiner Aufgabe. Und Jesus kämpft hier mit dem Versucher. Die ersten Mönche der christlichen Kirche sind Einsiedler in der Wüste Nordafrikas – Wüstenmütter und Wüstenväter, wie sie voller Respekt genannt werden. Und schon tausend Jahre zuvor fühlten Menschen sich in der Wüste geborgen, zumindest für eine Weile: Moses, der vor seinen ägyptischen Verfolgern flieht, findet in der Wüste eine neue Bleibe. Und genauso ist für Elia, am Ende seiner Kräfte und schon lebensmüde, die Wüste der letzte Zufluchtsort. In einem

Psalm der Hebräischen Bibel heißt es: „O hätte ich Flügel wie Tauben, dass ich wegflöge und Ruhe fände! Siehe, so wollte ich in die Ferne fliehen und in der Wüste bleiben ..." (Psalm 55).

Dass jemand in die Wüste flieht, um auf diese Weise Verfolger abzuschütteln oder sich gut verstecken zu können, mag nachvollziehbar sein. Aber immer wieder haben sich auch Menschen freiwillig jeder bequemen Umgebung entzogen, haben alle Kultur und jede Beziehung zurückgelassen, um sich in die kargste Landschaft der Erde zu begeben. Wie kommt es, dass Menschen sich ausgerechnet die lebensfeindliche Wüste zur Heimat machen? Dafür muss es Gründe, zumindest Motive geben.

Einsamkeit

Das erste Motiv könnte in dem Vorteil liegen, den man aus der Einsamkeit ziehen kann. Der Mensch ist zwar gar nicht denkbar ohne Beziehungen und Kontakte. Wir sind auf Sozialität angelegt und Gemeinschaft ist die Wärmequelle unseres Lebens. Alles richtig. Aber eigenartiger Weise scheint auch das genaue Gegenteil, das Alleinsein, einen Wert für unser Leben zu haben. „Aus jenem Menschen wird selten etwas Rechtes, weder etwas Gutes noch etwas Böses, der niemals in der Einsamkeit war." Der dänische Philosoph Sören Kierkegaard lobt mit diesen Worten die Einsamkeit.

Für mich ist das einsam Sein zunächst so etwas wie eine Art Rückführung, eine Rückbesinnung auf mich selbst, eine Form hoher Selbstkonzentration. Die Gespräche verstummen, die Ansprache und damit auch die Ansprüche anderer treten zurück. Mit einem Mal bin ich mit einem Menschen allein, den ich oft genug wenig beachtet habe: mit mir selbst. Aus der äußeren wird nach und nach dann eine innere Stille. Wenn ich anderen nicht mehr antworten muss, wenn ich nicht mehr gefordert bin als kluger Diskutant, der immer schlagfertig auf jedes Argument parieren kann, und nicht mehr gefragt bin als verständnisvoller und empfindsamer Berater, dann kann ich richtig zu schweigen beginnen. Die Einsamkeit kann mir helfen, zu mir zu kommen. Und dieses Zu-Sich-Kommen hat einen großen Wert. Es ist eine der Voraussetzungen dafür, dass wir Gott erfahren können. Der große Mystiker Meister Eckhart hat genau davon gesprochen: „Wer aber überall bei sich ist, der ist Gott würdig; wer zu allen Zeiten allein ist, dem ist Gott gegenwärtig ..." .

Die Wüste ist ein Ort, der einen das Schweigen lehren kann. Am Anfang vielleicht nur wegen dieser unheimlichen Dimensionen, weil selbst einem großmäuligen Globetrotter in der Majestät dieser Landschaft die eigenen Worte unpassend vorkommen. Dann aber auch, weil ich hier nach kurzer Zeit immer wieder zu mir selbst zurückkehre. Wer bin ich eigentlich? Dass ich hier stehe. Dass ich lebe? Eigentlich spricht viel dagegen. Hitze und Trockenheit und Gefahren aller Art. Die Wüste lehrt zu schweigen. Oder sie führt hin zu einem Gespräch mit sich selbst.

Ich möchte von einem Mönch erzählen, der zu den legendären Wüstenvätern gehört hat. Euagrios Pontikos lebte im ausgehenden vierten Jahrhundert in Nordafrika. Er war Mönch und Asket. Und er war (zum Glück) ein Schriftsteller. Darum wissen wir etwas über ihn und seine Gedanken. Euagrios hat die Einsamkeit gekannt. Er lebte in der Weite der Wüste, um sich ganz dem Gespräch mit Gott zu widmen. Aber ihm – wie auch seinen Mönchskollegen – passierte es immer wieder, dass sie in diesem Gespräch mit Gott gestört wurden. Die Gedanken gingen ganz anderen Dingen nach. Sie malten sich üppige Mahlzeiten aus oder üppige Frauen. Sie träumten sich in die Freuden hinein, die sich jemand mit viel Geld leisten konnte. Und vor allem stellten sich immer wieder Überlegungen ein, ob das denn wirklich nun der richtige Weg zu Gott wäre, oder ob man nicht lieber zurückkehren sollte in die „normale" Welt. Euagrios entwickelte eine Methode, wie er mit diesen inneren Anfragen umgehen konnte. Er erfand „die große Widerrede". Aus einem inneren Monolog wurde so ein innerer Dialog. Wenn sich also im Kopf des Mönchs ein störender Gedanke einstellte, oft genug war es eine Klage über den eigenen Weg, der zu gehen schwer wurde, dann sollte dem gleich die Widerrede entgegengestellt werden, am besten durch Worte aus der Bibel. Aus einem Klagemonolog wird ein argumentierender Dialog. Wenn auf eine zufällig in den Sinn gekommene Position die gegenteilige folgt, dann ist das erste nicht mehr ganz so unumstößlich präsent. Im Abwägen und Argumentieren und Hinterfragen relativiert sich mit einem Mal, was eben noch so mächtig schien.

Abstand

Warum sucht sich jemand als zeitweilige Heimat die Wüste? Ein zweites Motiv neben dem der Einsamkeit ist das des Abstands. Wer die Wüste zur Heimat wählt, entfernt sich nicht nur von Menschen, sondern auch von den Dingen der Alltagswelt. Die Sorge um die Zukunft wie die Verlockungen der Gegenwart weichen zurück. Menschen in der Wüste berichten von einer Art Freiheit, wie sie eben nur in solchem Abstand zur Welt erfahren werden kann. Die Sehnsucht danach ist auch in unserer Zeit sehr verbreitet. Klosterwochen und Meditationstage sind stark gefragt, Auszeiten kennzeichnen esoterische Angebote der Selbstfindung. Hinter all dem sehe ich das Bedürfnis, die Sehnsucht, Abstand zur Welt zu finden.

Man muss nicht so radikal wie die Wüstenväter und -mütter sein, die sich für den Rest ihres Lebens diesen Abstand verordnet haben. Auch wir können nachvollziehen, dass es von Vorteil sein kann, sich zumindest für eine gewisse Zeit aus gewohnten und eingespielten Handlungszusammenhängen herauszulösen. Es entsteht durch diesen Abstand die Möglichkeit, die eigene Situation mit anderen Augen zu überschauen. Freundlich, aber kritisch. So wie ein Mensch, der zum ersten Mal in meine Wohnung tritt, die Chance hat, anderes wahrzunehmen als ich, der ich tausend Mal durch die Tür getreten bin, so kann ich, wenn ich Abstand zu meinem Leben gewinne, Neues und Anderes sehen als sonst. Das ist eine geistliche Übung: Distanz zu sich selbst zu gewinnen.

Während mich die Einsamkeit zunächst in eine neue intime Nähe zu mir selber führt, gewährt mir der Abstand die Kunst des fremden Blicks auf mein eigenes Leben. Beides ist wichtig. Und beides ist möglich. Die Wüste ist der Ort, an dem Menschen das erprobt haben. Es ist im Grunde das Urmotiv der Mönche. „Mönch" kommt vom griechischen „monachos" und das heißt nichts anderes als „allein". Die ersten Mönche waren allein, mit sich selbst und mit Gott. Sie haben sich darin geübt, Abstand zu halten und – wenn man so will – auch sich selbst immer wieder fremd zu werden. Alles sollte mit Bedacht geschehen, nichts aus Gewohnheit.

Denn genau hier lauert eine Gefahr, die auch schon die Alten kannten. Sie heißt Akedía ακηδια – die stumpfe Gleichgültigkeit, eine Art tödlicher Langeweile und Lustlosigkeit, die sich einstellt, wenn äußere Reize fehlen und innere Leere sich breit macht. Was hilft gegen Akedía? Manche der Wüstenväter von damals haben sich ab und zu auf den Weg gemacht, um bei einem der Kollegen in deren Klause einige Zeit zu verbringen. Andere sind wieder in die betriebsame Welt der anderen Menschen zurückgekehrt. Sie sind damit uns ähnlich, wenn wir entstehende – oder auch nur drohende – Langeweile einfach durch Beschäftigung vertreiben. Wenn wir uns, wie wir sagen, „die Zeit vertreiben".

Euagrios Pontikos setzt der einsetzenden Langeweile keine Betriebsamkeit entgegen und keine Ablenkung. Er empfiehlt als Mittel gegen Akedía das Gebet. Er bittet Gott um die Kraft, durchhalten zu können, standzuhalten, gelassen zu bleiben.

Der Abstand zur Welt scheint eine gute Voraussetzung dafür zu sein, die Dinge und auch die eigenen Gefühle gelassen zu sehen. Die Wüstenväter und auch die Wüstenmütter, die sich offensichtlich noch tiefer als die Männer in die Einsamkeit zurückgezogen hatten, haben sich darin geübt. Von diesen Menschen zu lernen, kann nicht heißen, es ihnen gleich zu tun und die Wüste für den Ort zu halten, wo sich alles erfüllt, was Menschen als Ziel haben sollten. Aber lernen kann ich von ihnen, dass mir von Zeit zu Zeit Einsamkeit und Abstand gut tun.

Askese

Das Dritte, was Menschen in die Wüste führen kann, ist – neben der Suche nach Einsamkeit und nach Abstand – die Askese. Das Wort hat keinen besonders attraktiven Klang. Da schwingt in unseren Ohren etwas von Verzichten und unnötigem Entbehren mit. Es hat in der Tat schon die abenteuerlichsten Formen gegeben. Essen nur an jedem zweiten Tag. Schlaf reduzieren auf eine Stunde pro Nacht. Oder zum Beispiel dieser berühmte Asket Symeon der Stylit. Zunächst hatte er sich an den Rand der Wüste zurückgezogen und dort in einer Höhle gelebt. Dann fand er das nicht mehr asketisch genug und er ließ sich in eine „Inkluse" einmauern. Dort wurde er durch einen schmalen Spalt von Leuten aus einem nahen Dorf versorgt. Aber auch das genügte ihm nicht an asketischer Strenge. Zu oft sprach ihn jemand durch den Spalt in seiner Inkluse an. Da ließ er sich wieder befreien und zog tiefer in die Einöde. Dort richtete er sich eine turmartige Säule auf, fünf Meter hoch, und setzte sich oben drauf. Doch bald danach schien ihm das noch zu niedrig zu sein und er erhöhte seinen luftigen Platz erst auf fünfzehn, danach sogar auf zwanzig Meter.

Vertrauter als Symeon der Stylit ist uns Johannes der Täufer – von Heuschrecken hat er sich in der Wüste ernährt und mit einem Rock aus Kamelhaar war er angezogen. Ein Asket eben – das verspricht eine Einschränkung und keine Erweiterung oder gar ein Gewinn zu werden. Und in der Tat kann einen die Aussicht auf ein asketisches Leben von der Wüste fernhalten. Aber langsam: Askese, wörtlich genommen, heißt gar nicht Entbehrung. Askese bedeutet so etwas wie Training, Einübung. Unter Asketen könnte man Menschen verstehen, die sich in einer besonderen Kunst üben, die trainieren, mit den Umständen klarzukommen oder mit sich selbst. Vielleicht verzichten sie dabei auch auf etwas, um noch besser zu werden, so wie ein guter Sportler seine Lebensweise seinen Zielen anpasst. Wer sich in diesem Sinne auf Askese einlässt, merkt: Was zunächst wie eine Qual erscheint, tut mir nicht nur gut, sondern ich kann es sogar genießen.

Wer fastet, weiß es: Was am Anfang so aussah, als könnte es einem nur mit größter Anstrengung oder auch überhaupt nicht gelingen, bereichert einen schon nach wenigen Tagen. Der Verzicht erweist sich als Gewinn. Das körperliche Wohlbefinden wächst, die Freiheit von Zwängen wird größer. Ich bin, wenn ich asketisch lebe, viel mehr bei mir selbst, als wenn ich abhängig von irgendwelchen Dingen bin: Ich muss nicht betonen, was ich sage. Ich muss nicht verstärken, was ich darstelle. Ich muss nicht vermehren, was ich besitze. Ich muss mich nicht größer machen. Wozu denn auch? Die Quelle meines Lebens erkenne ich am besten, wenn ich auf all das verzichte, wenn ich es loslasse und sein lasse.

Manchmal tut es mir gut, manchmal ist es sogar notwendig, aufzubrechen. Herauszugehen aus der bequemen Umgebung, der Vollversorgung, der ständigen Verfügbarkeit von Menschen und Dingen. Mir auf Zeit die Wüste zur Heimat zu machen, ist heilsam. Sei es nun eine der echten Wüsten dieser Erde oder ein anderer Ort, an dem ich einsam sein kann und Abstand zur Welt spüren darf. Und dann kann ich, verändert, wieder zurück in meine Alltagswelt kommen: gelassener, reicher, bescheidener und sorgloser.

Helwig Wegner-Nord wurde 1949 in Rossdorf, Kreis Hanau, geboren. Nach der Schulzeit in Frankfurt am Main studierte er wie auch seine vier Geschwister Theologie (Bethel, Heidelberg, Marburg), wurde Pfarrer der Evangelischen Kirche in Hessen und Nassau und ließ sich nach sieben Jahren im Gemeindepfarramt zusätzlich journalistisch ausbilden. 1984 folgte der Wechsel in die kirchliche Publizistik, zunächst als Leiter der Medienzentrale, dann als Beauftragter für Fernsehen und Hörfunk. Seit 1999 leitet Helwig Wegner-Nord das evangelische Medienhaus in Frankfurt. Er ist regelmäßig im 1. Programm des Hessischen Rundfunks zu hören, von 2003 bis 2006 gehörte er zum „Wort zum Sonntag"-Team (ARD).
Helwig Wegner-Nord ist verheiratet, hat Kinder und Enkel.

Am Meer, wo Himmel und Erde zusammenfließen

Stephan Krebs

Ein frischer Seewind weht über mein Gesicht. Sanft streichelt er die Haut. Meine Augen schweifen über den weiten Horizont. Hier, am Meer, hat mein Glaube ein Zuhause. Ich gehe am Strand entlang. Im weichen Sand hinterlassen die nackten Fußsohlen ihre Spuren. Vom Meer her rollt eine Welle heran. Sie überspült meine Fußabdrücke und füllt sie mit Wasser und Sand. Die Körner funkeln millionenfach auf.

Jedes Sandkörnchen hat Gott gezählt. Seine Fürsorge gilt jedem Sandkorn und jedem Menschen. So sagt es die jüdisch-christliche Poesie. Das klingt kitschig.

Aber hier, am Meer, da kann ich es nachvollziehen. Das mag absurd klingen. Der Himmel ist so weit und das Meer so groß. Gemessen daran bin ich winzig klein – fast wie ein Sandkörnchen. Und doch bin ich ganz intensiv da. Ich fühle mich dem großen Ganzen der Welt innerlich verbunden und bin ein Teil davon. Gerade im Gegenüber zum weiten Meer und im Kontrast zum unendlichen Himmel spüre ich mich. Und ich empfinde mich als einen ganz eigenen Beitrag Gottes zum Leben.

Gigantische Kräfte stecken im Meer. Wenn es in Bewegung gerät, mobilisiert es eine kaum vorstellbare Wucht, die alles zertrümmern kann, was sich ihr in den Weg stellt. Im weiten Meer erkennt deshalb die jüdisch-christliche Poesie die Macht Gottes. „Gott stillt das Brausen des Meeres", dichtet ein Psalm und ein anderer überlegt, ob es einen Schlupfwinkel auf der Welt geben kann, wo sich ein Mensch vor Gott verstecken könnte. Nein, sagt der Psalm, denn: „Nähme ich Flügel der Morgenröte und bliebe am äußersten Meer, so würde auch dort Gottes Hand mich führen." Selbst dort ist Gottes Macht zu spüren, im letzten Winkel der Erde.

Das sind pathetische Worte von Größe und Macht. Man kann sie am Strand aber auch im Kleinen erleben – als verspielte Vielfalt, als unendliche Lust an Formen und Bewegung, an Ideen und Spiel. Denn das Meer schickt immer neue Wellen auf den Strand. Sie laufen aus und jede bildet eine ganz eigene Linie. Dann zieht sie sich wieder zurück und macht Platz für eine neue. Das lädt ein mitzuspielen. So lasse ich meine Füße von den Wellen umspülen und spüre, wie sie mich langsam in den Sand eingraben. Dann spiele ich Fangen mit den Wellen. Ich laufe den Wellen hinterher, wenn sie sich zurückziehen. Und wenn eine neue kommt, laufe ich vor ihr weg. Ein anderes Spiel ist: Ich versuche die Kraft der Welle zu berechnen und stelle mich dort auf, wo sie mich gerade nicht mehr erreichen wird. Habe ich richtig vermutet? Oder gewinnt die Welle? Ein Spiel um Zufall und Geschicklichkeit. Es wird nicht langweilig im Spielzimmer Gottes.

Das immerwährende Spiel setzt sich mit den Farben fort. Sie wechseln ständig. Mal erscheint der Horizont als eine scharfe Linie, die das helle Blau des Himmels vom dunkleren Blau des Wassers trennt. Mal ist beides grau und die Trennlinie des Horizonts zerfließt zu einer Grauzone. Manchmal ist gar nicht zu unterscheiden, wo die Erde aufhört und wo der Himmel anfängt. Dann gehen Himmel und Erde ineinander über. Das ist zwar nur eine optische Täuschung, aber für mich ist es ein schönes Bild, das mich zum Weiterdenken anregt. So gesehen, ist es auch eine christliche Erinnerung, wenn Himmel und Erde sich berühren. War das nicht die Botschaft von Jesus Christus, dem Sohn Gottes? Er hat mit seinem Leben etwas Himmlisches auf die Erde getragen und etwas Irdisches in den Himmel. Seitdem sind Himmel und Erde nicht mehr so weit voneinander entfernt. Das Reich Gottes und die Welt berühren sich. Und irgendwann einmal werden sie ineinander übergehen. Am Meer bekomme ich eine Ahnung davon, weit hinten am Horizont zeigt es sich schon.

Manchmal peitscht der Wind das Meer auf. Dann wird es im Spielzimmer Gottes ernst und gefährlich. Ein Sturm türmt hohe Wellen auf. Zuletzt donnern sie dröhnend auf den Strand. Von dort aus kann man zusehen, wie die Wasserwände heranrollen und dann auf das Ufer schlagen. Das Wasser brodelt und kocht.

Ganz anders sieht es aus, wenn man den Blick in die Weite des Meeres schweifen lässt. Draußen am Horizont sieht das Meer immer ruhig aus, selbst im Sturm. Mich fasziniert dieser Perspektivenwechsel. Er gilt auch sonst im Leben. Betrachtet man die Dinge nur aus der Nähe, wirken sie oft aufgeregt und bedrohlich. Sieht man sie mit einem weiten Horizont, dann verlieren sie viel von ihrer Bedrohung. Gerne würde ich diesen Blickwechsel in den Alltag mitnehmen und die Aufgaben dort mit mehr Abstand sehen. Sicher würde ich dann gelassener reagieren können. All die Aufgeregtheiten des Tages, sie sind nicht mehr so dringlich, wenn man sie vor dem großen Horizont des Lebens betrachtet. Das Meer erinnert mich daran.

Forscher haben errechnet, dass der durchschnittliche Salzgehalt der Meere genau dem Salzgehalt des Fruchtwassers im Mutterleib entspricht. Ungeborene Kinder wachsen also bis heute im biologischen Milieu der Urmeere heran. Hier gibt es eine Verbindung zum Schöpfungsbericht der Bibel: Er beschreibt den Anfang als ein großes Urwasser, das sich über die Erde breitet. Alles war wüst und leer und überall war das Wasser. Das war die Ausgangssituation, die Gott für das Leben geschaffen hat. Daraus hat es sich entwickelt, nach allem, was wir heute wissen. Vielleicht empfinden deshalb so viele Menschen eine tiefe Sehnsucht nach dem Meer, dem Ursprung, insbesondere im Urlaub.

Und doch bleibt es eine fremde Welt. Nur wenige Meter unter der Oberfläche beginnt seine dunkle Tiefe, die fast alle Menschen erschreckt. Viele scheuen davor zurück, im offenen Meer zu schwimmen, ohne festen Boden unter den Füssen. Selbst gute Schwimmerinnen und Schwimmer haben Angst vor irgendetwas, das aus der Tiefe kommen könnte. Da unten, in bis zu zehn Kilometern Tiefe, war noch nie ein Mensch. Erst seit Kurzem weiß man, dass es dort überhaupt Leben gibt, bizarre Wesen, die gelernt haben, im Dunkeln zu leben, die zum Teil noch nie einen Lichtstrahl der Sonne gesehen haben. Deshalb ist es für viele eine etwas mulmige Vorstellung, wenn sie wissen: Das Meer unter mir ist tausende von Metern tief und schwarz wie die ewige Nacht!

Diese Tiefe des Meeres ist ein Ort ohne Wiederkehr. So stellt sich das zumindest der evangelische Komponist Paul Gerhardt vor. Er dichtete vor 350 Jahren die Strophe: „Gott werfe all unsere Angst, Furcht, Sorg und Schmerz ins Meeres Tiefe hin". Die Tiefe des Meeres – für Paul Gerhardt und die Menschen seiner Zeit scheint sie der Ort für alles zu sein, was sie loswerden wollen, am Liebsten für immer. Bis in die Theologie hinein findet sich also diese Vorstellung vom Meer als einem Ort, wo man Unliebsames einfach verklappen kann. Weg damit, ein für alle Mal. Manche denken bis heute so. Aber viele haben auch verstanden: Das Meer ist kein bodenloser Mülleimer. Was ins Meer geworfen wird, bleibt Teil dieser Welt und wird irgendwann und irgendwo wieder auftauchen. Beim Menschen ist das offenbar genau so. Nichts geht in seiner Seele verloren, auch wenn sie so unergründlich tief ist wie das Meer. Kein Mensch durchschaut sie wirklich, kein Psychologe und auch kein Theologe. Noch nicht einmal man selbst. Alle haben nur eine Ahnung vom wirklichen Wesen des Menschen. Wir leben an der Oberfläche des Wissens und schauen vielleicht ein paar Meter darunter. Was sich dort befindet, die Geheimnisse und Tiefendimensionen, die können wir bislang nur erahnen, mehr nicht. Dieser Raum entzieht sich menschlicher Kontrolle.

Gerade deshalb dient der tiefe Raum des Meeres den Psalmen als Bild für Gottes Größe. Und so meinte es wohl auch Paul Gerhardt, wenn er in seinem Lied vor 350 Jahren die Ängste und die Sorgen dorthin werfen wollte, in die Tiefe des Meeres, in einen Raum, der unter Gottes Verfügung steht. Auf ihn richtete Paul Gerhardt all seine Hoffnung. Er war überzeugt: Gott allein konnte ihn befreien von allen Ängsten und Sorgen. Und diese Hoffnung gilt sicher bis heute.

Die meisten Menschen sehen das Meer lieber vom Ufer aus. Ich fahre gerne auf das Meer hinaus. Dort, auf einem Segelboot, spüre ich das Leben intensiver, und das gilt für die Freude und für die Gefahr.

Wenn die Leinen los geworfen werden, dann ist das ein besonderes Gefühl. Wehmut ist dabei über den Abschied von einem Hafen, den ich kennen gelernt habe. Aber auch eine innere Aufregung ist zu spüren, Vorfreude auf etwas Neues, das sich erst noch enthüllen wird. Hier erlebe ich im Kleinen, was ich auch schon im Großen erfahren habe: Ich übe mich darin ein, Abschied zu nehmen von einem Ort, von einer Arbeit, von einer Beziehung oder einer Lebensphase. Ich übe mich darin ein, mich nicht am Bekannten festzuklammern, sondern loszulassen und neugierig zu werden auf das Neue.

Wer einen neuen Hafen erreichen will, der muss zuerst einmal eine Weile über das offene Meer fahren. Dort wird das Boot zum Spielball der Wellen. Sie schaukeln es mal sanft und behäbig, mal werfen sie es heftig hin und her. Und ich spüre oben an Deck, wie mich das

Schiff trägt. Es ist ein gutes Gefühl, getragen und geborgen zu sein. Aber es ist gleichzeitig ein zwiespältiges Gefühl, denn etwas Angst ist fast immer mit dabei. Man ist weit draußen, das rettende Ufer ist weit weg. Ich kann mich nur auf das Boot verlassen. Es trägt mich. Ich lasse mich von ihm tragen. Damit gleicht das Boot meinem Glauben, der trägt mich in gewisser Weise auch. Er verschont mich nicht von Wellen und Sturm. Aber er gibt mir das Gefühl, nicht verlassen zu sein.

So fühle ich mich im Leben wie auf einem Boot: Geborgen und doch gefährdet. Denn Wind und Wellen sind nicht nur meine Freunde. Sie können auch gefährlich werden. Hier spürt man deutlicher als woanders: Ich bin angewiesen auf Gottes gutes Geleit - und auf mein eigenes Können. Beides muss zusammenkommen.

Das bringt ein altes Seemannswort auf den Punkt: Es lautet so:

„Wellen und Wind Gottes sind.
Doch Segel und Steuer
die sind Euer,
zu erreichen den sicheren Hafen geschwind."

Gottes Willen und meine Kraft, sie müssen Hand in Hand gehen, damit das Leben gelingt.

Dieser Gedanke wird in einer biblischen Geschichte aufgegriffen: Sie schildert die dramatischen Ereignisse auf einem Boot. An Bord sind einige Jünger von Jesus und Jesus selbst. Der schläft in einem Winkel des Bootes. Die Jünger kümmern sich um die Navigation und die Seemannschaft. Am Anfang haben sie noch alles unter Kontrolle. Aber dann bekommen sie es mit der Angst zu tun, denn das Wetter verschlechtert sich. Der Wind frischt auf, wird immer stärker. Sicher sind die Segel längst gerefft. Doch das Schiff ist kaum noch beherrschbar, zu stark ist der Wind. Hohe Wellen schlagen über die Bordwand. Die Jünger müssen das Wasser aus dem Boot schöpfen. Aber immer neue Wellen schwappen herein. Die Jünger haben die Situation nicht mehr unter Kontrolle. Todesangst überkommt sie. Da wecken sie Jesus auf. Der hatte bis dahin offenbar geschlafen, behauptet zumindest die Geschichte. Aber das konnte ich mir als Kind schon nicht recht vorstellen, denn ein derartig schaukelndes Schiff ist kein gemütlicher Ort für ein Mittagsschläfchen. Was dann erzählt wird, klingt unglaublich: Demnach steht Jesus auf und bedroht den Wind und die Wellen. Die beruhigen sich daraufhin schlagartig und alles wird gut. Ob das wirklich so war? Zutrauen würde ich das Jesus schon. Immerhin ist er der Sohn Gottes! Aber vielleicht hat es auch schon gereicht, dass die Jünger ihn an ihrer Seite wussten. Dadurch erschienen ihnen die Wellen vielleicht nur noch halb so groß und der Wind viel weniger stürmisch. Und der Wind war vielleicht auch nicht mehr so schlimm. Und den Rest mit den Segeln und dem Ruder haben sie dann ganz gut hinbekommen. Jedenfalls sind sie gut angekommen und waren um eine Erfahrung reicher. Sie hatten sich ganz klein gefühlt. Aber mit Jesus an ihrer Seite sind sie über sich hinaus gewachsen.

Dieser Erfahrung ist man am Meer näher als anderswo. Deshalb hat mein Glaube am Meer und auf dem Meer ein Zuhause. Dort kann man spüren, was die Nähe Gottes bedeutet und wie stark sie uns machen kann.

Stephan Krebs wurde 1958 in Wiesbaden geboren. Seine Kindheit verbrachte er in Flensburg an der Ostsee und seine Jugend in Bensheim an der Bergstraße. Er studierte in Heidelberg Theologie. Nach seinem Vikariat folgte ein Spezialvikariat in der Medienzentrale der Evangelischen Kirche in Hessen und Nassau (EKHN) in Frankfurt am Main. Ab 1988 war er Gemeindepfarrer im südhessischen Egelsbach. 1994 absolvierte er eine publizistische Zusatzausbildung für Theologen im Gemeinschaftswerk der Evangelischen Publizistik und wurde anschließend für sechs Jahre Fachreferent im Büro der Rundfunkbeauftragten des Rates der Evangelischen Kirche in Deutschland. Dort organisierte er bundesweit Gottesdienstübertragungen für das ZDF. Seit 2000 ist er Pressesprecher der EKHN in Darmstadt. Stephan Krebs hat vier Kinder.

Alfons – oder die Schmuddelkinder von Juruti

Norbert Blüm

Juruti ist ein Ort am Amazonas. Über Juruti liegt eine Decke fiebriger Stille. Es ist, als brüte das Dorf eine schwere Krankheit aus, von der niemand weiß, welche es ist und welchen Ausgang sie nimmt.

Ein Mord ist geschehen. Der Mörder ist bekannt: Ein kleiner, schmächtiger Junge, dreizehn Jahre alt. Alfredo ist sein Name. Auf dem blanken Boden der Polizeistation liegt er, eingesperrt in einem Eisengitterverschlag, bekleidet nur mit einer zerfetzten alten Unterhose, aber gut bewacht von fetten Polizisten, schwer bewaffnet mit Gummiknüppel und Colt im Halfter.

Alfredo ist seinem drei Jahre älteren Bruder auf dem Dorffest sonntags nachts im Kampf um ein schönes Mädchen beigesprungen und hat den Nebenbuhler kurzerhand mit der Nagelschere in die Halsschlagader erledigt.

Alfredo wartet auf die Gerichtsverhandlung. Aber die Familie des Ermordeten hat das Urteil längst gesprochen: Vergeltung – Aug' um Auge, Zahn um Zahn. Dazu bedarf es in Juruti keines komplizierten Verfahrens. Die Logik der Blutrache ist einfach: Sie ist erst am Ziel, wenn keiner sie mehr fortführen kann und alle unter der Erde liegen.

Alfons, mein Freund seit einem halben Jahrhundert, Schulkamerad im Abendgymnasium in Mainz, ist Priester in Juruti. Er versteht etwas von Vernichtung. Sein Vater und seine Mutter sind von den Nazis umgebracht worden. Lebensrettung ist seine Spezialität.

Längst ist Alfons unterwegs und pendelt zwischen den tödlich verfeindeten Familien. Die Lösung bahnt sich an. Jede Seite verzichtet: die eine auf Vergeltung, die andere auf ihr Kind.

Alfredo wird aus dem Dorf auf Nimmerwiedersehen verschwinden. Alfons wird Alfredo in der übernächsten Nacht aus dem Gefängnis unter der gut dotierten Duldung der Polizisten entführen, mit dem Boot ins weit entfernte Manaus transportieren und ihn dort in der anonymen Herde der Straßenkinder absetzen – nicht ohne dem kleinen Alfredo vorher das Versprechen abgenommen zu haben, nie mehr in Juruti aufzutauchen und nie mehr in seinem ganzen Leben mit Mama, Papa, Geschwistern und Freunden Verbindung aufzunehmen.

So haben beide Familien ein Kind verloren, die einen ins Grab, die anderen verschluckt vom Moloch Großstadt. Wen es von beiden Familien härter trifft, lässt sich nicht ermitteln.

Der Teufelskreis Rache verlangt offenbar ein letztes Opfer, bevor er sich durchbrechen lässt.

Alfons wird ein paar Tage später ins Dorf zurückkehren. Alles wird so weitergehen, als sei nie etwas passiert in Juruti, als habe keine Mutter, kein Vater hier jemals ein Kind durch Mord oder Vertreibung verloren. Die Wellen der Gewohnheit werden die vergangenen Grausamkeiten verschlingen ... und die See ist wieder still.

Hinter den Fassaden der Siedlung am Amazonas mit Namen Juruti, der nichts Außergewöhnliches oder gar Unheimliches ahnen lässt, brodelt das Böse.

Senibrinus

Ein Medizinmann namens Senibrinus treibt in Juruti sein gut laufendes Geschäft. Mit allerlei Hokuspokus gibt er an, Krankheiten zu vertreiben, auch Gebrechen zu heilen. Was die Natur auch ohne ihn geschafft hätte oder die Autosuggestion seiner Gläubigen zustande bringt, das schreibt er auf das Konto seiner Heilkunde – und das Konto ist dick gefüllt. Senibrinus ist der Assistent des Teufels. Die Medizin unter der Ägide des Medizinmanns wird als Kampf zwischen Gott und dem Teufel inszeniert. Auf diesem Schlachtfeld bleiben viele Geschädigte und Betrogene, um Hab und Gut gebrachte Gutgläubige zurück.

Elvira, die Zehnjährige, hat auf dem Pferd, begleitet von Mama und Papa, drei Tagesreisen hinter sich.

Ihr Ziel ist Senibrinus. Das Mädchen ist vom Baum gefallen und windet sich jetzt vor Schmerzen. Rettung soll der Medizinmann bringen. Alles Geld, das im Besitz der Familie zusammenzukratzen war, inklusive das der Großmutter, befindet sich im Reisesack. Senibrinus beginnt die Wunderbehandlung, indem er dem Mädchen ungenießbares, heißes Öl einflößt, es in Dampfschwaden setzt und mit unverständlichen Gesängen anbrüllt. Das kann Alfons nicht mit ansehen. Er entreißt das Kind, halb gegen den Willen seiner Eltern, den Fängen des betrügerischen Heilers und bringt Elvira auf die Schwesternstation.

Dort liegt Elvira nun, ein halbwegs gut ausgebildeter Arzt versorgt sie. Das Menschenmögliche wird getan; alles andere liegt in Gottes Hand.

Der Arzt verliert zwar den Kampf um das Leben des Mädchens. Die Niederlage vollzieht sich jedoch nicht unter menschenverachtendem Getue, Beschwörungen und Geschrei.

Der Bürgermeister

Der Bürgermeister von Juruti ist korrupt. Er funktioniert als Marionette der begüterten Großgrundbesitzer. Das Regierungsgeld für den Straßenbau wurde zum Beispiel für die Zufahrt zum Herrenhaus des reichsten Patrons eingesetzt, obwohl die Straße zum Hafen wichtiger gewesen wäre, jedenfalls für die armen Fischer und den Verkauf ihres Fischfangs. Dass der Bürgermeister bei jeder Wahl die meisten Stimmen erhält, obwohl er als der verhassteste Mensch von Juruti gilt, ist entweder ein Wunder oder das Ergebnis gut geschmierter Manipulation.

Die Kirche

Die Kirche in Juruti ist eine alte, baufällige Baracke. Der reiche Patron will eine neue bauen. Das soll das Zuckerbrot zur Peitsche seiner Herrschaft werden. Alfons stellt sich ihm und dem korrupten Bürgermeister entgegen. Leichter soll ein Kamel durch das Nadelöhr kommen, als ein Reicher in Juruti zur Ehre eines Kirchenerbauers. Die Kirche „Unserer lieben Frau von Juruti" ist die Kirche der Landlosen, der Bettler, der Armen.

Die Kirche der Armen für die Armen wird auch von den Armen gebaut. Sie ist die Himmelsleiter der Zerlumpten, Verachteten und Heimatlosen.

Noch ist es Nacht in Juruti. Im Osten beginnen am Horizont schon die ersten Vorhutgefechte zwischen Licht und Dunkelheit. Tag und Nacht schweben noch im Unentschiedenen. Über Juruti liegt eine atemlose Stille. Noch kläfft kein Hund, noch dröhnt kein Autolärm. Die Zeit hält gleichsam den Atem an. In diese Lautlosigkeit dringt das Bimmeln der kleinen Glocke vom Kirchturm „Unserer lieben Frau von Juruti".

Durch die Straßen huschen, humpeln und rennen lautlos dunkle Gestalten. In der Kirche „Unserer lieben Frau" werden zwei Kerzen auf dem Altar angezündet.

Alfons steht mitten in der Kirche im weißen Messgewand am Tisch des Herrn. Er wartet auf seine Gäste. Sie kommen stumm und bleiben still, während sie sich rund um den Altar versammeln. Es dauert seine Zeit, bis der Letzte im Kreis seinen Platz gefunden hat. Dann setzt die „Himmelssuche" ein.

Die Messe beginnt. Sie bekennen ihre Sünden – „Confiteor Dei" murmeln sie. Sie rufen leise die Heiligen als Zeugen an. Dann laut und deutlich das Schuldbekenntnis „mea culpa, mea culpa, mea maxima culpa". Dreimal schlagen sie sich an die Brust: „Durch meine Schuld, durch meine Schuld, durch meine übergroße Schuld". Niemand nennt seine Sünden. Aber jeder kennt die Sünden, die in Juruti zu Hause sind.

Da ist die Silva mit ihren sieben Kindern. Sie kann es mit dem Mein und Dein nicht so genau nehmen, wenn sie ihre Sippschaft durchbringen will.

José, der Lastenträger, schlägt seine Frau, wenn er besoffen ist. Nüchtern ist er ein guter, aber trauriger Mensch, der keiner Fliege etwas zu Leide tun kann.

Rosa, die Rothaarige, hat es schwer mit ihrer Schönheit und leicht mit den Männern. Aber war nicht Maria Magdalena auch schön und freigiebig zu Männern? Und war nicht Jesus dennoch freundlich zu ihr und vergab ihr die Sünden?

Emilio, der Chef der Bar „Rote Laterne", ist heute auch da. Die Nacht war länger als sonst. Sie endete mit einer Schlägerei. Nachdem das Trümmerfeld einigermaßen geräumt war, kam Emilio der Gedanke, noch eine Runde in der Kirche anzuhängen. Kann ja nichts schaden, den lieben Gott ab und zu freundlich wie einen guten Kunden zu behandeln.

Larissa, die Tochter des Advokaten, kommt im Kostüm und mit Hütchen auf den wohlondulierten Haaren. Selbst in der dunklen Frühe vergaß sie nicht die rote Schminke auf den Lippen. Sie lebt gewöhnlich in einer Villa in Brasilia mit Mann und Dienerschaft. Jetzt ist sie zu Besuch bei ihren Adoptiveltern. Hier kehrt sie einmal im Jahr für zwei Wochen ein. Sie weiß immer noch, woher sie gekommen ist. Der Notar hat sie einst aus der Gosse geholt, in der sie gelandet war, als ihre

Mama gestorben war und der Papa sich eine neue Frau genommen hatte. Von Natur aus ist sie ein Schmuddelkind. Für die Gesellschaft eine feine Dame. Für die Armen eine von ihnen, ihre Schwester, die zufällig und zum Glück „hochgekommen“ ist.

Da ist noch Oma Maria, die mit dem offenen Bein. Sie sorgt sich um ihre Tochter. Das Kind ist in die große weite Welt aufgebrochen und lässt seit Jahren nichts von sich hören.

Der Polizist Carlo Sanchez, bei Tag ein gefürchteter Ordnungshüter, bereut früh morgens prophylaktisch schon einmal die Sünden, die er tagsüber begehen wird.

Nicht zu vergessen ist Frederico, der als letzter kommt und als einziger laut grüßt und anschließend kräftig lacht. So macht er es immer. Niemand weiß, ob er wirklich so verrückt ist, wie er tut. Frederico jedenfalls singt bei allen Liedern am lautesten. Manchmal auch mit eigenem Text und häufig in großen Varianten zu den „amtlichen“ Melodien. Das stört jedoch niemanden, was schon beim „Gloria“ bewiesen wird.

Wer schert sich schon um Melodien. Alle, die bisher um den Altar noch halbschläfrig gekauert haben, springen auf, klatschen in die Hände, und besonders Begabte beginnen mit den Hüften zu schwingen und Tanzbewegungen anzudeuten.

José, der Mann mit dem Holzbein, führt eine kleine Polonäse an. „Gloria in excelsis Deo“ ist für die frühen Kirchengänger von Juruti die Gelegenheit, sich die Nacht aus den Gliedern zu schütteln und der Angst vor dem neuen Tag die Fröhlichkeit der Kinder Gottes entgegenzusetzen.

Es braucht seine Zeit, bis sich die kleine Kirchengemeinde nach dem Gloria wieder beruhigt.

Dann folgt das Evangelium. Alfons erklärt den um den Altar versammelten „Seligen"– arm im Geiste, weil von keiner Hochmut gefährdet, von keiner Intelligenz zur Habgier verführt, von keiner Gescheitheit zur Herrschaft prädestiniert – die Geschichte von der Hochzeit, zu der die Geladenen nicht gekommen sind. Um keine Ausrede waren sie verlegen. Alles war ihnen wichtiger. Viehkauf, Brautschau etc. Da lässt der Herr an Hecken und Zäunen jene einsammeln, die nie zu einem Fest eingeladen werden. Diese „Nichtvorgesehenen" sind die wahren Hochzeitsgäste. Die Unangemeldeten und Nichtgeladenen ließen alles stehen und liegen und kamen. Es sind die Geschwister der Schmuddelkinder von Juruti. Ein großes Hochzeitsfest wurde gefeiert, und Alfons erzählte, was dort alles gegessen und getrunken wurde.

Feiert Jesus nicht heute Morgen in Juruti mit den Seinen auch ein Fest?

Zur Opferung trägt jeder seine Bitte vor. Kein Schmuddelkind erbittet etwas für sich. Die Oma bittet für die Tochter, die Rosa für einen kranken Freund, Frederico für seine Mama, die keiner kennt, und der Polizist bittet darum, dass er endlich den Dieb fasst, der immer wieder im Feuerwehrhaus Werkzeuge klaut. Drei von den Dreißig wünschen endlich eine schöne Madonna in der Kirche, und einer dankt Jesus dafür, dass er lebt. Es ist ein bunter Wunschzettel, den Jesus heute Morgen studieren muss.

Nebenbei sind unsere frommen Kirchgänger mit der Kollekte beschäftigt. Alle kramen in Taschen und Beuteln oder entlegenen Zipfeln ihrer Kleider nach der milden Gabe. Jeder findet etwas, was im Körbchen landet. „Unsere liebe Frau von Juruti" ist verschuldet.

Das Material für das Dach ist noch nicht bezahlt. Und bevor der Patron oder der korrupte Bürgermeister die Rechnung bezahlt, zahlen die Schmuddelkinder selber. Denn schließlich ist „Unsere liebe Frau" die Kirche der Armen von den Armen für die Armen.

Nach dem Sanktus versinkt die Kirche in dunkles Schweigen. Nur ein plötzliches Schnarchen des Fischers unterbricht die Stille. Er wird kurz angerempelt und unterbricht prompt das Schnarchen – wenigstens während der Wandlung. Der arme Mann hat Schlaf nachzuholen. Drei Nächte hintereinander hat er auf dem Amazonas gefischt.

Der Friedensgruß wird zum großen Palaver. Jeder umarmt jeden, jeder redet auf jeden ein. Als Enrico, der Mann, von dem niemand weiß, von was und wo er lebt, auf mich zusteuert, werde ich von einer vorauseilenden Geruchswelle erfasst, die aus Knoblauch, Schnaps und gekochten Bohnen gemischt zu sein scheint, inklusive schwer definierbarer Gewürze. Aus der Nähe wirkt sein einziger Zahn, der aus dem unteren Gaumen heraus über die Oberlippe ragt, noch bedrohlicher, weil es scheint, als wolle er nicht küssen, sondern den Geküssten aufspießen. Auf Ohnmachtsanfälle jener, die er mit seinem Spezialgeruch beglückt, ist Enrico durch lange Erfahrung vorbereitet. Er zieht mit dem einzigen Arm, den er hat, den Geküssten so nah an sich, dass dieser fast den Boden unter den Füßen verliert. Notfalls hilft er mit dem Knie nach, wenn der Begrüßte nach der vom fehlenden Arm frei gelassenen Seite zu kippen droht. „Atem gegen Atem" haucht Enrico: „Pax tecum" und ich antworte mit letzter Kraft: „Et cum spiritu tuo".
Die Kommunion empfangen die Leute mit weit geöffnetem Mund und lang herausgestreckter Zunge, auf

die Alfons die Oblate legt. Es ist wie bei der Vogelmutter: Wenn sie ins Nest zurückkehrt, strecken ihr die Vogelkinder die Schnäbel entgegen und recken die Hälse.

Versehen mit himmlischer Speise versinken die Gesättigten in einen gleichsam mystischen Schlaf. Die Augen bleiben lange geschlossen. Von wem träumen sie?

Maria Morgenstern, mit diesem Lied holt Alfons alle aus ihrer Trance, nach kurzem Zögern singen alle mit, und es klingt, als würde das Lied aus tausend Kehlen geschmettert.

Als Alfons die Hand zum Segen erhebt, just in dem Augenblick durchbricht der erste Sonnenstrahl das Kirchenfenster und verwandelt den Altar im Handumdrehen in eine hell leuchtende Lichtinsel.

Die blinde alte Lala sieht das Lichtspiel nicht. Aber sie spürt es und strahlt über das ganze Gesicht mit.

Jetzt nehmen sich die Schmuddelkinder an die Hände. Im Kreis schreiten sie beschwingt um den Altar. Alle Sorgen, alle Ängste sind abgefallen.

Ein neuer Tag beginnt in der schwülen bösen Luft von Juruti. Was wird er bringen?

Die Schmuddelkinder von Juruti haben heute Morgen einen kleinen Zipfel des Himmels „begriffen". Noch nicht und schon da war der Himmel bei Sonnenaufgang in der Kirche „Unserer lieben Frau von Juruti". Wer ihn am eigenen Leib gespürt hat, der wird ihn sich den lieben langen Tag nicht aus den Knochen schütteln. Wenn er Glück hat, reicht der Vorrat himmlischer Ahnungen bis zum Abend. Die Schmuddelkinder von Juruti – vielleicht sind sie Gottes Lieblingskinder. Wenn ihnen die Erde zu schwer wird, lässt

Gott sie morgens ab und zu ein bisschen hinter die Wolken gucken.

Norbert Blüm wurde am 21. Juni 1935 in Rüsselsheim geboren. Nach einer Lehre als Werkzeugmacher arbeitete er bei der Adam Opel AG. Schon früh wurde er Mitglied der CDU und engagierte sich in der Gewerkschaft und in der Katholischen Arbeitnehmer-Bewegung. Er studierte Philosophie, Germanistik, Geschichte, Theologie und Soziologie in Köln und Bonn. Danach arbeitete er als Redakteur der Zeitschrift »Soziale Ordnung«. Im Folgenden war Norbert Blüm Hauptgeschäftsführer der Christlich Demokratischen Arbeitnehmerschaft(CDA), danach Vorsitzender ihres Landesverbandes Rheinland-Pfalz und Bundesvorsitzender der CDA. 1980 übernahm er den stellvertretenden Vorsitz der CDU-Bundestagsfraktion. Von 1982 bis 1998 war er Bundesminister für Arbeit und Sozialordnung. Norbert Blüm ist verheiratet und hat drei Kinder.

Verwandtenbesuch im Zoo

Heidrun Dörken

Wir besuchen die Verwandtschaft nicht nur an Feiertagen. Regelmäßig gehen wir hin, im Sommer fast jedes Wochenende, im Winter alle zwei, drei Wochen. An der Warteschlange am Kassenhäuschen kommen wir schnell vorbei, wir haben eine Jahreskarte. Unsere nächsten Verwandten leben im Frankfurter Zoo. Es zieht uns da hin, weil wir aus einem Holz sind, Zweige an einem Baum. Unser Bauplan, die Gene, sind bis zu neunundneunzig Prozent identisch.

Manchmal sind wir zu fünft und mehr, die ganze Familie und Freunde dazu. Meistens aber gehen mein Sohn Silas und ich. Er ist vier Jahre alt und fängt gleich an zu rennen, um zu seinen Lieblingstieren zu kommen. Der Zoo ist eine Heimat für uns, die wir beide schon aus dem Kinderwagen kennen. Als Kind habe ich es mehr gespürt als gewusst: Dieser Ort ist auch eine Heimat für meinen Glauben. Als ich dann aus eigener Überzeugung sagen konnte: „Ich glaube an Gott, den Schöpfer des Himmels und der Erde", standen mir dabei die Tiere vor Augen, die ich aus dem Zoo kannte. Erst recht mit dem Satz aus Martins Luthers Katechismus dazu: „Ich glaube, dass mich Gott geschaffen hat, samt allen Kreaturen".

Als ich als Kind den Zoo an der Hand meines Vaters betrat, hüpfte ich zuerst zu den Flamingos und versuchte wie sie auf einem Bein zu stehen. Sie standen direkt am Eingang in einem kleinen See. Ihr lachsrosa Gefieder bildete den schönsten Kontrast zum Weiß des Zoogesellschaftshauses, eines großen Bauwerks der Gründerzeit mit dem Theater am Zoo und einem Festsaal, in den ich später zum Abschlussball der Tanzschule ging. Inzwischen sind die Flamingos weiter drinnen im Zoo untergebracht – zu ihrem Schutz. Immer wieder hatten nachts Böswillige sie durch das Eingangsgitter mit Steinen und Flaschen beworfen.

Silas läuft um die Ecke des Zoogesellschaftshauses und ohne anzuhalten an den Malaien- und Lippenbären vorbei. Ihre Gehege sind im Moment weder für ihn noch für sie attraktiv. Zu klein, zu viel Beton, zu wenig Pflanzen. 400.000 Euro wurden bis jetzt für ein besseres Bären-Zuhause gespendet, das Vierfache wird gebraucht. Der Frankfurter Zoo liegt mitten in der Stadt, von Wohngebieten eingeschlossen. Er sollte an den Stadtrand verlagert werden, um mehr Platz zu bekommen, doch inzwischen hat Geldmangel der Stadt die Pläne auf Eis gelegt. Der Weltruhm dieses Zoos gründet sich also nicht auf Größe, sondern zum einen auf spektakuläre Zuchterfolge und die Auswilderung bedrohter Tierarten. Gerade wurde das in der Wildnis fast ausgerottete Spitzmaulnashorn von Frankfurt zurück nach Südafrika gebracht und hat sich dort bereits fortgepflanzt. Zum anderen erlangte der Zoo Berühmtheit durch den Ruhm seines legendären Direktors Bernhard Grzimek, dessen Spuren wir bei unserem Rundgang immer wieder begegnen. Eine Nachbildung seines Flugzeugs steht da, mit dem er mit seinem Sohn Michael 1959 „Serengeti darf nicht sterben“ gedreht hat; der erste deutsche Film überhaupt, der einen Oskar gewonnen hat. Ich habe wie viele atemlos „Ein Platz für Tiere“ im Fernsehen verfolgt, die einzige Sendung, für die wir Kinder die magische 20-Uhr-Grenze überwinden durften. Die erfolgreichste Dokumentarserie mit bis zu 70% Einschaltquote begann immer mit „Guten Abend, meine lieben Freunde“ und endete mit einem Spendenaufruf für bedrohte Tiere. Immer brachte Bernhard Grzimek ein Tier aus dem Frankfurter Zoo mit. Heute klingt das vielleicht für manche betulich, aber Grzimek infizierte seine Zuschauer mit revolutionärem Denken. Jahrzehnte bevor irgendjemand Begriffe wie Ökologie und Naturschutz hörte, mahnte er, die Natur nicht auszubeuten und zu zerstören. Er warnte vor dem Abholzen der Regenwälder und der Verschmutzung der Weltmeere. Er nannte das eine Form des Krieges der Menschen gegen sich selbst. Der Zoo war für ihn ein Mittel, Menschen für die Natur zu begeistern. Ohne ihn gäbe es keinen Nationalpark Serengeti, aber auch keinen Nationalpark im Bayerischen Wald, wo es jetzt sogar wieder Luchse gibt.

Silas würde gerade das gefallen, denn er liebt alle Katzen und stürmt deshalb zuerst zum asiatischen Katzen-Dschungel. Zuerst begrüßen wir die Indischen Löwen, die bedrohteste Löwenart der Welt. Noch bis vor wenigen hundert Jahren lebten sie im ganzen asiatischen Raum bis hinein nach Griechenland.

Mit dem Bild eines Indischen Löwen vor Augen haben die Propheten der Bibel vom Frieden gesprochen, den der Messias einmal bringen wird. Als Jesaja seine Vision aufschrieb, waren Löwen in Israel für Menschen und Schafe noch gefährlich. Umso stärker seine Worte: „Wenn der Messias Recht und Gerechtigkeit bringt, dann werden Kühe und Bären beieinander liegen, und Löwen werden Stroh fressen wie die Rinder" (Jesaja 11,7). Zum Frieden auf Erden wird gehören, dass Fressen und Gefressen-Werden aufhören. Heute wäre schon viel damit getan, wenn alle Lebewesen sich an die tierische Regel vom gegenseitigen Fressen halten würden. Sie bedeutet ja auch, nur zu töten, weil man Überleben muss. Aber die Primaten-Art des so genannten Homo sapiens tötet auch ohne Not und Hunger: aus Lust, Gier, Ruhm, Angst und Aberglauben. So hat der Mensch den Indischen Löwen fast ausgerottet. Zweihundert leben noch in Freiheit in einem kleinen Schutzgebiet. Der Frankfurter Zoo hat zusammen mit anderen für weitere achtzig Indische Löwen auf der Welt die Funktion der Arche Noah übernommen – das biblische Bild für Lebensrettung aus tödlicher Gefahr. Dies ist ein kleiner Trost, doch auch die besten Bedingungen ändern nichts daran, dass die schützende Gefangenschaft im Zoo nur eine Notlösung ist.

Die Nebelparder gleich neben den Löwen merken von ihrer Gefangenschaft wahrscheinlich wenig. Ihr neues

Dschungelhaus ist so groß und naturnah, dass die meisten Besucher die beiden wunderschönen unregelmäßig gefleckten Katzen, immerhin ein Meter lang, noch nie gesehen haben. Silas und ich machen ein Suchspiel, und es gewinnt, wer zuerst ein Stück Nebelparder in der tropischen Wildnis entdeckt. In Südostasien werden sie immer noch illegal gejagt, um an ihr herrliches Fell zu kommen, um ihre Knochen zu obskurer Medizin und ihre Zähne zu Schmuck zu verarbeiten.

So ähnlich ergeht es auch den Tigern. Motorsägen roden die Regenwälder für die Zellstoffindustrie und Palmölplantagen. Von neun Tigerarten sind vier ausgerottet und fünf extrem bedroht. Eine davon, die Sumatra-Tiger, beobachten wir in ihrem weitläufigen Revier, von der Brücke direkt über dem See, in dem sie trinken und schwimmen. Silas liebt Tiger über alles und identifiziert sich mit ihnen bis dahin, dass er so heißen will wie sie: Silas Königstiger. Die Pädagogik nennt das bei Kindern zwischen vier und neun die „magisch-phantastische Phase". Aber vielleicht hat diese Zeit mehr Realismus als die Nüchternheit der Erwachsenen. In Kindern ist der Traum lebendig, auf der Welt Heimat zu haben und verwandt zu sein mit allem, was lebt. Ein Traum, der in alten Bildern, Geschichten und Mythen aufgeschrieben ist. Tiere spielen in Erzählungen aller Religionen eine Rolle. Auch die Bibel spricht von der Würde der Tiere und mahnt die Verantwortung der Menschen für sie an, gebietet sogar einen Ruhetag für Nutztiere. Und sie erzählt an einigen Stellen davon, dass Tiere auf ihre Art mehr von Gott, dem Schöpfer wissen als der Mensch, so zum Beispiel Bileams sprechende Eselin (4. Mose 22,22ff.; Jesaja 1,3).

Kindern fehlt Entscheidendes, wenn sie keine Chance bekommen, ihre Verbundenheit mit den Tieren zu erfahren. Der Psychoanalytiker Alexander Mitscherlich hat einmal gesagt: „Der junge Mensch braucht seinesgleichen, nämlich Tiere, überhaupt Elementares, Wasser, Dreck, Gebüsche, Spielraum. Man kann ihn auch ohne das alles aufwachsen lassen ... Er überlebt es, doch man soll sich dann nicht wundern, wenn er später bestimmte soziale Grundleistungen nie mehr erlernt." In unserer Familie ist der Zoo auch Ersatz für ein Haustier. Wir haben zu wenig Auslauf und sind tagsüber nicht zu Hause. Ich versuche Silas zu erklären: Es kann schon an Tierquälerei grenzen, einen Wellensittich allein zu halten, wenn man sich nicht den ganzen Tag mit ihm beschäftigt. Aber er will ja auch lieber Tiger, und das ist sowieso zu gefährlich, das sieht er ein. So wünscht er sich wenigstens, dass die beiden Frankfurter Sumatra-Tiger Iban und Malea sich endlich lieb haben sollen und Tigerbabys bekommen. Bei einer Führung hatte uns nämlich die Tierärztin des Frankfurter Zoos erklärt, dass bei Tigern Männchen und Weibchen die meiste Zeit getrennt leben und es nicht sicher ist, ob sie sich mögen werden. Iban hatte vor zwei Jahren eine Tigerin versehentlich mit der Pranke an der Halsschlagader so verletzt, dass sie verblutete. Da war man mit dem neuen Weibchen Malea vorsichtig. Aber sie ist mit einem Bruder aufgewachsen und kennt dadurch die Männer. Inzwischen gibt es erste Annäherungen und Hoffnung auf Nachwuchs. Silas schaut jedes Mal, ob es schon so weit ist.

Ein Stück weiter ist das Exotarium. Auch bei gutem Wetter machen wir wenigstens einen kurzen Abstecher, und wenn es ungemütlich ist, verbringen wir dort

Stunden. Im Erdgeschoß sind die Meeres- und Flusstiere, oben die Insekten und Reptilien. Mich schaudert es bis heute wohlig, wenn das künstliche Tropengewitter donnert und regnet und die Krokodile ihr Maul aufsperren. Silas großer Bruder war von den Pinguinen nicht wegzukriegen, doch er selbst guckt am liebsten nach den beiden riesigen Australischen Lungenfischen. Ihm gefällt, dass sie so alt sind, dass sie die Dinosaurier noch kannten. Genauer gesagt war diese Art schon Millionen Jahre vor ihnen auf der Welt, hoffentlich bleiben sie noch länger auf der Erde.

Vor den Becken mit den Weichtieren und Schwämmen, den Knorpelfischen und Seepferdchen, vor den drachenähnlichen Leguanen und den Schildkröten, die schon Charles Darwin auf den Galapagos-Inseln zu seiner Theorie über die „Entstehung der Arten" inspiriert haben, wandern meine Gedanken zum Ursprung und der Entwicklung des Lebens. Die Evolutionslehre ist die wissenschaftlich gesicherte Theorie, wie das mannigfaltige Leben auf der Erde sich entwickelt hat. Täglich häufen sich neue Erkenntnisse von Mikrobiologinnen und Genetikern, wie Recht der Theologe und Biologe Charles Darwin hatte, als er seine These 1859 nach jahrzehntelangen Forschungen veröffentlichte. Kurz gefasst lautet sie so: Durch Veränderung und Auswahl, eben durch Mutation und Selektion ist die Artenvielfalt entstanden und entwickelt sich weiter. Aus kleinen zufälligen Veränderungen in einer Zelle folgen unterschiedliche Überlebens- und Vermehrungschancen. Die Schwächeren und weniger Angepassten verschwinden. So entstehen aus einfachen kompliziertere Formen und ein atemberaubender Artenreichtum.

Silas und ich versuchen, die Farben der Korallenfische aufzuzählen und schaffen es nur, uns an diesem Feuerwerk zu freuen. „Gott, wie sind deine Werke so groß und so viel" – die alten Gebetsworte der Psalmen (Psalm 104, 24; Psalm 139, 17, 18), hier haben sie für mich ihren Ort. Hier kann ich schweigen, schauen und staunen über die Wunder des Lebens. Dieses Gefühl wird um keinen Deut geschmälert, wenn mir Biologen die Entstehung des Lebens wissenschaftlich erklären, im Gegenteil: Es ist mir unverständlich, wie man Gott gegen Darwin ausspielen kann, wie es in manchen christlichen Kreisen Mode ist, und warum manche einen Glaubenskrieg gegen die Evolutionslehre führen, wie der „Spiegel" in einer seiner Ausgaben des Jahres 2005 berichtete. Aber ich muss zur Kenntnis nehmen, dass dieser Streit in den USA Gerichte beschäftigt. Sie sollen klären, ob den Kindern im Biologieunterricht nicht zusätzlich oder anstatt der Evolutionstheorie die pseudowissenschaftliche Theorie von einem „Intelligenten Designer" vermittelt werden sollte. Einer der Gründer der so genannten „Intelligent Design"-Bewegung fordert in eben jenem Zeitschriftenartikel: „Die Grundlage aller Wissenschaft soll durch einen christlichen Theismus ersetzt werden". Damit tut man Gott keinen Gefallen. Er ist doch nicht der Lückenbüßer, der immer schwächer wird, sobald wieder ein wenig mehr über die Entstehung des Weltalls und des Lebens bekannt wird. Wozu haben wir die Vernunft und die Fähigkeit zu forschen? Vorurteilslos, ohne religiöse Voraussetzungen. Einen Mischmasch von Glaube und Naturwissenschaft gab es zuletzt vor der Aufklärung und bis heute in fundamentalistischen Gottesstaaten. Ich will keine falsche Harmonie, sondern ein spannendes Gespräch.

Die Zeugnisse der Bibel vom Schöpfer der Welt sind mir heilig. Aber sie sind keine wissenschaftliche Theorie über die Entstehung der Welt in sieben Tagen. Die Bibel beschreibt keine naturwissenschaftlichen Fakten, sondern deutet sie und sagt etwas über Sinn und Ziel der Welt. Genauso wenig wie die Naturwissenschaft die Existenz oder die Nicht-Existenz Gottes beweisen kann, will die Bibel ein Biologiebuch sein. Die Sprache der Bibel ist poetisch, es geht ihr um den Zusammenhang und Sinn der Welt, um Vertrauen zu Gott, der mich und alle Geschöpfe liebt und begleitet. Die Naturwissenschaft dagegen beschreibt präzise Phänomene und entwickelt daraus Thesen. Das sind zwei unterschiedliche Ebenen.

Ich kann sagen, wenn ich meinen Sohn anschaue: Hier steht ein Exemplar der Primatenart Homo sapiens, es wiegt zwanzig Kilo und ist 112 Zentimeter lang, besteht aus zehn Quatrilliarden Atomen, sein Schädel aus 22 Knochen und so weiter. Diese Aussage ist wahr. Ich kann aber auch sagen: Hier steht mein Kind, das ich von Herzen liebe und für das ich versuche zu tun, was es eines Tages frei und glücklich sein eigenes Leben führen lässt, für das ich manches fürchte und vieles erhoffe. Auch diese Aussage ist wahr. Warum soll ich beides gegeneinander ausspielen?

Zu Darwins Zeiten waren viele tödlich beleidigt: Sie als „Krone der Schöpfung" wollten nicht mit Affen verwandt sein. Aber auch nach einer Umfrage 2005 soll in Deutschland jeder Dritte bestreiten, dass Affen und Menschen einen gemeinsamen Vorfahren haben. Das würden sie nicht tun, wenn sie im Menschenaffenhaus in Ruhe schauen würden. Ich schaue in die schönen, klugen Gesichter von Matze, Kelele und Margit. Die Erkenntnisse der letzten Jahre von Affen-Forschern, den Primatologen, sind einleuchtend. Sie zeigen, wie groß die Übereinstimmung von uns mit den großen Menschenaffen ist. Weniger als ein Prozent trennt uns von der Schimpansenart der Bonobos. Die Forscher meinen, es wäre korrekter, den Schimpansen als „homo" zu bezeichnen, weil sie mit uns enger verwandt sind als mit den Gorillas. Sie fühlen, handeln, denken ähnlich und haben sogar Ansätze von Selbstbewusstsein.

Wie Silas kaum von den Tigern weg zu bekommen ist, könnte ich hier Stunden bleiben. Wobei ich froh bin, wenn sie in einem Jahr endlich in einen großen naturnahen Park umziehen und nicht mehr in den gekachelten Räumen leben müssen, die vor fünfzig Jahren fortschrittlich waren. Wer länger zugesehen hat, wie eine Orang-Mutter ihre Tochter wiegt, tief und lange in die Augen schaut und immer wieder küsst, der spürt, dass Affenliebe kein Schimpfwort, sondern etwas Wunderbares ist. Und die Geduld eines Vaters kann ich am Silberrücken-Mann von den Flachland-Gorillas bewundern, den sein Nachwuchs vertrauensvoll beklettert und neckt.

In der Tat haben in den letzten Jahren Hebammen und Kinderärzte einiges von den Menschenaffen für Menschenkinder gelernt: Wie gut langes Stillen ist. Menschenaffen wie alle intelligenten Tiere tun es jahrelang und nach Bedarf, wie unser Name Säugetier ja schon sagt. Wie wichtig es für uns Primaten ist, gehalten und getragen zu werden. Im Affenhaus bin ich beschämt, wenn ich an die wenigen Menschenaffen denke, die noch in Freiheit leben. Der Primatologe

Volker Sommer sagt: „Es ist eine Affenschande, dass Milliarden von Dollars ausgegeben werden, um auf dem Mars nach einem Fünkchen Leben zu suchen, während wir tatenlos zusehen, wie unsere Blutsverwandten vom Antlitz der Erde getilgt werden. Und das gerade jetzt, wo Forschungen in Labor und Wildnis gleichermaßen zeigen, dass unsere haarigen Cousins eigentlich unsere haarigen Geschwister sind."

Hier im Menschenaffenhaus, wenn ich Matze und Siri und die anderen anschaue und sie mich – denn Menschenaffen interessieren sich auch für Menschen – denke ich auch an das, was uns unterscheidet. Durch unser hohes Bewusstsein ist den Menschen viel gelungen, worauf sie stolz sein können. Doch damit ist auch die Distanz zu Tieren, zum Mitmenschen, zu sich selbst verbunden. Menschen können nach dem Ursprung fragen, wohin sie gehören und wohin sie einst gehen werden. Wer keine Antwort darauf findet, ist heimatlos. Tiere und manchmal Kinder machen den Eindruck zu wissen, wohin sie gehören. Die Botschaft der Bibel verbindet uns: Wir sind zusammen Geschöpfe Gottes, unsere gemeinsame Heimat ist seine Erde und sein Himmel.

Ein fataler und folgenreicher Irrtum wäre es, unsere Verwandtschaft zu den Mitgeschöpfen zu leugnen. Der Literaturnobelpreisträger Elias Canetti prophezeite: „Mit zunehmender Erkenntnis werden die Tiere den Menschen immer näher sein. Wenn sie dann wieder so nahe sind wie in den ältesten Mythen, wird es kaum mehr Tiere geben." Ich hoffe, dass es nicht so weit kommen wird, sondern in Gottes Namen die Achtung gegenüber unseren Verwandten wächst.

Ich glaube, dass Staunen und Wissen im Duett am schönsten klingen. Und ich träume. Ich träume, dass Silas einmal seinen Kindern erzählen wird: Als ich klein war, da habe ich im Frankfurter Zoo die Urahnen der Sumatra-Tiger gesehen, die jetzt wieder die Wildnis durchstreifen.

Heidrun Dörken wurde 1962 geboren. Sie studierte Theologie und arbeitete nach ihrem Studium als Vikarin in Birkenau im Odenwald und danach als Gemeindepfarrerin in Frankfurt-Bockenheim. Seitdem verfasst sie kirchliche Beiträge für den Deutschlandfunk und den Hessischen Rundfunk, darunter den „Zuspruch am Morgen" und die „Morgenfeier". Von 1992 bis 1995 sprach sie das „Wort zum Sonntag" in der ARD. Seit 1996 arbeitet Heidrun Dörken als Rundfunkbeauftragte der Evangelischen Kirche in Hessen und Nassau.

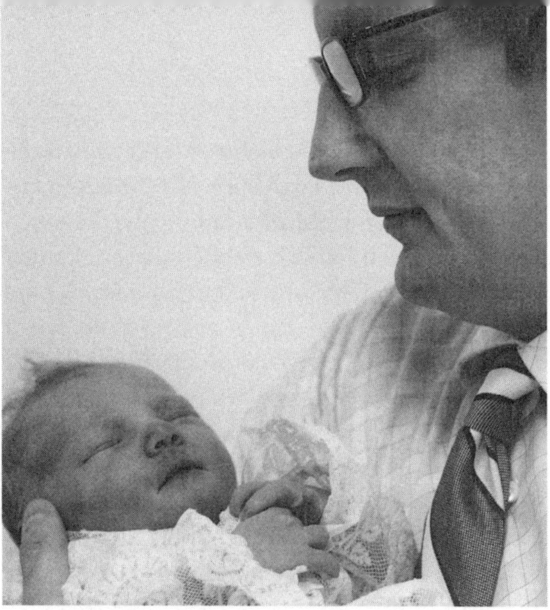

Im Kreißsaal

Wolf-Dieter Steinmann

Ich habe an diesem Ort einige der intensivsten Stunden meines Lebens erlebt. Zwei Mal nur war ich dort. Für wenige Stunden. Das eine Mal im Jahr 1983, das andere Mal 1988. Es sind nicht die beiden Kreißsäle selbst, die mir heilig sind, sondern das, was ich in ihnen erlebt habe; oder: was mir dort widerfahren ist. Diese Stunden sind mir „heilig", diese Erfahrungen.

Die Gefühle bei der Geburt meiner beiden Kinder, manchmal scheinen sie mir ganz präsent. Ich meine, nicht nur die Kreißsäle vor mir zu sehen, ich meine sogar, dass ich wieder genau so fühle, wie ich damals gefühlt habe. Bei der Geburt meiner Tochter: Die Hebamme legt sie mir in die Arme: „Da nehmen Sie, passen Sie gut auf sie auf", geht und lässt mich mit ihr allein zurück. Sie muss sich um die Mutter kümmern, die einen Schwächeanfall erlitten hat. Ich stehe in diesem kahlen Kreißsaal, schaue und spüre nur noch dieses kleine Wesen, weiß nicht genau, ob ich sie richtig halte, wage nicht, mich zu rühren, damit sie nicht fällt. Alles ist dran. Ein vollständiger Mensch. Unendlich klein und zart. Warm, lebendig, zerbrechlich. Ich wage nicht, sie aus den Augen zu lassen. „Leben ist ein Geschenk." Blöde Floskel, hatte ich schon oft gedacht, aber jetzt ist es genau so: Mir geschenkt. Zerbrechlich. Ein kleines Wunder. Und ich kann sie tragen und halten. In diesem Moment fühle ich mich zum ersten Mal als Vater und nur noch glücklich. Vorher in der Schwangerschaft war ich „Werdender" oder „Erzeuger". Im Kreißsaal habe ich gefühlt, dass ich Vater bin.

Die Geburt meines Sohnes war anders. Genauso intensiv, aber da zeigte sich auch die andere Seite: Leben ist gefährdet. Die Geburt verläuft schwierig. Gefährlich für Mutter und Kind. Viel Blut. Im Kreißsaal herrscht plötzlich Aufregung. Hektik. Anspannung. Die Angst beim Arzt und den Hebammen, dass etwas passieren könnte, ist mit Händen zu greifen. Und ich kann nichts tun. Fühle mich hilflos und ohnmächtig. Hoffentlich ... Zum Glück ist alles gut gegangen. Eine Geburt wie eine Rettung.

Das Leben ist ein wunderbares Geschenk, aber kein bisschen selbstverständlich. Nah am Schrecken. Sie haben ihn mir nur kurz anvertraut und auf den Arm gelegt, dann aber sofort weggebracht in sein Bettchen. Ich bin erleichtert, dankbar, erschöpft, glücklich, dass er lebt und gesund ist.

Was ich in diesen beiden Kreißsälen erlebt und gefühlt habe, nenne ich „heilig". Gefühle, so intensiv und mächtig, dass man meint, davon überzufließen, zu zerspringen, weil der Raum in einem selbst zu eng wird. Und so unmittelbar, dass man sie zuerst kaum aussprechen kann. Wahrscheinlich sehen Väter, die aus einem Kreißsaal kommen, deshalb manchmal ein wenig tumb aus.

Was ich bei den beiden Geburten gefühlt habe, verkörpert für mich das Heilige mit seinen zwei so gegensätzlichen Seiten. Der Theologe und Religionswissenschaftler Rudolf Otto hat sie in seinem grundlegenden Buch 1905 beschrieben: Das „Faszinierende" und das „Erschreckende". Zum Glück behielt der Schrecken für mich nicht die Oberhand. Ich habe im Kreißsaal erfahren, dass das Leben es sehr gut gemeint hat. Da war offenbar eine Kraft, die das Leben gehalten und getragen hat. Ich habe mir angewöhnt, sie „Gott" zu nennen.

Es gibt Gefühle, die waren einmal so intensiv, dass wir sie auch nach Jahrzehnten wieder so empfinden können, als wären sie ganz gegenwärtig. So geht es mir zumindest mit meinen Gefühlen im Kreißsaal. Aber haben wir wirklich ein so zuverlässiges Gefühlsgedächtnis? Waren meine unmittelbaren Empfindungen damals wirklich genau so? Mir scheint es so, wenn ich mich heute erinnere und davon erzähle.

Aber vermutlich ist es doch komplizierter, kann auch gar nicht anders sein. Denn ich habe meine unmittelbaren Gefühle verwandelt. Verwandeln müssen. Man kann nicht dauernd in Hochgefühlen verweilen. Und im Schrecken könnte man nicht überleben.

Große heilige Gefühle sind zudem unaussprechlich. Zumindest im Moment des Erlebens. Sie lassen uns schweigen. Sprechen können wir erst von ihnen, wenn sie sich beruhigen und kleiner werden. Aber dann müssen wir auch sprechen, wollen mitteilen, was wir gefühlt haben – an Glück und Schrecken. So überführen wir viele Momente unseres Lebens in Geschichten. Kleinere und vor allem die ganz großen, auch die heiligen. Damit wir sie teilen können mit anderen und sie selbst nicht vergessen, damit sie unser Leben prägen können. So habe ich die unaussprechlichen Gefühle aus dem Kreißsaal in eine Geschichte transformiert.

Und dabei auch verändert: Die Geburt meiner Tochter habe ich gleich im Anschluss aufgeschrieben, die meines Sohnes nicht. Zudem liegen zwischen den beiden Geburten viereinhalb Jahre.

Aber heute gehören sie für mich in ihrer Verschiedenheit zusammen. Sie sind zu einer Geschichte zusammengewachsen. Warum das Leben heilig ist, kann ich heute nur sagen, wenn ich mich an sein Wunder und seine Gefährdung zugleich erinnere.

Wenn ich es genau nehme, habe ich heute nicht mehr die unmittelbaren heiligen Erfahrungen von damals präsent, sondern trage sie in mir in erzählter Gestalt.

Und doch weiß ich, dass diese Geschichte so wahr ist und die Erfahrungen aus den beiden Kreißsälen wirklich enthält. Lebendig hält. Sie bewahrt sie über die Zeiten und ermöglicht es, die Erfahrungen meinen Kindern und anderen weiterzugeben, sie teilhaben zu lassen am Heiligen. Nur als Geschichte lässt sich die Erfahrung anderen nahe bringen. Und nur so wird plausibel, warum ich die Kraft, die damals im Kreißsaal spürbar war, „Gott“ nenne.

Es kann, glaube ich, gar nicht anders sein: Der Ort, in dem meine Glaubenserfahrung von damals heute zu Hause ist, ist nicht mehr der Kreißsaal selbst, es ist die erzählte Geschichte. In der Form von Geschichten ist Glaube gegenwärtig und zugänglich. Einen Kreißsaal habe ich seit fast zwei Jahrzehnten nicht mehr betreten. Wer wollte schon sein Leben lang dort verweilen, den heiligen Moment könnte man sowieso nicht festhalten. Als Räume sind Kreißsäle doch eher unheilig. Der Glaube findet in der Sprache gewordenen Geschichte sein Zuhause. Und dort können auch andere Menschen einziehen.

Vielleicht finden Sie es befremdlich, dass ich meine Erfahrungen im Kreißsaal eine Gotteserfahrung genannt habe.

Ist das nicht übertrieben? Religiös verstiegen? Was gibt mir das Recht, eine derart private Erfahrung so zu deuten? Es nicht nur für mich privat zu glauben, sondern es weiterzuerzählen, meinen Kindern, Ihnen?

Ich könnte wohl weder so empfinden, noch meine Geschichte so erzählen, wenn ich die biblische Weihnachtsgeschichte nicht kennen würde: Gott ist als Kind in die Welt gekommen. Maria hat ein Kind geboren – wie Millionen Mütter vor und nach ihr. Jesus ist geboren worden – wie Sie und ich. Und er ist das Zeichen, welches Gott uns gibt. „Und das habt zum Zeichen: Ihr werdet finden das Kind in Windeln gewickelt und in einer Krippe liegen." Gottes Nähe zu den Menschen ist glaubwürdig, weil sie in Jesus konkret geworden ist. Gott ist kein „Prinzip Liebe", kein Ideal der Menschlichkeit, sondern ein Mensch, ein kleines Kind, das schreit wie wir, das hungrig ist wie wir. Jesus lebt und liebt uns vor.

Der christliche Glaube wagt zu sagen: Gott ist in einem bestimmten Menschen zu uns gekommen. Das macht das Ganze sehr persönlich und vertraut, denn geboren wurden Sie und ich ja auch.

„Die Wahrheit ist, dass die Weihnachtsgeschichte nur deswegen universal gültig ist, weil sie die Erzählung einer einzigen Mutter-Kind-Geschichte darstellt. Die Weihnacht ... ist durchdrungen von der persönlichen Vorstellung eines Geheimnisses zwischen Gott und Mensch. ... Weihnachten ist etwas viel Besseres als eine Sache für alle, es ist eine Sache für jeden." So hat Gilbert Chesterton, der englische Romanautor, der den gewitzten Pater Brown erfunden hat, das Geschenk der Weihnacht auf den Punkt gebracht. „Weihnachten ist etwas viel Besseres als eine Sache für alle, es ist eine Sache für jeden."

Von der Geburt Jesu fällt ein göttliches Licht in jedes Kinderbett, vor allem in die ärmsten. Und in jeden Kreißsaal. Was mir damals widerfahren ist, kann ich so als heilige Momente begreifen. Mein Leben wird in die Weihnachtsgeschichte hineingezogen. Ich kann daran teilhaben. Die Weihnachtsgeschichte wird zum Spiegel, in dem ich mich selbst finde und neu sehe. Unser kleines Leben wird ein Teil der großen Liebesgeschichte Gottes. Der Blick auf das Kind in der Krippe gibt mir die Möglichkeit zu glauben: Ja, es war die Liebe Gottes, die meinen Kindern das Leben geschenkt und es bewahrt hat.

Die Weihnachtsgeschichte lässt mich aber nicht nur mein Leben verstehen, es ist auch umgekehrt. Das Bild, das ich von Gott habe, ist geprägt von meinen Geburtserlebnissen. Ich bin sicher, das geht auch anderen so. Wer glücklich mit Kindern war oder ist, versteht das Geschenk tiefer, dass Gott sich in unsere Welt begibt und einmischt, dass der allmächtige Gott zur Erde gekommen ist – als kleines, wunderbares, zerbrechliches Kind. Der Himmel berührt in ihm die Erde. Gott ist nicht mehr oben am Himmel zu suchen, der Himmel findet sich hier ein. Weihnachten gibt jedem von uns einen Platz nah am Himmel. Auch den Vätern. Wie das?

Als Jesus ein Mann war, hat er Gott „Vater" genannt. Vielen Menschen fällt es schwer, dieses Wort nachzusprechen. Mir ist es wertvoll. Wahrscheinlich auch deshalb, weil ich erlebt habe, dass ER Leben erhalten und schenken kann wie ein mütterlicher Vater. Vielleicht hat das auch geholfen, meine Rolle als Vater zu finden – nicht von jetzt auf gleich, aber irgendwann dann doch.

Manchmal denke ich, Vätern heute geht es gar nicht so viel anders als Joseph in der Weihnachtsgeschichte. Joseph ist zu seiner Vaterrolle gekommen wie die Jungfrau zum Kind. Er wusste nicht, wie ihm geschah, erzählt die Bibel.

Er hatte doch nicht gezeugt, wollte sich diskret zurückziehen und Kind und Mutter sich selbst überlassen. Ein Traum veranlasste ihn, zu bleiben. So war er schließlich bei der Geburt anwesend. Ich bin sicher, auch Joseph hat dieses Erlebnis verändert. Er verhält sich danach wie ein Vater, erzählt die Bibel. Als das Leben des Kleinen bedroht ist, packt er an und bringt Mutter und Kind in Sicherheit. Als Jesus zwölf ist, ist Joseph immer noch da. Und als der junge Herr abgetaucht ist, kümmert er sich und macht sich Sorgen wie Maria, die Mutter. Ich glaube, Joseph ist Vater geworden bei der Geburt. Ich bin erst wirklich Vater geworden, als ich meine Tochter im Kreißsaal im Arm hielt. Vorher war ich „Werdender". Die Zeugung wird wohl fürs Vatersein überschätzt. Wichtiger als die Biologie ist, ob ein Vater ein Kind als seines annimmt und ob er sich als Vater sieht und verhält. Das Kind auf dem Arm hat in mir das Zutrauen geweckt, dass ich das kann. Dass Gott mir das zutraut.

Vater zu sein macht seither einen festen Teil meiner Identität aus. Durch Höhen und Tiefen des gemeinsamen Lebens. Es hat mich gefordert, erfreut, in Zweifel gestürzt. Der Glaube aus dem Kreißsaal ist mitgegangen, hat mich gewärmt, getröstet und Hoffnung gegeben. Und er tut es noch. Er hat mir immer wieder die Nähe des Himmels gewährt. Im Leben mit meinen Kindern und mit Kindern überhaupt. Auch wenn ich versage oder wenn Angst und Sorge um die Zukunft der Kinder ins Leben eindringen.

Der erwachsene Jesus erzählte einmal eine andere Geschichte, in der auch Väter erwachsener Kinder Heimat finden können, jenseits der Geburtsgeschichte: Ein Sohn erhebt Anspruch auf sein Erbe, als der Vater noch lebt. Er will alle Brücken hinter sich abbrechen und ins Ausland gehen. Der Vater gibt ihn frei. Kein Zorn, keine Vorwürfe. Nicht einmal, als der Sohn nach Jahren gescheitert zurückkommt. Der Vater freut sich, triumphiert nicht. Hatte dieser Vater keine Angst, dass er seinen Sohn verlieren könnte? Wahrscheinlich doch, aber er hat sie überwunden. Wie? Ich glaube, er hat nie ernstlich gemeint, dass der Sohn „verloren" ist.

Jesu Geschichte ermutigt, darauf zu vertrauen: Kinder, die sich auf den Weg machen, in ihrem Leben heimisch zu werden, die sich auf den Weg zu ihrem eigenen Glauben machen, sind nicht „verloren". Kinder müssen sich auf den Weg machen. Dabei nutzen sie auch andere Wegweiser als die unseren. Klammern hilft mir nicht, nur Zutrauen, dass sie ihren Weg finden werden.

Wichtig ist auch, sie nicht „verloren" zu geben. Sich innerlich nicht von ihnen zurückzuziehen, auch wenn sie uns fremde Wege gehen. Man muss ihnen Zeichen geben: Ich bin da. Offen zu bleiben ist ebenso wichtig wie nicht zu allem Ja und Amen zu sagen. Auch ein Streit kann gut sein: Ein Zeichen, dass man sich füreinander interessiert und sich nicht verloren gibt.

Jesu Geburtsgeschichte und auch die Geschichte vom so genannten „Verlorenen Sohn" geben Räume, in die ich meine Lebensgeschichte hineinschreiben kann – die heiligen, die misslungenen und die gelungenen Erfahrungen. Sie stiften an, zu glauben, dass der Himmel nah bleibt und unser gemeinsames Leben berührt, immer wieder zwischen Kreißsaal und Bahre.

Wolf-Dieter Steinmann wurde 1955 in Heidelberg geboren. Nach dem Theologie-Studium in Bethel, Tübingen und Heidelberg war er Vikar in Karlsruhe und Mannheim. 1983 absolvierte er ein Jahrespraktikum beim Südwestfunk (SWF) in Baden-Baden und arbeitete danach bis 1991 als Pfarrer im Gruppenpfarramt Mannheim-Vogelstang. Von 1992 bis 1998 war er Rundfunkbeauftragter der evangelischen Kirche beim SWF, seit der Senderfusion 1998 ist er in gleicher Funktion beim Südwestrundfunk (SWR) am Funkhaus in Baden-Baden tätig. Er ist Autor zahlreicher Radiobeiträge bei SWR, Deutschlandfunk und Deutschlandradio Kultur sowie von Fernsehbeiträgen in ARD und Südwestfernsehen.

Frieda Goralewski (1893-1989)

Auf dem roten Teppich – Vom Boden, der trägt

Angelika Obert

Eine ganze Weile hatten wir gelegen und dem Gewicht unserer Arme und Beine nachgespürt. Nun, gegen Ende der Stunde, galt es aufzustehen – langsam, den Wünschen des Körpers folgend. Als ich die Augen aufmachte, dem Boden noch nah auf allen Vieren, da fühlte er sich an wie ein allerbester Freund. Warm und kraftvoll, zuverlässig und ganz für mich da. Seine Härte war nicht hart, es schien, als ob er mir entgegenatme. Das Aufstehen ging von selbst, wie sich auch das Lächeln von selbst einstellte und eine heitere Offenheit für die fünf oder sechs andern Menschen im Raum, die genau wie ich neunzig Minuten lang ganz still für sich gewesen waren. Der Raum war voll Bejahung und das glitzerte ein bisschen wie Weihnachten. Da dachte ich: Der erstaunlichste, geheimnisvollste Platz – das ist für mich gar kein bestimmter Ort. Das ist einfach der Boden unter meinen Füßen in den seltenen Augenblicken, in denen ich wach und gelöst genug bin, mich von ihm tragen zu lassen.

Natürlich trägt die Erde uns immer, Tag und Nacht, in jeder Sekunde. Aber ich merke es nicht immer – so wenig wie ich die Gegenwart des heiligen Geistes immer merke.

Es gibt vielmehr einen beständigen Zwang in mir, den Boden, der mir so freundlich und kraftvoll entgegenkommt, wieder zu vergessen, mich schnell in den gewohnten Haltungen zu versteifen und in der vertrauten Angestrengtheit häuslich einzurichten. Wie es beim Apostel Paulus so richtig heißt: „Das Gute, das ich will, das tue ich nicht." Dazu gehört auch, dass ich das Gute, das Gott mir unter die Füße gelegt hat, nicht so wirken lasse, wie es wirken könnte.

Darum brauche ich besondere Stunden und einen besonderen Ort, um es zu suchen.

Oft genug muss ich mich dazu aufraffen. Am Freitagabend, nach einer langen Woche voller kleiner und großer Unannehmlichkeiten, ist die Versuchung groß, bloß noch in den eigenen vier Wänden zu bleiben. Einen gewissen Widerstand muss ich überwinden, um den ganzen inneren Wirbel jetzt in diesen stillen Raum am Lietzensee zu tragen. Dort wartet Leonore Quest auf die wenigen, die heutigentags nicht Yoga oder Qi Gong machen, sondern immer noch gern einer Körperarbeit folgen, die namenlos geblieben ist, weil ihre Erfinderinnen, Elsa Gindler, Frieda Goralewski, es so wollten: Keine neue Technik sollte in die Welt gesetzt, sondern ein Prozess angeregt werden, der den Leib zur Seele führt, ein Prozess, bei dem es immer aufs Neue darum geht, den Segen der Schwerkraft zu entdecken. Den Boden, der trägt.

Und da liegen wir dann und lassen uns von Leonores warmer Cello-Stimme leiten – erst liegend, dann sitzend, stehend und gehend immer wieder auffordern, nichts zu machen, sondern aufmerksam zu werden für das, was sich im Körper tun will. Die leiseste Regung kann die lösende sein und sie kommt von selbst, wenn wir sie lassen. Manchmal ist das wirklich schwere Arbeit, nicht mehr an den Ärger zu denken, den man gerade erlebt hat oder an die Arbeit, die nachher getan werden muss, sondern bloß zu spüren, was jetzt gerade mit mir ist. Es fühlt sich ja auch oft genug verklebt an. Aber immer wird die Mühe belohnt mit einer leisen Verwandlung, Wachheit und Heiterkeit am Ende der Stunde. Immer wieder staune ich, was der Boden tut, wenn ich ihn lasse. Dann weiß ich auch wieder, dass Gott es wirklich gut mit uns meint: dass uns der Halt auf Erden immer schon gegeben ist.

Die meiste Zeit haben wir die Augen geschlossen, um besser spüren zu können. Und wenn wir durch den Raum gehen, sind wir gehalten, unseren Blick nicht zu fixieren. Trotzdem gibt es kaum einen Raum, den ich so deutlich fühlen und in allen Einzelheiten vor mir sehen kann wie den Bewegungsraum am Lietzensee. Der Blick auf den Hof in der Abenddämmerung, die Steine und Blumen auf dem Fensterbrett, der Korb mit den Bällen in der Ecke, die Stöcke auf der andern Seite, nicht zuletzt der kleine gelbe Teddybär, der seinen

Platz von Woche zu Woche wechselt – alles ist mir gegenwärtig, wenn ich nur dran denke. Es ist kein feierlicher Ort. Er hat keine lange Geschichte, ist nicht nach besondern Maßen erbaut. Keine Orgel bringt ihn in Schwingung, keine Gebete schweben im Raum. Hier sind immer nur ein paar Menschen, die gemeinsam auf den Boden zurückfinden, auf die Erde, die trägt. Hier findet statt, was ich im Stillen meine allwöchentliche „Auferstehung zum Leben" nenne. Schweren Schritts bin ich gekommen. Leicht und mit Lust am Gehen kehre ich nach Hause zurück: Auch die Straße sieht jetzt freundlich aus, auch sie zeigt ihr lebendiges Gesicht.

Manchmal, wenn ich so wohlgemut des Wegs gehe, fällt mir wieder ein, wie es mal angefangen hat für mich. Es muss Ende der siebziger Jahre gewesen sein, ich war vielleicht siebenundzwanzig Jahre alt. Ein guter Freund stand mir gegenüber, betrachtete mich und erklärte voller Inbrunst: „Du bist tüchtig, aber du hast überhaupt keinen Boden unter den Füßen – das ist ja furchtbar!" Es traf mich wie ein Schlag. Ich wollte hören, dass ich schön und begabt sei – nicht furchtbar. So weiß ich noch genau, wie mir damals die Beine weich wurden, die Ohren sausten, wie ich innerlich wegtrudelte und mich in irgendeinem Abgrund auflöste. Mein Freund hatte Recht, ich hatte wirklich keinen Boden unter den Füßen. Ich konnte einem kritischen Wort nicht standhalten.

Aber deswegen bin ich nicht zu Gora gekommen. Ich war es gewohnt, jeden zweiten Tag im Abgrund zu versinken. Ich kannte es nicht anders, wenn ich natürlich auch gern wie die Seeräuber-Jenny davon träumte, dass der Tag kommen würde und das Schiff mit den acht Segeln – und dann würden alle merken, wer ich bin.

Zu Gora kam ich nicht aus Einsicht in meine Bedürftigkeit, sondern eher aus Gründen der Eitelkeit. Damals wollte ich Schauspielerin werden und es sprach sich herum in den bunten West-Berliner Kreisen jener Jahre: Gora ist eine Meisterin. Da musst du hin. Die zeigt dir, wie man sich richtig bewegt. Es gab auch eine Adresse: Nassauische Straße – aber kein Messingschild, das auf eine Bewegungsschule hinwies. Nur den Namen neben dem Klingelknopf: Goralewski. Ich erinnere mich nicht an das erste Mal. Nur dass es keine Aufnahmeprozedur gab – ich wurde einfach mit den andern in den Umkleideraum gewiesen. Von dort führte die Tür in ein lang gestrecktes Berliner Zimmer, wo sich alle, die Alten wie die Neuen, schön nebeneinander auf den roten Teppich legten und erst mal räkelten. Der Raum war immer voll – vor allem mit Frauen jeglichen Alters. Manche kamen wohl schon seit ihrer Jugend zu Gora, manche waren richtig berühmt, manche hatten schwere Krankheiten. Dazwischen wir – die naseweisen Schauspielschüler. Nein, ich weiß wirklich nicht mehr, wie es anfing, nur, dass es ganz leicht war, mich zu den vielen Menschen auf den roten Teppich zu gesellen und Goras Stimme zu folgen, die auf einem Bänkchen neben der Tür saß und es wundersamer Weise sehen konnte, was wir mit unsern Füßen, unserm Bauch, unserer Wirbelsäule gerade anstellten. Ich war von Gora angerührt – von Anfang an. Ich glaube, dass mir schon in der ersten Stunde das Herz weit wurde: So wie Gora sieht sie aus, die klare, wahre Menschlichkeit.

Sie war ganz klein, zierlich, gebeugt – schon sehr alt, als ich sie kennen lernte. Die Kriegsjahre hatten ihrer

Gesundheit zugesetzt, die bösen Jahre, in denen sie eine wichtige Helferin der in Berlin versteckten Juden gewesen war. Davon sprach Gora nie, ich hörte es später und es kam mir wie selbstverständlich vor, dass sie so eine Geschichte hatte. Vergnügte Güte strahlte aus ihrem Gesicht, das von dichtem, ungebärdigem Grauhaar gerahmt war. Die unbeschreibliche Kraft, in der sie lebte, klang durch jedes Wort, das sie sprach, war spürbar aber auch in ihrer Präsenz, die voll Leichtigkeit war und von einer beseligenden Einfachheit. Jegliche Überhöhung lag ihr fern. Sie nannte das, wozu sie uns anleitete „turnen". Sie saß auf ihrem Bänkchen und sagte: „Nun hauen Sie mal ganz tüchtig Ihre Lendenwirbel durch!" Niemals hätte Sie gesagt: „Nun beleben Sie mal Ihren unteren Raum!"

Auch dafür liebte ich sie. Wir alle, die wir auf dem roten Teppich übten, nach Goras Weisung die Beine am Becken hängen zu lassen und die Wirbelsäule am Schädelrand, wir alle erlebten es bei uns selbst, wie sich unser Bewusstsein veränderte, wenn der Körper zu seiner inneren Ordnung fand. Wir merkten schnell, dass sich das Leben nicht dividieren lässt in Körper, Seele, Geist, sondern alles zusammenwirkt, sich zusammen fest macht und zusammen auch löst. Aber Gora, der wir ansahen, wie wunderbar lebendig ein Mensch sein kann, sprach von so etwas nicht. Sie wollte uns auf den Teppich bringen. Es war ja nicht ihre Lehre, sondern der Boden, der uns tragen sollte. Das Andere, das wusste sie ja, musste nicht beredet werden. Das kam von selbst. Jede und jeder von den vielen, die bei Gora aus- und eingingen, hatte da seine eigene Geschichte. Und für jede und jeden war sie in den kritischen Augenblicken da.

Heute finde ich, dass ich in den zwei Jahren, die ich damals zu Gora ging, gar nicht viel begriffen habe. Heute habe ich das Gefühl, dass ich in den Stunden bei Leonore Quest vielleicht gerade mal den Anfang begreife.

Damals allerdings ging ich oft betört aus Goras Stunden und glaubte, der Erleuchtung schon ganz nah zu sein. Jedenfalls bekam ich ein Gefühl für meinen Körper und den Boden unter meinen Füßen. Jedenfalls holten mich die Stunden auf dem roten Teppich zuverlässig heraus aus jedem Abgrund, in den ich gerade mal wieder gefallen war. Jedenfalls war der Tag heller nach einer Gora-Stunde. Und ich hatte einen inneren Kompass, eine Vision, worauf es ankommt im Leben: Das wollte ich finden, diese Einfachheit, diese Klarheit, diese fröhliche Güte – wie Gora.

Heute erwarte ich keine Wunder mehr von mir. Aber damals waren solche Gedanken wichtig für mich. Weil ich so viel Boden unter den Füßen immer noch nicht hatte, brauchte ich einen Leitstern.

Weil ich viel zu Gora ging, wurde ich immer beweglicher und genoss es, Kraft zu haben. Als ich 1980 als Anfängerin zur Landesbühne Hannover kam, tanzte ich einen Sommer lang wie angestochen durch die Aufführungen in den Herrenhäuser Gärten. Beim Abschied in Berlin hatte Gora mir ganz bedächtig gesagt: „Jetzt, Angelika, wird es Ihnen niemals mehr so ganz schlecht gehen."

Das schien mir auch so. Aber es kam anders. Auf den durchtanzten Sommer folgte ein schwarzer Winter. Gora spürte es und schrieb mir einen kleinen Brief, wenige Zeilen nur: „Es geht immer weiter, Angelika. Vergessen Sie das nie. Es geht immer weiter." Ich las das wie eine Offenbarung und höre es auch heute noch so: Dass es immer weiter geht, in schwärzesten wie seligsten Zeiten kein Endpunkt erreicht ist, sondern immer und immer weiter gegangen sein will – so einfach ist das und so wahr! Gregor von Nyssa, einer der Väter der christlichen Mystik, hat einmal gesagt, dass wir auch in der Ewigkeit Gott immer nur entgegen gehen werden – immer weiter. Das stelle ich mir gern vor.

Eines Tages habe ich dann auch verstanden, was Gora meinte, als sie mir zusagte, es werde mir nun nie mehr „so ganz schlecht" gehen. Es war ein harter Tag, an dem mich eine Kränkung kalt erwischte. Es bebte in mir. Aber kein Abgrund tat sich auf. Kein Ohrensausen, kein Wegtrudeln. Ich spürte ihn immer noch, den Boden unter meinen Füßen. Ich spürte mich. Es ging mir nicht wirklich schlecht, nicht „so ganz"!

Als ich das endlich merkte, war Gora schon gestorben. Ich hatte nach jahrelanger Pause die Stunden bei Leonore Quest wieder aufgenommen, die Goras Arbeit weiterführt. Inzwischen lag die Schauspielerei lange hinter mir. Ich war Pfarrerin geworden. Als Pfarrerin, so dachte ich leichtsinnig, braucht man doch keine Körperarbeit zu machen. Erst als mir eine Schulter so weh tat, dass ich beim Segnen Mühe hatte, fand ich den Weg zurück. Wer weiß, ob da nicht Gora die Hand im Spiel hatte – von ihrer Wolke aus!

Auch in den Jahren, in denen ich mich von der Gora-Arbeit entfernte, blieb sie mir ja gegenwärtig. Wenn man mich fragte, wie es unter Theologen üblich ist, bei wem ich gelernt habe, dachte ich immer zuerst an Gora. Das Wesentliche habe ich bei ihr gelernt: das Vertrauen. Glauben ist ja Vertrauen. Ich bin nicht besonders gut darin. Aber es ist doch in mir.

So viele Menschen haben bei Gora wesentliche Anstöße für ihren Beruf bekommen: Tänzer und Schauspielerinnen, Lehrerinnen und Musiker. Warum sollte nicht auch eine Pfarrerin dabei sein?

Oft lachen mich die Bibeltexte an – kraftvoll und tief wie der Boden am Ende einer Stunde bei Leonore. Sie sprechen zu mir, ohne dass ich mir die Haare raufen und viele Kommentare wälzen muss. Wo mag das herkommen?

„Wisst ihr nicht", schreibt der Apostel Paulus im ersten Brief an die Korinther, „dass euer Leib ein Tempel des heiligen Geistes ist, der in euch ist, welchen ihr habt von Gott und seid nicht euer eigen?" Ist es nicht erstaunlich, dass Paulus das sagen konnte? Ihm wird doch oft unterstellt, er sei ein Intellektueller gewesen, ein Kopfmensch, der den Glauben kompliziert gemacht habe. Das war er offensichtlich nicht. Er muss es erfahren haben: am ganzen Leib lebendig zu sein. Der auferstandene Christus ist ihm nicht bloß ins Gehirn gefahren. Paulus hat als ganzer Mensch gedacht. „Wisst ihr nicht, dass euer Leib ein Tempel des heiligen Geistes ist ..." Paulus wusste es.

Ich muss mich immer wieder auf den Weg machen, um den Leib überhaupt zu spüren. Manchmal ahne ich: Er könnte wohl ein Tempel sein.

Oft muss ich mich dazu aufraffen. Denn das Gute, das ich will, das tue ich nicht. Ich bin und bleibe ein „dummes Ding" – wie es Gora in einer Stunde gesagt hat, von der es eine Kassette gibt, die ich jetzt wieder gehört habe. So soll Gora das letzte Wort haben:

„Ach, Sie dummes Ding! Macht sich den Bauch fest und rennt durch Leben. Ist nix mit Leben. Das Leben ist so ... so ungeheuer mit der Erde verbunden, unser Leben. Überall, in jeder Zelle dieselbe Kraft der Erde. Das ist das Ungeheuerliche. Das, was wir eben – ja tausende Jahre lang verloren haben."

Angelika Obert wurde 1948 geboren. Neben dem Studium der Evangelischen Theologie und der Germanistik absolvierte sie auch eine Schauspielausbildung, bevor sie Pfarrerin der Evangelischen Kirche in Berlin-Brandenburg und Leiterin des Evangelischen Rundfunkdienstes wurde. Als evangelische Beauftragte beim Rundfunk Berlin-Brandenburg (RBB) ist sie für Hörfunk und Fernsehsendungen verantwortlich. Als Autorin gestaltet sie auch Sendungen für den Deutschlandfunk und Deutschlandradio Kultur.

„... Sie werden lachen, die Kirche!“

Margot Käßmann

Im Jahr 1991 flog ich zu einer Tagung des Ökumenischen Rates der Kirchen nach Australien. So sehr ich mich immer im Leben auf neue Erfahrungen gefreut habe, so mulmig war mir dieses Mal zumute. Der Golfkrieg begann, Europa fühlte sich von Saddam Husseins Raketen bedroht und ich ließ meine Familie zurück. Außerdem war ich mit dem vierten Kind schwanger. Ziemlich erschöpft kam ich am Samstagabend in Sydney an. Eine große Stadt, niemand da, den ich kannte ...

Am nächsten Morgen ging ich zur Kirche, einfach so. Ich „erwischte“ eine methodistische Gemeinde. Und dort, so weit in der Fremde, war das wie Heimat:

Kyrie, Gloria und Psalm, Glaubensbekenntnis, Predigt und Fürbittengebet. Ich kannte die Melodien der meisten Lieder. Vertraut auch die Anordnung: Altar mit Kreuz, Kanzel, Gemeinde. Im Anschluss an den Gottesdienst gab es Tee und Kaffee im Gemeindehaus, die Menschen haben mich freundlich aufgenommen, haben nachgefragt – wie Brüder und Schwestern eben, als Teil einer großen Familie.

Mich hat das im Leben immer wieder fasziniert: Menschen bauen Gotteshäuser, um zusammenzukommen, zu singen, Gottes Wort zu hören, zu beten. Das können Iglus sein oder Paläste, das kann Gotik sein oder Barock – daran wird noch einmal ganz deutlich: Das Christentum ist eine Gemeinschaftsreligion. Seit Jesus mit seinen Jüngerinnen und Jüngern durch Palästina wanderte, ist Gemeinschaft prägend für die, die ihm nachfolgen. Sie blieben auch nach seinem Tod zusammen. Gemeinsam haben sie erfahren, dass dieser Tod nicht das Ende war, sondern ein Anfang. Und dann, beim ersten Pfingstfest, haben sie erlebt, dass dieser Glaube an den auferstandenen Christus nicht nur sie begeistert, sondern auch andere. Plötzlich wurde für alle verständlich, wovon sie sprachen. Daran denke ich manchmal, wenn ich in einem Gottesdienst mit Menschen vieler Nationen bete. Es heißt dann in der Einladung meistens: Wir sprechen das Vaterunser, jeder und jede in der eigenen Muttersprache. Dann entsteht ein großes Murmeln, das beängstigend sein könnte, wenn ich nicht wüsste: wir sprechen alle dasselbe Gebet, das Menschen in der Sprache ihrer Herkunft vertraut ist. Das ist im Grunde jedes Mal aufs Neue ein Pfingstwunder. Statt der Sprachverwirrung beim Turmbau zu Babel wird Einigkeit erkennbar – mitten in der Vielfalt unserer Nationen und Kulturen.

Das Abendmahl ist sozusagen das Markenzeichen dieser Gemeinschaft. Da entsteht „communio sanctorum“, Gemeinschaft der Heiligen und Teilhabe am Heiligen. Die Heiligen, das sind Menschen, die sich ganz und gar Gott anvertrauen. Wenn ich an einem Ort Abendmahl feiere, dann tue ich das mit den Menschen um mich herum, aber doch auch in Gemeinschaft mit denen, die auf der ganzen Welt, an vielen verschiedenen Orten Brot und Wein teilen. Und gerade weil es Zeichen der Gemeinschaft ist, bedrückt viele, dass nicht alle Christen auf der Welt es gemeinsam feiern können. Ich denke, Christus ist der Einladende, und deshalb sind alle eingeladen, die weltweit zur Familie der Christinnen und Christen gehören. Mich berührt oft, wenn ich selbst das Abendmahl austeile, wie diese Gemeinschaft zwischen völlig Fremden entsteht. Sie ist durch den gemeinsamen Glauben gestiftet – und plötzlich ist Vertrauen möglich zwischen Menschen, die sich nicht kennen. Auch das beheimatet.

Ja, ich kann auch allein zu Gott beten; jeder Mensch hat seine eigene Gottesbeziehung. Ich gehe beispielsweise gern im Wald spazieren oder stehe am Meer, um mit Gott zu sprechen und Gottes Nähe wahrzunehmen. Aber dennoch fühlt sich mein Glaube in Kirchen zu Hause. Und die werden gebaut, weil Gemeinschaft so wichtig ist. Ich weiß sehr wohl, wie viel Streit es in Gemeinden geben kann. Das ist manches Mal bedrückend. Aber es ist auch normal, weil eben auch diejenigen, die Jesus nachfolgen wollen, nur Menschen sind. Das können wir schon in der Bibel nachlesen – nehmen wir nur die Spannungen zwischen

Petrus und Paulus oder zwischen den Gemeinden in Korinth und Jerusalem.

Wenn ich die Gotteshäuser anschaue, beeindruckt mich immer wieder, wie verschieden sie sind!

Als ich einmal in Korea gepredigt habe, führte mich der Kirchenvorsteher zum Altarraum. Der war ganz mit rotem Plüsch ausgelegt, und er bat mich, in ein paar Plüschpantoffeln zu steigen, wohl damit die Schuhe keine Abdrücke hinterließen. Auf der Kanzel stand merkwürdigerweise dann auch noch ein Telefon und ich fragte mich während der Predigt, was ich wohl tun sollte, wenn es klingeln würde.

In Chile saß ich in einem Gottesdienst der Pfingstkirche in einer ziemlich heruntergekommenen Holzbaracke. Beim Lied vor der Predigt kam jemand zu mir, legte mir die Hand auf die Schulter und sagte: „Du, Schwester, darfst uns heute das Wort Gottes auslegen!". Andere Länder, andere Sitten, zum Glück hatte ich durch die Übersetzung genügend Zeit, den jeweils nächsten Gedanken zu formulieren.

In der Kapelle auf dem Frankfurter Flughafen bat mich einmal eine Christin aus Indonesien, sie zu segnen, weil sie Angst hatte, nach Hause zurückzukehren.

In einem armen Dorf in Russland habe ich gestaunt, wie viel Gold in der kleinen Kirche eingearbeitet war. Die Menschen hatten das Beste und Schönste, das sie besaßen, gegeben, um Gott die Ehre zu geben; aber wohl auch, um sich und ihrem Glauben mitten im harten Alltag einen Ort der Schönheit zu bauen.

Ja, mich faszinieren Kirchen. Weil ich dort dem Glauben der Menschen begegne, die vor mir gelebt haben. Sie haben diese Orte geschaffen, wohl wissend, dass sie für kommende Generationen gebaut sind.

Als ich die Kathedrale auf Mallorca besuchte, habe ich über ihre ungeheure Größe gestaunt. Der Priester, der sie mir zeigte, erklärte, sie könne 6000 Menschen fassen. Als sie gebaut wurde, lebten aber auf der gesamten Insel nur 1500 Menschen. Wenn sie aus ihren kleinen, engen und geduckten Häusern in das Gotteshaus kamen, sollten sie geradezu erleben: So groß und wunderbar ist die Herrlichkeit Gottes. Das finde ich sehr eindrücklich. Die Wirksamkeit eines Gotteshauses lässt sich eben nicht daran ablesen, wie voll es ist. Ich gehe oft in Kirchen, auch außerhalb der Gottesdienstzeit. Mir ist sehr wichtig, dass sie den Menschen offen stehen, und ich bin froh, dass immer mehr Gemeinden bei uns ihre Türen offen halten. Denn Kirchen sind für die Menschen da; auch die darin enthaltenen Kunstschätze sind für Menschen gemacht, um ihren Glauben zu stärken. Über die Bilder und die Atmosphäre entfalten sie ihre Wirkung in der Stille, in der wir spüren: das sind durchbetete Räume. Wir beginnen nicht mit dem Glauben, und wir sind nicht die letzten, die an Jesus Christus glauben, sondern wir stehen in einer Kette von Menschen, die den Glauben weitergeben von Generation zu Generation.

Was also bewirkt dieses Heimatgefühl in Kirchen? Ich denke, es ist dreierlei: das Gebäude, die Liturgie beziehungsweise der Gottesdienst und die Menschen.

Zunächst ist die Anordnung einer Kirche zwar oft sehr verschieden, aber in den Grundelementen eben doch sehr vertraut. Der Altar steht im Zentrum. Hier brennen die Kerzen, hier liegt Gottes Wort, die Bibel, aufgeschlagen, hier versammelt sich die Gemeinde zum Abendmahl. Wie viele wunderbare Altarbilder gibt es! An manchen kann ich mich gar nicht satt sehen. Wie viel Liebe zum Detail, wie viele Gedanken sind dort eingearbeitet. Ich denke etwa an den Altar in der Marktkirche in Hannover: Adam und Eva sind ohne Bauchnabel dargestellt, weil sie eben geschaffen und nicht geboren sind. Menschen wollten über die Bilder die biblischen Geschichten und den Glauben vermitteln und haben sehr genau überlegt, wie sie das tun. Wie etwa wird Jesus dargestellt? Wie sieht Maria aus?

Das Kreuz ist das zentrale Zeichen. Kreuzigung und Auferstehung stehen im Mittelpunkt des Glaubens. In manchen Traditionen ist das Kreuz zurückgenommen oder nicht vorhanden, das finde ich stets befremdlich.

Auch die Kanzel ist oft sehr interessant. Steht sie eher verdeckt an der Seite oder im Zentrum? Und was sagt das über die Bedeutung der Predigt in dieser Kirche aus? Ich bin als Predigerin an den meisten Sonntagen in Kirchen, die ich nicht kenne. Und jedes Mal bin ich gespannt, welchen Blick die Kanzel eröffnet. In Buer etwa ist die Kanzel sieben Meter hoch, zwei Emporen lassen sich von dort aus überblicken – als ich oben angekommen war, war ich geradezu außer Puste. In Walsrode musste ich die Kanzel einmal wirklich suchen. Die Superintendentin hatte mir gesagt, es seien „hinten zwei Stockwerke“ hochzugehen – sie hatte aber zwei Treppen gemeint. Bis ich den richtigen Eingang in einem Treppenhaus voller Türen endlich gefunden hatte, war ich froh, dass ich rechtzeitig aufgebrochen war und mir zwei Verse Zeit blieben, die Kanzel zu finden. Als ich in der Dresdner Frauenkirche predigen durfte, hat mich fasziniert, dass ich als Predigerin ganz vorn, ja fast unmittelbar vor der

Gemeinde stehe, die gar nicht so groß wirkt, weil so viele Menschen auf den Emporen ringsumher Platz finden. Für evangelische Christinnen und Christen steht die Predigt, die Vermittlung des Wortes Gottes im Zentrum. Nicht der Mensch, der predigt, tritt der Gemeinde auf der Kanzel gegenüber, sondern eben das Wort Gottes, das ist mir wichtig.

Auch das Taufbecken sagt viel über die Menschen aus, die eine Kirche erbaut haben. Bei uns in Norddeutschland gibt es beispielsweise viele Taufengel. Nach dem 30-jährigen Krieg wurde es zu eng in den Kirchen. Da wurden die Taufsteine einfach entfernt und Taufengel geschaffen, die durch ein Gewicht in der Luft gehalten wurden. Sie halten eine Schale in der Hand und wurden dann zur Taufe herunter gelassen.

Kurzum: Ich fühle mich mit meinem Glauben in Kirchen beheimatet, weil ich dort den Glauben und die Geschichte meiner Väter und Mütter im Glauben entdecke.

Aber nicht nur das Gebäude, auch die Liturgie vermittelt mir ein Stück Heimat. Ihre Grundelemente sind in allen Kirchen der Welt wiederzufinden. Am stärksten ausgeprägt ist das allerdings in der eigenen Konfession. Ob sie in Äthiopien, Südafrika oder Brasilien sind: Es findet sich in lutherischen Gottesdiensten ein fast identischer Ablauf. Und gerade die Kirchenmusik, die das Luthertum so sehr prägt, ist natürlich wiedererkennbar. Ich muss oftmals gar nicht alles verstehen, die Sprache mag mir fremd sein – aber ich kann mich fallen lassen, weil ich den Ablauf kenne.

Auch wenn natürlich Innovation in Gottesdiensten gefordert wird und ich es wichtig finde, andere, neue Formen zuzulassen, so tut doch auch das zuverlässige

Ritual gut. Da ist eine Abfolge, die ich kenne und die ich mir nicht jedes Mal neu erarbeiten muss. Der aronitische Segen, der schon aus der Bibel stammt, der muss nicht jedes Mal neu formuliert werden. Diese Zuverlässigkeit der liturgischen Form beheimatet nicht nur, sie gibt auch Sicherheit. Wenn ein Unglück geschieht, suchen die Menschen eine Kirche auf, ob sie religiös sind oder nicht. Wo sonst sollten sich Menschen denn versammeln – etwa nach dem Massaker in Erfurt, nach dem Unglück in Bad Reichenhall oder auch nach den Nachrichten vom 11. September oder dem Tsunami? Die Kirche ist ein Ort, an dem Worte der Betroffenheit nicht schnell neu formuliert werden müssen. Hier kann ich mich verlassen auf Psalm 23, der seit Jahrtausenden Menschen in Angst und Gefahr tröstet. Hier kann auch der Pastor oder die Pastorin Boden finden im biblischen Wort und der Liturgie, um Menschen mehr zu sagen, als sie selbst in diesem Moment vielleicht ausdrücken könnten. Und auch in diesem Zusammenhang ist die Predigt wichtig, sie hat gerade für den lutherischen Gottesdienst eine zentrale Bedeutung. Aber sie ist nicht alles. Ich fühle mich auch in der Liturgie, im Lied und im Gebet zu Hause.

Neben dem Kirchengebäude und der Liturgie vermitteln mir auch die Menschen ein Heimatgefühl. In Gotteshäusern wird zwischen Menschen oft ein Vertrauen vorausgesetzt, dass sie sonst nicht automatisch an den Tag legen. Ja, wir sind Gottes Kinder, eine Familie von Schwestern und Brüdern. Ich denke, das sollten wir uns in Deutschland noch stärker bewusst machen. Dass wir uns begrüßen, wenn wir uns in eine Bankreihe setzen, wird ja bereits üblicher. In den USA habe ich erlebt, dass gefragt wurde: „Wer ist heute das erste Mal hier?" Und Einzelne standen auf, sagten ihren Namen und woher sie kamen. Beim anschließenden Kaffee gab es dann schon einen Anknüpfungspunkt. Auch die Verabschiedung an der Kirchentür ist mir wichtig geworden. Wenn ich selbst dort stehe, versuche ich, es so zu arrangieren, dass zügig und ohne schlechtes Gewissen vorbei gehen kann, wer schnell nach Hause möchte. Aber die anderen können die Hand schütteln, ein Anliegen vorbringen, etwas nachfragen oder auch etwas kritisieren. Das ist ein wichtiger Ort der Kommunikation. Und oftmals erlebe ich, dass dort eben nicht gedrängelt wird wie am Kinoausgang, sondern dass Zeit vorhanden ist, eine Art heitere Gelassenheit.

Besondere Bedeutung hat für mich jedoch zuvor die Fürbitte. Ein Bekannter sagte mir neulich: Ich habe die ganze Woche für Sie gebetet! Ich war ganz überrascht. Er war in einem Kloster meiner Landeskirche und dort wurde in der Fürbitte ganz explizit die Bischöfin genannt. Mir ist inzwischen bewusst, dass in einigen Gemeinden regelmäßig für mich gebetet wird. Das berührt mich sehr und gibt mir oft auch Kraft. Ich bemerke auch, wie es Menschen in der Politik bewegt, wenn ich ihnen sage: Wir beten in unseren Gottesdiensten für Sie. Dieses Gebet füreinander geht um die ganze Welt – von Gemeinden in Sibirien über Gemeinden in Asien, Amerika und Afrika bis zu uns. Ich bin davon überzeugt, dass eine durchbetete Welt auch gleichzeitig eine veränderte ist.

Ja, das ist eine Liebeserklärung an unsere Gotteshäuser und Gottesdienste. Ich weiß, es gibt viele Mängel und manche Erneuerung ist notwendig. Aber ich suche meinen Glauben nicht irgendwo, ich fühle mich zu Hause in der Kirche – bei Bibel, Kreuz, Altar, Liturgie und anderen Christinnen und Christen vor mir, heute und nach unserem Leben.

Margot Käßmann wurde 1958 in Marburg/Lahn geboren. Nach ihrem Theologiestudium in Tübingen, Edinburgh, Göttingen und Marburg ging sie 1983 ins Vikariat, wurde 1985 zur Pfarrerin ordiniert und promovierte 1989 bei Konrad Raiser. In der Folgezeit arbeitete Margot Käßmann als Beauftragte für den Kirchlichen Entwicklungsdienst der Evangelischen Kirche in Kurhessen-Waldeck. Sie übernahm Lehraufträge an der Kirchlichen Hochschule in Leipzig und an der Philipps-Universität in Marburg und arbeitete als Studienleiterin an der Evangelischen Akademie Hofgeismar. Von 1994 –1999 war sie Generalsekretärin des Deutschen Evangelischen Kirchentages. 1999 wurde sie zur Landesbischöfin der Evangelisch-Lutherischen Landeskirche Hannovers gewählt. Margot Käßmann ist verheiratet und hat vier Töchter.

Der Ring der Toten – Ahnungen in meiner Dorfkirche

Wolfgang Teichert

Um zu ihr, der ersten Kirche in meinem Leben, zu gelangen, muss man erst einen Garten durchschreiten, den „Kirchhof", wie man hier sagt. Gut geharkte Wege führen durch die Reihen großer und kleiner Grabsteine. Bei einem Stein zeigt sogar die Rückseite einen Schriftzug: Es sind die Namen meiner Urgroßeltern. Anfang des vorigen Jahrhunderts schon wurden sie hier begraben!

Und noch ehe ich denken konnte oder gar theologisch reflektieren, lernte ich im Vorschulalter – sozusagen über den Friedhof gehend – meine unvergessliche erste theologische Lektion.

Wie das kam? Nun, ich halte meistens am Familiengrab inne, ehe ich den Weg zur Kirche weitergehe. Meine sparsamen Großeltern haben später den Stein einfach umdrehen lassen, um den Namen meines im Krieg vermissten Onkels, ihres Sohnes also, eintragen zu können.

Und nun lese ich ihre Namen, die Namen meiner bäuerlichen Großeltern auf der Vorderseite des Grabsteins.

Meine Großmutter ist vor meinem Großvater gestorben. Daran erinnere ich mich, wenngleich nur dunkel. Denn man ließ den kleinen Jungen nicht zu ihr, weil sie so Schmerzen gehabt habe in ihren letzten Lebenstagen, so die heutige Lesart.

Deutlicher taucht vor meinem inneren Auge der Großvater auf; ein hagerer Marschländer Bauer, der seine goldene Uhr aufspringen ließ, wenn ich darüber pustete; mein Großvater, der mit den vielen Lachfältchen um die Augen. Er ist zu seinen Lebzeiten selten hier an diesem Ort gewesen. „Marschländer", so sagt der Küster heute, „schonen ihre Kirche." Er meint, sie gehen selten hin. Aber sie sind stolz auf ihre feine Dorfkirche, spenden wohl auch, wenn ein neuer Anstrich notwendig ist. Aber um in sie hineinzukommen, muss man eben an den Grabsteinen vorbei, muss diesen einen kleinen Weg durch den Gräberring rund um die Kirche gehen. Dann erst gelangt man zur Tür, der Tür, die bei Hochzeiten für die Braut reserviert gewesen ist. Also zuerst über den Friedhof, dann erst in die Kirche.

Und noch ehe ich – später als erwachsener Mann und Theologe – begann, darüber nachzudenken, war mir klar: Die Kirche, die Lebenden und ihre Orte sind von einem Ring von Toten, von Großeltern, von Ahnen gleichen Namens umgeben.

Und deshalb konnte ich mich später nie mit Sigmund Freuds These zum Tod anfreunden. Er redet von Toten – also auch von meinen Großeltern – als „Objekten". Und diesen Objekten sollte ich langsam meine Liebe – er sagt Libido – entziehen, wenn sie gestorben sind.

Spätestens seit dem Tod meiner kleinen Tochter weiß ich, was ich als Kind bereits vor meiner heimatlichen Dorfkirche gefühlt habe: Die Toten umgeben mich, wie der Friedhof die Kirche. Die Toten bleiben intime Ergänzer für mein Leben. Ich habe sie überlebt, ich bin also auch gezeichnet durch den Verlust von denen, die nicht ersetzbar sind in meinem Leben. Und vielleicht bin ich erst dadurch zu einem – wie man heute sagt – autonomen Individuum geworden. Zu einem reiferen Menschen, würde ich lieber sagen, weil ich eben gezeichnet bin, erst durch das Verschwinden meiner unersetzlichen Großeltern und viele Jahre später dann durch das meines Kindes. Sie umgeben mich, wie der Kirchhof meine Dorfkirche. Die Lebenden als die Zurückbleibenden sind umgeben von einem Ring der Verschwundenen, der Toten, ein „zweiter Ring um die Sphäre der Lebenden", wie ein Philosoph unserer Tage sagt.

Trauer ist also – das habe ich bereits als Kind gespürt – nichts anderes als eine Art Umzug: aus der Kirche auf den Friedhof, aus dem Leben in dessen Nähe ringsum. Trauer ist, so erfahre ich heute, wenn ich mit meiner Trauer und mit Trauernden zu tun bekomme, der Kompromiss zwischen dem Kummer über die endgültige Entfernung zu den Verstorbenen und dem Wunsch, sie in einer anderen Form von Nähe da zu behalten. Und so ist Trauer für mich immer ein räumliches Gefühl.

Löse ich mich dann von dem Grab, gelange ich seitlich an der Kirche zur Brauttür. Hineingehen soll man aber in diese Kirche bei gewöhnlichem Besuch oder beim sonntäglichen Gottesdienst durch die hintere seitliche Tür, die Tür, an der bei Hochzeiten Bräutigam und Gäste in die Kirche gelangen. Als Kind fand ich das große hölzerne Gewölbe über dem gesamten Kirchenraum am herrlichsten. Es war ein Himmel, mit Wolken bemalt. Naiv, würde ich später sagen. Aber damals fand ich diesen Himmel in der Kirche einfach toll. Als sei ich im Leben umgeben von diesem Himmel. Als stände ich nun selber drin. Als sei ich kleiner Junge in etwas Größerem enthalten, das blau war wie die Holzfarbe und schwebend wie die weißen Wolken auf dem blauen Untergrund.

Seit diesem Erlebnis in meiner Dorfkirche interessiere ich mich für Kuppelförmiges und für Wolken. Und als ich später als Abiturient im Pantheon in Rom gestanden habe, fiel mir mein Dorfkirchenhimmel wieder ein. Zum Wunder des Pantheon gehört, wie schon häufig entdeckt, dass man von außen nicht ahnen kann, was sich innen zeigt: Wer den gewölbten kuppelförmigen Tempel betritt, erfährt sofort, dass diese Kuppel eine geniale Botschaft enthält: Ich bin im Himmel zu Hause, weil er mich und die Erde wie ein Haus umgibt. Anders gesagt: Der Himmel interessiert sich für die Erde und für mich. Er ist aufmerksam auf mich, indem er mich überwölbt, „kennt auch dich“ – so sang ich dann abends mit meiner Mutter – „und hat dich lieb“.

Peter Sloterdijk, ein Philosoph unserer Zeit, formuliert das so: „Die Kuppel trägt die Aussage, dass sich das menschliche Leben unter einem kooperativen Prinzip entfaltet und dass sich der Himmel für die Erscheinungen, die er überspannt, interessiert.“

Mein Leben als Zusammenarbeit mit diesem Himmel. Ich habe eine Heimat gefunden auf der Erde, weil ich ahne, dass sie mich in diesem umfangenden Himmel mit seinen Wolken enthält.

Es las sich dann später wie eine wunderbare Bestätigung, als ich bei Hans Magnus Enzensberger – just zu der Zeit, als im Nahen Osten wieder ein Krieg begann – seine „Geschichte der Wolken" zu lesen bekam. Darin heißt es über diese Wolken:

Ihre hohen Wanderungen
Sind ruhig und unaufhaltsam.
Es kümmert sie nichts.
Wahrscheinlich glauben sie
An die Auferstehung, gedankenlos
Glücklich wie ich, der ihnen
Auf dem Rücken liegend
Eine Weile lang zusieht.

Sobald ich den Blick von diesem Gewölbehimmel unserer Dorfkirche mit seinen Wolken löse, fällt seit einigen Jahren mein Blick auf ein Bild. Zu diesem Bild führe ich meine Freunde und Besucher der Kirche immer zuerst. Es zeigt eine rot gewandete kniende Maria und vor ihr, sozusagen aus dem Schilf, der Verkündigungsengel. Solche Motive kennt man. Aber hier in diesem Wiesenbild sieht man als Hintergrund einen Deich und hinter dem Deich – was wohl? – meine Marschländer Dorfkirche.

Die Verkündigung Mariens fand nicht irgendwo im Fernen statt, sondern eben hier bei uns, in den Wiesen der Elbmarsch und zwar Außendeichs, also dort, wo es wegen des Wassers nicht ganz ungefährlich ist.

Dies Bild hat es mir deswegen besonders angetan, weil damit die Weihnachtsgeschichte eben bei uns passiert ist - so jedenfalls stellte ich es mir damals vor.

Es mag daher auch wenig überraschen, dass ich später den heftigen historisch-kritischen Distanzversuchen meiner Studienzeit nicht so eifrig zu folgen vermochte wie das vielleicht notwendig gewesen wäre.

Was nützte es, wenn mir bei der Vorlesung über die ersten zwei Kapitel des Lukasevangeliums die historische Kritik das Ganze als ferne Legende auszulegen versucht hat? Ich hatte ja irgendwie im Hinterkopf dies Bild aus meiner Kirche. Dagegen kam die Vorlesung nicht an. Die Geschichte passiert jetzt in den Elbwiesen. Mit unserer Kirche im Hintergrund!

Wen wundert es, dass ich heute mehr daran interessiert bin, die Gegenwart von „Geburt“, „Zur-Welt-Kommen“ und „Neuanfangen“ zu betonen als ihre historische Ferne? Dass ich mehr Sinn für Realpräsenz als für Realgeschichte habe. Dass ich eher räumlich als zeitlich wahrnehme?

Denn was „präsent“ ist, befindet sich ganz im Sinn der lateinischen Form prae-esse vor mir. Es ist in Reichweite meines Körpers, greifbar sozusagen. Ich lasse mich noch heute von dieser greifbaren Realität und dieser Präsenz faszinieren. Und ich nehme Welt und Menschen weniger durch Begriffe wahr als durch die Sinne. Fast erscheint es mir manchmal so, als gäbe es einen Weg über die Sinnlichkeit zum Sinn.

Und so höre ich auch die Musik – eines der wenigen sinnlichen Elemente in meiner Kirche. Gewiss: Die Gemeinde sang schon früher erbärmlich, „abgeschleppt“ durch die Orgel. Aber das empfand ich damals nicht.

Ich sang selber mit. Meine ersten Weihnachtslieder habe ich dort gehört und gesungen, nicht als Kunstgenuss, sondern als Gefühl: Wenn ich singe, dann ist die Welt in Ordnung, dann klingt zusammen, was sich sonst entzweit, dann wird die gesamte Kirche zu Tönen: „Ich singe mit, wenn alles singt und lasse, was dem Höchsten klingt, aus meinem Herzen rinnen." Natürlich ist Paul Gerhardt später einer meiner Lieblingsdichter geworden, wegen seiner – trotz Leid und Tod – heiteren Sinnlichkeit: „Ich sehe dich mit Freuden an und kann mich nicht satt sehen."

Wenn Weihnachten meine Frau in unserem gemeinsamen Christvesper-Gottesdienst dies von der Empore singt, dann ist, denke ich, der höchste Punkt erreicht, den eine Christvesper erreichen kann, jedenfalls für mich, zumal die „tiefste Todesnacht" nicht verschwiegen ist, die wir beide kennen und erlebt haben.

Erst spät habe ich mich an den Altar meiner Kirche getraut. Dies war ein – wie ich empfand – für mich zu meidender Bezirk, reserviert für den gewaltig predigenden Pastor. Ein Mann, den ich immer ein wenig gefürchtet habe, besonders, wenn er am Altar stand und die alte Liturgie mit ebenso gewaltiger Stimme gesungen hat.

Aus weiter Entfernung aber blinkte und blitzte hinter seinem Rücken das Altarbild auf – wie die leuchtenden Kugeln am Tannenbaum bei uns zu Hause auf dem Bauernhof: geheimnisvoll, mystisch, heilig.

Erst als ich selber einmal – inzwischen angehender Pfarrer – dort gestanden habe, ist mir das ebenso naive wie seltsame Abendmahlbild unter dem Altarbild aufgefallen.

Ich schaue instinktiv bei jedem Abendmahlbild zuerst weniger auf Christus als auf seinen geliebten Bruder, seinen Gegenspieler vielleicht, den Verräter, wie die Bibel sagt, eben auf Judas. Manchmal fehlt er ganz, manchmal ist er eindeutig in antisemitischem Sinn als „krummer" Jude dargestellt. In einer Hamburger Hauptkirche ist er die einzige Figur, die man herausnehmen kann aus dem Ensemble.

Hier in meiner Dorfkirche steht er in der offenen Tür und man weiß nicht: Geht er oder kommt er? Und die Jünger – so wirkt es jedenfalls auf mich – flüstern miteinander. Man könnte auch sagen: Sie klatschen, froh darüber, dass es sie nicht getroffen hat. Nur Jesus sitzt allein, mit niemandem im Gespräch.

In meinem Dorf, das weiß ich auch, klatscht man gern, eine entlastende Form des mündlichen Austausches. Entlastend, weil man dann nicht ernsthaft miteinander, sondern übereinander redet und sich darüber hinaus nicht mit sich selbst beschäftigen muss.

Aber Judas steht in der offenen Tür, genauso einsam wie der andere auf dem Bild – Jesus. Und ich wundere mich nun gar nicht mehr, dass Judas eine Zeit lang in meiner Biographie zum beherrschenden Thema geworden ist, um auch in die dunkle Geschichte meiner Religion und meiner Existenz einzutauchen. Jesus jedenfalls, so lese ich in den Evangelien, redet Judas mit „Freund" an, und so deute ich die Tür als offen nach drinnen, auch für Judas. Judas ist in der Kirche zu Hause. Das muss man wissen und akzeptieren. Ich gestehe allerdings, dass dies eine späte Entdekkung gewesen ist in meiner Kirche.

Und es ist ein langer Weg gewesen: ein Weg über den Kirchhof, den Kuppel-Himmel, Mariens Gegenwart in der Elbwiese, den himmlischen Gesang bis an den Altar und zu Judas und Jesus. Nun trete ich den Rückweg an.

Wolfgang Teichert wurde 1944 in Hamburg geboren. Er studierte Theologie in Kiel, Hamburg und Tübingen. Zehn Jahre lang arbeitete er als theologischer Redakteur beim Deutschen Allgemeinen Sonntagsblatt. Bis 2003 war er Studienleiter und Direktor der Evangelischen Akademie Nordelbien. Seitdem leitet er die Christliche Akademie des VCH e.V. Der Autor ist Mitglied des Institutes für Trauerarbeit e.V.(ITA) in Hamburg.

Eine ganz gewöhnliche, besondere Kirche

Manfred Kock

Wenn ich den Ort nenne, der meine persönliche Glaubensgeschichte geprägt hat, löst das vermutlich keine besondere Neugier aus. Es ist nämlich kein hoher Berggipfel, wo eine überwältigende Weite und Schönheit Gottes Schöpfung erschließt, kein Schützengraben mit Errettung aus Todesnot, keine Wüste mit Entsagung und Leerwerden, keine Höhle, an der ein sanftes, selig machendes Wehen vorüberstrich. Mein Glaubensort ist – eine gewöhnliche Kirche.

Es gibt Menschen, bei denen der Ruf zum Glauben wie ein Blitz eingeschlagen hat, in einer großen Halle oder in einem Zelt, unter den mitreißenden Worten eines begeisternden Menschenbekehrers. Bei mir ging es anders zu: ganz allmählich, so wie eine Pflanze unmerklich wächst, wie eine Blüte, deren Schönheit erst erscheint, wenn sie sich ganz geöffnet hat. Und dieses Wunder allmählichen Wachsens im Glauben verbinde ich mit einer Kirche, einer bestimmten Kirche.

Kirchengebäude sind Schätze für Stadt und Dorf. Mit ihren heilsamen Geschichten sind sie Lebensorte für die Menschen. Nicht alle Kirchen sind gut gestaltet, aber die meisten spiegeln hohen Formsinn; ihre Architektur zeugt von großer Kunst und tiefer Gottesverehrung. Eine solche Kirche ist auch die, von der ich erzählen will. Sie steht in einem kleinen Städtchen im Münsterland, in Burgsteinfurt. Dort bin ich geboren und aufgewachsen. Die „Große Kirche", wie sie seit alter Zeit im Unterschiede zur „Kleinen Kirche" genannt wird, steht außerhalb der mittelalterlichen Mauern der Stadt. Sie war dem Heiligen Willibrod geweiht, einem aus Schottland stammenden Mönch, der zu Beginn des 8. Jahrhunderts in den Niederlanden und in Westfalen missionierte.

Die Anfänge dieser Kirche liegen im Dunkeln. Bei Grabungen fand man aus vorromanischer Zeit Fundamente, älter noch als die Stadt. Aber es gab einen Hof in der Nähe, den die Edlen von Steinfurt im Jahre 1222 dem Ritterorden der Johanniter schenkten. Die gründeten dort eine Niederlassung, eine Kommende, wie die Ansammlung der Gebäude heute noch heißt, obwohl es dort längst keinen Johanniterorden mehr gibt. Aber das ist eine andere Geschichte. Ich will ja von der Kirche erzählen. Aus einer kleinen Bauernkirche wurde eine Ordenskirche der Johanniter. Sie wurde um- und weitergebaut in den folgenden Jahrhunderten, erhielt in gotischer Zeit einen größeren Chorraum und ein zusätzliches Seitenschiff. Seit meiner Kindheit ist sie mir vor Augen mit ihrer Sandsteinfassade und ihrem Querbau, der einst als Grablege der Grafenfamilie diente. Den massigen Turm zieren zwei Treppengiebel, so wie etliche andere Kirchen in dieser Gegend.

Für meinen Glauben hat die Kirche zunächst keine Rolle gespielt, ja fast hätte eine Begegnung mit ihr mir den Weg meines Glaubens versperren können, damals, als ich neun Jahre alt war. In den letzten Kriegsmonaten des Jahres 1945 war unsere Schule durch Bomben beschädigt worden. Unterricht fand lange Zeit nicht statt, und wir Kinder spielten einen warmen Sommer lang in Trümmern, wir schwammen in vom Grundwasser gefüllten Bombentrichtern, bastelten mit herrenlos herumliegender Munition, rauchten die ersten Zigaretten, die wir von englischen Soldaten gegen Eier aus unserem Hühnerstall getauscht hatten. Das hätte lange so weitergehen können. Aber die Kirche war heil geblieben, und die Mütter waren froh, als sie ihre Kinder zum Notunterricht in die Kirche schicken konnten. So kamen wir zwei Mal in der Woche in die Obhut einer Gemeindeschwester, die mit mir und mehr als hundert anderen Kindern vor allem Kirchenlieder sang, die wir dann auswendig lernen mussten. Den Anfang eines Liedes vergesse ich nie: „Oh, dass ich tausend Zungen hätte und einen tausendfachen Mund …", es war das Lieblingslied des Pfarrers, und wir sollten die zehn Strophen auswendig lernen. Ich fiel damit auf, dass ich einige Strophen nicht konnte. Zur Strafe sollte ich alle zehn Strophen zehn Mal abschreiben, verlangte die von den lärmenden Kindern ohnehin überforderte Schwester. Das fand ich unmöglich, schon deshalb, weil es gar kein Schreibpapier zu kaufen gab. „Dann schreibst du's eben auf Zeitungsränder", schimpfte die Schwester. Meine Mutter fand das Abschreiben wohl auch nicht sinnvoll. Ich brauchte nicht abzuschreiben, aber die Strophen, die musste ich auswendig lernen. Von da an schickte Mutter mich nicht mehr in diesen Notunterricht.

Mein Großvater fand das nicht richtig, er meinte, wir lernten doch dort nichts Schlechtes. Als eine Ordnungshilfe war die Kirche ihm Recht. Er selber ging selten oder nie in die Kirche. Aber sie hatte für ihn wie für viele in der Stadt eine wichtige Bedeutung für die protestantische Identität, und die war ihm im sonst überwiegend katholischen Münsterland wichtig. Seit 1544 gab es lutherische Gottesdienste in Burgsteinfurt, denn das Grafenhaus von Bentheim und Steinfurt hatte sich der Reformation angeschlossen und evangelische Prediger bestellt. Also waren die Einwohner der Stadt evangelisch geworden, wie es nach den damaligen Religionsverträgen üblich war. Mit Ausnahme der Johanniterritter. Zwölf gehörten zum Konvent, die in der Großen Kirche, die eigentlich der Gemeinde gehörte, weiter ihre katholische Messe feierten, während die Kleine Kirche für die Zahl der Gläubigen bei den evangelischen Gottesdiensten viel zu klein war. Verhandlungen zwischen dem Grafen und dem Orden auf Übergabe der Kirche hatten keinen Erfolg.

Am 25. Januar 1564 kam es dann zu einem spektakulären Ereignis, das im kollektiven Gedächtnis der

Burgsteinfurter bis heute haften geblieben ist: Die junge Gräfin, aus dem Hause Braunschweig-Lüneburg stammend, ließ die Kirche besetzen und die Ordensbrüder vertreiben. Seitdem werden die Gottesdienste auch in der Großen Kirche nach evangelischer Ordnung gehalten. Für das Städtchen ist das ein symbolischer Tag. Noch heute denkt man an jedem 25. Januar an dieses Ereignis und feiert das Steinfurter Reformationsfest. Von den Katholiken freilich, die sich im Laufe der Zeit in Burgsteinfurt niederließen, wird dieser Tag wegen der Umstände der Kirchenübernahme als das „Räuberfest" bezeichnet.

Als Kind hat mich diese überlieferte Geschichte beeindruckt, vor allem, weil man erzählte, die Gräfin selbst sei an der Aktion beteiligt gewesen und hoch zu Ross in die Kirche geritten, um die wenigen Ordensleute zu vertreiben. Auch das Lied, das nach der Überlieferung dabei angestimmt worden ist, war so recht nach der Art, wie ich mir als Junge ein starkes Bekenntnis vorstellte: „Nun bitten wir den Heiligen Geist um den rechten Glauben allermeist…".

Aber das ist es nicht, was mir die Kirche zum Haus für meinen Glauben werden ließ, so dass ich noch heute an dieser Kirche hänge. Der eigentliche Anstoß kam nach meiner Konfirmation. Zwei Jahre kirchlichen Unterricht hatte ich hinter mir. „Daran musst du teilnehmen", hatte mein Vater angeordnet, als ich mich sträubte. Er hätte schließlich bei der Taufe versprochen, dass ich christlich erzogen würde. Ob ich mich nach dem Unterricht konfirmieren lassen wolle und was ich nach der Konfirmation damit anfange, sei meine Sache, aber Unterricht, der musste sein. So war ich ganz brav, manchmal murrend zum Unterricht gegangen, hatte wie alle anderen aus Bibel, Katechismus und Gesangbuch viel auswendig lernen müssen, wovon ich wohl das meiste vergessen hätte, wenn es dann später nicht immer wieder lebendig geworden wäre. Sonntags musste ich in die Kirche gehen, die Eltern gingen in der Regel nicht mit, eine Pflichtveranstaltung also – nur für mich, den Konfirmanden.

Zwei Pfarrer wechselten sich Sonntag für Sonntag ab. Der, bei dem ich Unterricht hatte, predigte frei mit tiefer Stimme, gliederte seine Auslegung, und manchmal glaubte ich auch verstanden zu haben, was er sagte. Aber anfangen konnte ich so recht nichts damit. Über den anderen ärgerte ich mich, weil er von der Kanzel herab häufig schimpfte.

Hinzu kam, dass ich irritiert war, wie die Pfarrer und die ganze Gemeinde mit der jüngsten Geschichte umgingen. Einer der beiden Pastoren – der mit der tiefen Stimme – hatte nach dem Ende der Nazizeit sein Amt nur behalten dürfen, nachdem er in der Kirche vor der ganzen versammelten Gemeinde seinen Irrweg als Anhänger der „Deutschen Christen" bekannt hatte. Ich habe es nicht selbst erlebt, 1945 war ich noch zu jung. Aber im Laufe der Jahre erfuhr ich das in Andeutungen. Dieser öffentliche Bußakt, zu dem ihn, wie es hieß, der Kollege gezwungen hatte, war in den Augen vieler eine Demütigung, die man ihm nicht hätte antun dürfen. So wurde es erzählt, in der Familie und von vielen, die dem Pfarrer in der Nazizeit zu den Deutschen Christen gefolgt waren. Nicht, dass ich ihn wegen seiner Zugehörigkeit zur Bewegung der Deutschen Christen abgelehnt hätte. Mit meinen vierzehn Jahren habe ich das noch nicht bewerten können. Wohl aber war bei mir die Glaubwürdigkeit all dieser erwachsenen Christen beschädigt. Und ich fand es einleuchtend, was man im Ort sagte: Evangelische, die zu häufig in die Kirche gehen, sind entweder heimlich katholisch, oder sie sind Heuchler. So war es beschlossene Sache: Nach der Konfirmation werde ich all das hinter mir lassen, auch weil mir das Weltbild der Bibel immer fragwürdiger wurde und der Pastor die vorsichtige jugendliche Kritik nicht aufgriff.

Aber es kam dann ganz anders. Ein Vikar kam in die Gemeinde, Kriegsteilnehmer, der unter dem Eindruck seiner Erlebnisse nach dem Krieg Theologie studierte. Er lud die eben konfirmierten Jungen und Mädchen ins Jugendheim ein und fragte, ob wir mithelfen wollten, Kindergruppen zu sammeln. Helfer brauchte er. Ich fühlte mich geschmeichelt, dass er uns, vor allem mir, das zutraute. Und so stimmte ich zu, obwohl ich mich doch innerlich eigentlich schon verabschiedet hatte. Der Vikar bereitete mit unserer Helfergruppe die Jungscharstunden vor, und wir konnten mit ihm in diesem Kreis die eigenen Fragen diskutieren; wir lasen miteinander in der Bibel, ohne unseren Verstand abschalten zu müssen. Er nahm unsere Anfragen an den Glauben ernst. Fortan ging ich regelmäßig zum Gottesdienst in die Kirche, obwohl mich niemand dazu zwang. Ich tat das wohl auch aus Trotz gegen den eigenartigen Stolz vieler Protestanten, die meinen, Katholiken müssten sonntags in die Kirche gehen, wir Evangelischen brauchten das nicht. Aber es war nicht nur der Trotz, der mich zum Gottesdienst brachte, die Kirche war am Sonntagmorgen auch der Treffpunkt einer ganzen Gruppe junger Leute.

Der Vikar wurde Pfarrer und verließ die Gemeinde. Ein Nachfolger kam und wurde Freund und Berater. Er predigte ebenfalls mitreißend, vielleicht noch leidenschaftlicher. Als Konfirmand noch hatte ich während der Predigt mit den Fingernägeln Linien in das weiche Holz der Kirchenbänke geritzt und mit dem Gesangbuch gespielt. Jetzt aber war es spannend. Ich begriff allmählich, „was mein einziger Trost im Leben und im Sterben" ist, wie ich es mit der ersten Frage des Heidelberger Katechismus gelernt hatte. Gott selber hat den Menschen für sich gewonnen durch Jesus, schenkt ihm „Freispruch wegen erwiesener, aber vergebener Schuld". Das beschreibt eine Gerechtigkeit, die nicht im juristischen Sinn im Recht sein will, sondern die Freiheit schenkt und damit eine unantastbare Würde. Daraus wächst die Freiheit des Geistes, nach der ich gesucht hatte. Ich hörte den Prediger in immer neuen Anläufen buchstabieren, wie Freiheit sich entfalten kann, wenn der Mensch ein neues Verhältnis zu sich selbst gefunden hat: Er kann sich bejahen, ohne seine Fehler und Schwächen verdrängen oder schönreden zu müssen. Auch das Verhältnis zu den Mitgeschöpfen wird geheilt. Beziehungen werden erneuert, der Andere ist keine Last mehr, sondern ein Schatz. Ärgernisse und Verletzungen, die das Miteinander belasten, brauchen nicht unter den Teppich gekehrt zu werden.

Auch den Kirchenraum lernte ich schätzen in seiner schmucklosen Klarheit. Schon ganz früh beeindruckte mich das hölzerne Tonnengewölbe, und manches Mal hatte ich mich gefragt, welch hohe Handwerkskunst es gebraucht hatte, um das Kirchenschiff so überspannen zu können. Die Kanzel steht an der Südseite, davor der Altar, oder richtiger: der Abendmahlstisch, denn Altäre seien zum Opfern da, hatten wir im Unterricht gelernt, für Christen sei Jesus am Kreuz das einzige Opfer. Auf dem Tisch liegt die aufgeschlagene Bibel. Die Bänke sind auf Abendmahlstisch und Kanzel ausgerichtet, nicht auf den Chorraum, wo früher der Hochaltar gestanden hat. Der war im Jahr 1564 gleich mit Einführung der evangelischen Gottesdienstordnung entfernt worden. Dafür steht vor dem Chorraum noch heute ein bemerkenswerter Lettner, der in früheren Zeiten die Ordensleute von den übrigen Menschen trennte. Schmuck gibt es in der Kirche kaum, lediglich einen schön verzierten Orgelprospekt aus dem 18. Jahrhundert. Die reformierte Tradition aus den Niederlanden hatte die Heiligenfiguren nicht geduldet. Einige Konsolen geben Zeugnis, wo sie gestanden haben.

Es bewegt mich heute noch, wenn ich die Glocken dieser Kirche höre. Ich denke an die Zeit, als ich mit den Kindern des Küsters beim Läuten helfen durfte, am Heiligen Abend zum Beispiel. Ich erinnere mich an den alten Organisten, der schon Orgel spielte, als mein Vater zum kirchlichen Unterricht musste. Ich hätte das Orgelspiel gern schwungvoller gehabt, aber der da spielte, beeindruckte durch seine Treue. Offenbar ist es das, was diese Kirche immer wieder auslöst: ein Gefühl der Treue. Als im Februar des Jahres 1990 bei einem starken Orkan ein Teil der Turmfassade eingestürzt war und die Kirche stark beschädigt hatte, haben viele, auch solche, die der Kirche fern stehen, sich mit ihren Spenden für die Wiederherstellung der Kirche und der unter den Trümmern zerstörten Orgel eingesetzt. Diese Treue zur alten Kirche besteht bis heute weiter. Sie spiegelt die Treue Gottes, der bei uns Menschen aushält. Die Predigten damals öffneten mir das Herz, ich erkannte, was die alte Bibel mit mir und dieser Welt zu tun hat. Und ich weiß seitdem, was regelmäßige Teilnahme bedeutet. Nicht jeder Gottesdienst hat mich innerlich bewegt, nicht jedes Mal kam ich gestärkt oder getröstet nach Hause. Aber es gibt den regelmäßigen Trost, es gibt die Freude des Wiedererkennens und der neuen Entdeckungen, die das Bild des Glaubens malen.

Die Sprache dieser Kirche ist noch vernehmbar. Hier in der „Großen Kirche" zu Burgsteinfurt wird das Wesentliche weitergegeben, die Kraft der Liebe. Sie wird nicht niedergedrückt durch die Schatten des Todes, die über der Welt liegen, sondern sie eröffnet neues Leben. Die Große Kirche steht dort und ist, wie viele andere Kirchen auch, ein Symbolort, ein Lebensort und ein Schatz für das Gemeinwesen; ein Asyl-Ort für Gefühle und Ängste, Ort der Anregung und Orientierung für Lebensgestaltung, Segensraum für innere Einkehr und Besinnung.

Und das nicht nur am Sonntag, denn die Gemeinde bietet jetzt auch werktags Zeiten an, zu denen die Kirche geöffnet ist.

Manfred Kock wurde 1936 geboren. Er studierte Evangelische Theologie in Bethel, Münster und Tübingen und war als Assistent an der Kirchlichen Hochschule Bethel tätig. Nach seinem Vikariat arbeitete er als Pfarrer in Recklinghausen und Köln. 1980 wurde er Superintendent des Kirchenkreises Köln-Nord, acht Jahre später Stadtsuperintendent aller evangelischen Kirchenkreise Kölns. Von 1997 bis 2003 war Manfred Kock Präses der Evangelischen Kirche im Rheinland und Vorsitzender des Rates der Evangelischen Kirche in Deutschland.
Manfred Kock ist verheiratet und hat drei Kinder und sechs Enkel.

Über Taizé, im wechselnden Licht der Erinnerung

Oda-Gebbine Holze-Stäblein

Enttäuschung

Samstag, 10. April 1971. Ich sitze mit meinem Mann auf einer einsamen Hütte oben in den Vogesen. Es ist unsere Hochzeitsreise. Noch liegt auf den Gipfeln Schnee, aber auf der Wiese vor der Hütte blühen schon einige gelbe Narzissen.

Es ist Karsamstagabend. Im Radio hören wir liturgische Gesänge zur Einstimmung auf das Osterfest. Plötzlich sagt mein Mann: „Weißt Du was? Wir fahren nach Taizé." „Wann?" frage ich. „Jetzt", sagt er. „Zum Ostergottesdienst morgen früh sind wir da." Eine

Stunde später sind wir in unserem alten VW unterwegs auf der Landstraße nach Burgund. Eine Autobahn gab es damals noch nicht.

Taizé war uns damals nicht mehr unbekannt. Mein Mann hatte in Taizé ein Praktikum gemacht und Häuser gebaut. Begeistert hatte er von den Brüdern, von Roger Schutz, dem Prior, und den besonderen Gottesdiensten in der Versöhnungskirche erzählt.

Wir fahren die ganze Nacht und sind am Morgen in Burgund. Hier ist es schon Frühling. Sattgrün ist das Gras; gelb leuchtet der Sandstein der Häuser und Dörfer. Dazu die weißen burgundischen Rinder: eine österliche Farbsinfonie! Eigentlich sind wir todmüde. Aber die Vorfreude auf einen Ostergottesdienst mit schönen liturgischen Gesängen hält uns wach.

Als wir im Dorf Taizé ankommen, merken wir, dass wir nicht die Einzigen sind, die Taizé besuchen. Der Parkplatz ist voll. Wir stellen den Wagen ab und gehen den Hügel hinauf. Plötzlich kommt uns eine lange Kette tanzender und singender Jugendlicher entgegen. „Avec nous! Avec nous!“ singen sie. Zu deutsch: „Mit uns! Mit uns!“ Dazu haben wir keine Lust, und wir machen, dass wir den Hügel hinauf kommen. Wir wollen doch die Osterliturgie nicht verpassen.

Was wir dann aber oben auf dem Hügel vorfinden, schockiert uns: Ein riesiges Zirkuszelt steht da, hinter dem die Versöhnungskirche völlig verschwindet. Noch schlimmer: Sie haben den Eingangsbereich der Kirche mit dem schönen bunten Fenster, von dem mein Mann öfter erzählt hatte, herausgebrochen und dieses Riesenzelt davorgesetzt. Als wir es betreten, ist klar, warum das geschah: Es ist brechend voll mit jungen Menschen. In die eigentliche Versöhnungskirche kommen wir gar nicht hinein.

Nichts ist es mit einem feierlichen Ostergottesdienst! Es findet zwar einer statt, aber er erreicht uns nicht. Wir sind maßlos enttäuscht und brechen bald auf. Erst nach einem Schläfchen im Gras irgendwo am Straßenrand erwachen unsere Lebensgeister wieder. Und auf dem langen Rückweg fängt das Staunen und Fragen an: „Da haben sie eine so schöne neue Kirche – und brechen sie auf, damit die jungen Menschen nicht draußen bleiben müssen! Eigentlich toll. Was sind das für Menschen?“ Die Erinnerung an die Kirche mit dem Zirkuszelt lässt mich nicht mehr los. Taizé steht für eine andere Art von Kirche: anstößig, aber auch menschenfreundlich und offen.

Ein Stück Himmel

Fünfzehn Jahre später: 6. April 1986. Es ist der Sonntag nach Ostern. Ich bin mit einer Gruppe junger Menschen nach Taizé gefahren. Als wir dort ankommen, gießt es in Strömen, und es ist lausig kalt. Wir suchen die spartanischen Quartiere auf. Die Stimmung nähert sich dem Nullpunkt. War das wirklich eine gute Idee, nach Taizé zu fahren?

Die Glocke läutet zum Abendgebet. Wir gehen in die Kirche. Es ist, als würden wir ein Weihnachtszimmer betreten. Im Altarraum rote Stoffbahnen, die sich leicht bewegen. Davor Hohlgefäße aus Ton, in denen Teelichte stehen. Rechts und links vom Mittelgang sitzen in einer langen Reihe die Brüder in ihren weißen Gewändern. Die Kirche ist voll. Es müssen mehr als tausend Menschen sein, junge, aber auch ältere. Sie sitzen auf kleinen Hockern oder auf dem Sisalteppichboden. Der Gesang, die Kerzen, die Farben, alles strahlt Wärme und Geborgenheit aus. Von der Sekunde an, als wir die Kirche betreten, fühlen wir uns hier zu Hause, wie wir uns noch nie in einer Kirche zu Hause gefühlt haben. Ein Stück Himmel auf Erden.

Taizé ist mehr als die Tagzeitengebete, sicher. Da sind Gesprächsgruppen, Bibelgespräche, Kontakte mit jungen Menschen aus der ganzen Welt. Das lange Anstehen in der Essensschlange; die Kargheit, die geduldige Freundlichkeit der Brüder, die Stille in der romanischen Dorfkirche von Taizé – all das macht Taizé aus. Das Eigentliche aber sind die Tagzeitengebete in der Kirche mit den Gesängen. Das Eigentliche ist die lange Stille, in der jeder für sich sein kann – und doch ist man in einer Gemeinschaft geborgen. Eine solche Stille würde man anderswo niemals aushalten.

Menschen kommen aus persönlichen Wüsten- und Krisenzeiten nach Taizé. So war es damals auch bei mir. Im Lauf der Woche, die wir in Taizé verbringen, komme ich zur Ruhe. Das Singen öffnet einen Raum in mir; die kurzen Liedzeilen, die viele Male wiederholt werden, sinken tief in mich hinein. Leib und Seele atmen und singen einen „absichtslosen Lobgesang"; so hat das jemand beschrieben. Ich habe von Kindesbeinen an in Kantoreien und Chören gesungen. Hier erfahre ich, wie Singen und Beten eins werden.

Tausende kommen zu den Tagzeitengebeten in die Kirche. Aber auch nachts sind viele da, denn die Kirche ist immer offen. – Wenn es das doch auch anderswo gäbe: eine Kirche im Ort, die Tag und Nacht offen ist! Wenn Menschen, die schlaflos sind und Angst haben, auch nachts in „ihre" Kirche in der Nähe kommen könnten. Sich einfach hinsetzen, den von Kerzen erleuchteten Raum auf sich wirken lassen. Leise Musik hören, etwas lesen, was dort ausliegt. Jemand haben, mit dem man reden kann. Eine Kirche wie in Taizé: eine bergende Zuflucht. Wenn Apotheken Nacht- und Notdienste haben, um Medikamente auszugeben – warum nicht auch Kirchen, um das Medikament „Ruhe für die Seele" und „Geborgenheit" auszugeben, ganz ohne Rezept?

Sehnsucht: Veni creator spiritus

Kurz nach Pfingsten 1989. Wieder fahre ich mit einer Gruppe junger Menschen nach Taizé. Die meisten sind auch 1986 schon mit gewesen. Wir haben in der Gemeinde Taizé-Andachten angefangen. Meistens waren wir unter uns, aber es tat uns gut. Es hielt die Erinnerung und das Verlangen wach, wieder hinzufahren.

Diesmal ist wieder alles anders. Die pfingstlichen Gesänge, die Kirche, die Menschen: das ist alles wie immer. Aber diesmal kann ich mich daran wenig freuen. Ich bin in eine schwierige Gesprächsgruppe geraten. Die meisten sind Lehrer aus Deutschland, etwa mein eigener Jahrgang. Einer ist ein Missionarssohn, der mit seinem Vater innerlich im Clinch liegt. Von Anfang an sind Spannungen spürbar. Hauptthema ist die Kirche. Nicht die in Taizé, sondern die ganz normale Kirche zu Hause in Deutschland. Ein Wust von Aggressionen kommt hoch. Frusterlebnisse aller Art mit der Kirche werden ausgebreitet. „Kirche widert mich an!" sagt einer. Und noch schlimmer wird es, als ich sage, dass ich Pastorin bin. Da geht es gegen mich, weil ich für die Kirche stehe. Manchmal möchte ich sie alle anschreien: „Ich bin doch nicht der Mülleimer für euren Kirchenfrust!“ Ich tu's nicht, aber innerlich habe ich diese Taizéfahrt abgeschrieben.

An einem der Abende versammeln wir uns wie immer zum Abendgebet in der Kirche. Die Farben des Glasfensters über dem Eingang im Westen glühen im Licht der Abendsonne. Das bunte Licht wandert langsam durch das Kirchenschiff. Plötzlich durchbricht ein strahlendes „Alleluja“ die Stille, und im Nu ist die Kirche bis unters Dach voll Gesang: Veni creator spiritus! Komm, Schöpfer Geist! Immer wieder: Veni creator spiritus. Veni creator spiritus. Dies sind nicht unzählige Einzelne, die hier sitzen und singen. Es ist, als ob sie alle eins wären, eine Stimme, ein Leib, der seufzt und fleht: Komm doch, heiliger Geist! Komm doch endlich! Bitte! Wie ein Kind, das bittet und quengelt und die Mutter oder den Vater am Ärmel zieht. Mein ganzer Groll verschwindet wie Nebel vor der Sonne. Ein fast zärtliches Gefühl steigt für diesen flehenden Leib Christi in mir auf, der so anfechtbar und unvollkommen ist. Vielleicht sind wir nirgends mehr Kirche als in solchen Augenblicken, wo wir gemeinsam um das bitten, was uns fehlt: um den Geist Gottes.

Ob die anderen eine ähnliche Erfahrung gemacht haben? In den nächsten Tagen beginnt der Knoten der Kirchenwut sich allmählich zu lösen. Hinter der Fassade der Aggressionen kommen allmählich die Menschen hervor: verletzt, enttäuscht, aber voller Sehnsucht nach einer Kirche, in der sie zu Hause sein können. Voll Sehnsucht nach Gotteserfahrung. Und am Ende dieser Woche nehmen wir versöhnt voneinander Abschied. Der Missionarssohn und seine Frau sind so etwas wie Freunde geworden. Ich habe inzwischen ein Kind aus ihrer Großfamilie getauft. Und wenn wir uns zufällig begegnen, dann umarmen wir uns sehr herzlich. Taizé verbindet uns bis heute.

Taizé: ein Gleichnis

Was ist Taizé für mich? Taizé ist nicht „die" Kirche für mich. Ich muss auch nicht jedes Jahr dorthin fahren. Einige wenige Male in meinem Leben reichen aus. Entscheidend ist, dass ich weiß: Taizé ist da. Ich könnte jederzeit hinfahren. Was ist das, was mir so wichtig ist? Ist es Roger Schutz, der Gründer und Prior von Taizé, der letztes Jahr gewaltsam zu Tode kam? Ich habe ihn in der Versöhnungskirche von Weitem gesehen und seine kurzen, sehr schlichten Ansprachen gehört, aber ich habe nie ein persönliches Wort mit ihm gewechselt. Sein Leben hat eine leuchtende Spur hinterlassen, aber es gab und gibt keinen Kult um seine Person.

Es ist eher die Gemeinschaft der Brüder von Taizé als Ganzes: Sie ist mir wichtig. Es sind ja Brüder aus verschiedenen Nationen und Konfessionen zusammen. Sie leben in ihrer ökumenischen Gemeinschaft eine Einheit der Kirche, die wir noch nicht haben. Das Klima zwischen den Kirchen ist frostig geworden; die Unterschiede werden wieder schärfer herausgestellt. Taizé ist einmal von Papst Johannes XXIII. als „kleiner Frühling der Kirche" bezeichnet worden. Das stimmt, und das liegt auch an den vielen jungen Menschen, die nach Taizé kommen. Auch sie bringen einen Frühlingswind in die Kirche. Sie sind unkompliziert. Lehrunterschiede, Hierarchien und Machtpositionen bedeuten ihnen wenig oder nichts. Sie fragen nach einer Kirche, die sie persönlich einlädt und der sie etwas bedeuten. Sie suchen Vorbilder. Und da sind sie in Taizé gut aufgehoben: bei Menschen, die ihr Christentum auch sehr praktisch leben. Zu zweit gehen die Brüder ins Ausland, an die Brennpunkte des Elends der Welt. Sie leben und arbeiten in den Slums von Nairobi, von Bogotà und Kalkutta. Ja, das ist vorbildlich. Aber sie tragen das nicht vor sich her: „Seht her, wie toll wir sind!“ Dennoch muss nicht jeder diesen Weg gehen; das wird nicht verlangt. Sie sind Vorbilder, weil sie keine sein wollen. Die Brüder von Taizé missionieren nicht. Sie wollen auch keine neue Kirche gründen. Ganz bewusst schicken sie die Besucher immer zurück in ihre Heimatgemeinden. Sie leben das Gleichnis der Gemeinschaft. Roger Schutz hat das so gesagt: „Immer hatte ich nur einen Gedanken: unter den Teig der gespaltenen Kirche ein Ferment der Gemeinschaft mengen.“

Taizé bietet keine Kuschelkirche. Wer dort hinkommt, muss mitarbeiten. Bedient wird man in Taizé nicht; man dient anderen. Und es ist alles sehr einfach; eine ganz andere Art von Leben, anders als das, was die meisten gewohnt sind. Man muss sich darauf einlassen, für diese eine Woche, die man dort lebt. Niemand wird aktiv angeworben. Taizé ist weit weg von jedem Showbusiness – und gerade darum anziehend.

Auch die Gesänge sind einfach. Wenig Text, leicht zu lernen, schön zu hören und zu singen. Dennoch würde ich die langen Lieder von Paul Gerhardt dafür nicht links liegen lassen. Sie sind Heimat für mich und gehören zu meiner persönlichen Spiritualität, noch vor den Gesängen von Taizé. Und um keinen Preis möchte ich eine Kirche, die nur noch Taizé „kann". Alles hat seine Zeit: Paul Gerhardt, die Orgel, die Liturgie, die Lesungen, die Predigt am Sonntagmorgen um zehn; Taizé-Gesänge gehören in eine andere Art Gottesdienst. Bloß nicht alles über einen Leisten schlagen!

Was noch aussteht

Taizé ist nicht „die" Kirche. Auch deshalb nicht, weil die Gemeinschaft von Taizé eine Gemeinschaft von Männern ist und keine von Männern und Frauen. Wohl gibt es eine Ordensgemeinschaft von Frauen in der Nähe, und Frauen stehen als Seelsorgerinnen für junge Mädchen zur Verfügung. Dennoch haben Frauen nicht die gleiche Bedeutung in Taizé wie die Männer. Im ersten Johannesbrief heißt es: „Es ist noch nicht erschienen, was wir sein werden." Das gilt auch für die Kirche. Wir sind noch keine Kirche, in der Männer und Frauen überall in voller Gemeinschaft leben. Taizé ist ein Gleichnis, noch nicht die volle Wirklichkeit. Aber damit kann ich auch als Frau leben.

Nicht leben könnte ich mit etwas anderem: Wenn die Gemeinschaft der Brüder ihre Existenz zwischen den konfessionellen Stühlen aufgeben und sich ganz und gar in die katholischen Arme begeben würde. Wenn sie also ihre Vision von einer Einheit, die wir noch nicht sind, aber sein sollen, aufgeben würde. Das ist kein antikatholisches Ressentiment. Ich möchte einfach, dass Taizé uns allen gleichermaßen voraus bleibt.

Oda-Gebbine Holze-Stäblein wurde 1942 in Magdeburg geboren. Sie studierte u. a. in Marburg, Heidelberg und Chicago Theologie. 1972 übernahm sie ihre erste Pfarrstelle in Stade. Vier Jahre später arbeitete sie als Dozentin für Vikare am Religionspädagogischen Institut in Loccum. Von 1981 bis 1999 war sie Pastorin in Hannover, u. a. an der Marktkirche. Danach war sie Superintendentin des Kirchenkreises Burgdorf und seit 2001 ist sie Landessuperintendentin für den Sprengel Ostfriesland mit Sitz in Aurich. Oda-Gebbine Holze-Stäblein war langjährige Sprecherin des »Wortes zum Sonntag« in der ARD.

Im Zwischenraum

Jörg Machel

Der Unglaube bedrängt die verschiedenen Menschen an sehr unterschiedlichen Orten. Mich überfällt er am effektivsten in der Tristesse wohlgeordneter Sicherheit. Es passiert nichts wirklich Schlimmes, es passiert nichts wirklich Schönes, es sind keine Wolken am Himmel, aber eben auch kein Silberstreif am Horizont. Die letzten zwei Jahre bis zum Abitur habe ich in dieser Agonie gelebt. Das waren die ödesten Jahre meines Lebens. Das ist lange her, und ich erinnere mich an kaum etwas aus dieser Zeit, schon gar nicht an Einzelheiten. Ich weiß aber noch ganz genau, wie ich aus dieser Lethargie erwacht bin. Das war irgendwo auf den Straßen zwischen meiner Heimatstadt Frankfurt an der Oder und der bulgarischen Schwarzmeerküste.

Bis nach Bulgarien, an den äußersten Rand meiner damaligen Welt wollte ich kommen auf meiner ersten großen Reise. Ich hatte mir die nötigen Visa besorgt und hatte 200 Mark der DDR in tschechische Kronen, in ungarische Forint, in rumänische Ley und in bulgarische Lewa getauscht – insgesamt nicht viel Geld für die vierwöchige Reise. Ich musste zudem ganz genau angeben, wie viele Tage ich im jeweiligen Land unterwegs sein würde. Dann aber kam alles ganz anders. Am Ende bin ich sogar noch mit 30 Mark in der Tasche zurückgekommen. Denn in Bulgarien, wo ich am längsten sein wollte, war ich nur kurz und lebte mit polnischen Studenten am Strand von den Konserven, die wir in unseren Rucksäcken hatten.

Die Reise wurde für mich zu einer Pilgerfahrt, obwohl ich es so erst Jahrzehnte später genannt hätte. Aber wie soll man eine Reise anders nennen, bei der einem Gott auf der Spur ist. Nein – ich bin nicht gereist, um Gott zu suchen. Vielmehr hat er sich mir immer wieder an die Fersen geheftet. Ich habe zwar schon nach wenigen Stationen meiner langen und meist einsamen Reise mit ihm zu reden begonnen – aber ich bildete mir ein, nur ironisch und eigentlich in unanfechtbarem Unglauben. Über das Wetter zum Beispiel, über Autofahrer und über die Aussicht, am Abend irgendwo ein Quartier zu finden. Ich habe Gott Tauschgeschäfte vorgeschlagen, wenn nach drei Stunden beim Trampen immer noch niemand gehalten hatte, und ich habe angefangen, Dankgebete zu formulieren, wenn ich gegen jede Erwartung auf

Menschen gestoßen bin, die sich für mich interessierten, die mir Essen anboten und ein Nachtlager.

Lange Zeit meinte ich, diese Gespräche seien nur ein Placebo gegen die Einsamkeit. Wenn sich nichts tat am Sraßenrand, dann habe ich Gott von mir erzählt. Und in die Leere hinein habe ich Fragen gestellt und Antwort verlangt, und ich habe gelästert, weil er ja nicht antworten konnte, denn da war ja niemand. Und dann war Gott doch da. In den ungezählten Situationen, wo ich nicht weiterkam und Hunger hatte und mich furchtbar allein fühlte und am liebsten umgekehrt wäre, wenn das nicht zu blamabel gewesen wäre – zurück in mein Frankfurt an der Oder, wo ich doch weg wollte damals mit 19 Jahren, um endlich einmal Weite einzuatmen. Immer wieder tauchte er auf und arrangierte etwas für mich und sorgte für mich an der nächsten Station.

Mein Fluchen über Gott war lästerlich und lächerlich. Nie hätte ich in Wahrheit Gott verantwortlich gemacht für den Raser, der mir den Vogel zeigte, als ich die Hand heraushielt. Nie habe ich es wirklich ihm angelastet, wenn etwas schief gegangen ist. Und so viel ist dann ja auch gar nicht schief gegangen auf meiner Tramptour. Nur einmal passierte es, dass ich kein Quartier fand und dann in einem Heuschober einschlief. Angst und Sorge haben mich Gott nicht wirklich näher gebracht auf dieser Reise ins Ungewisse – zu begegnen meinte ich ihm in den Situationen unerwarteten Glücks. Ich konnte gar nicht anders als Gott zu danken, wenn mir ein völlig überirdisches Maß an Freundlichkeit zuteil wurde, wenn mir beim Wandern am Straßenrand ein Apfelbaum entgegenkam und mir den Hunger löschte und auch den Durst.

So wie der Unglaube weiß, wie er in unsere Seelen findet, so hat auch der Glaube bevorzugte Orte, wo er sich entwickeln und wachsen kann. Mein Ort für Glaubenserfahrungen ist wohl der Zwischenraum. Dort, wo nichts feststeht, wo man die Zukunft noch nicht kennt und die Vergangenheit nicht mehr trägt – da ist der Ort für Begegnungen, für Rettung und Hilfe.

Vielleicht ist es die Wüstenerfahrung des Volkes Israel, die ich in diesen Situationen der Wanderschaft teile. Eine Geschichte aus den Mosebüchern ist mir schon damals, bei meiner ersten großen Reise in den Sinn gekommen und fällt mir immer ein, wenn sich Angst vor der Ungewissheit breit macht: (2. Mose 16,11-18)

Und der HERR sprach zu Mose: Ich habe das Murren der Israeliten gehört. Sage ihnen: Gegen Abend sollt ihr Fleisch zu essen haben und am Morgen von Brot satt werden und sollt innewerden, dass ich, der HERR, euer Gott bin. Und am Abend kamen Wachteln herauf und bedeckten das Lager. Und am Morgen lag Tau rings um das Lager. Und als der Tau weg war, siehe, da lag's in der Wüste rund und klein wie Reif auf der Erde. Und als es die Israeliten sahen, sprachen sie untereinander: Man hu? (Das heißt: Was ist das?) Denn sie wussten nicht, was es war. Mose aber sprach zu ihnen: Es ist das Brot, das euch der HERR zu essen gegeben hat. Das ist's aber, was der HERR geboten hat: Ein jeder sammle, soviel er zum Essen braucht, einen Krug voll für jeden nach der Zahl der Leute in seinem Zelte. Und die Israeliten taten's und sammelten, einer viel, der andere wenig. Aber als man's nachmaß, hatte der nicht darüber, der viel gesammelt hatte, und der nicht darunter, der wenig gesammelt hatte. Jeder hatte gesammelt, so viel er zum Essen brauchte.

In dieser Geschichte geht es anders zu als in der Spruchweisheit meiner Eltern und Großeltern. Bei ihnen hieß es: „Sparst du in der Zeit, dann hast du in der Not!" Und es ist nicht zu übersehen, dass diese Tradition mein Leben und auch das von vielen anderen stärker prägt als die frommen Worte der Bibel. Doch auch die Weisheit, die uns sammeln und absichern lässt, bringt keine echte Sicherheit und vermag unsere Seelen nicht zu beruhigen. Das habe ich gut zehn Jahre später auf meiner zweiten großen Reise erfahren.

Ich hatte mein Theologiestudium abgeschlossen, hatte die DDR verlassen und lebte zunächst in Westberlin. Doch dann durfte ich ein Jahr lang für die deutschsprachigen Auslandsgemeinden in Nordindien, Nepal und Bangladesh arbeiten. Diese Zeit war ähnlich abenteuerlich wie meine Reise als Rucksacktourist. Ein Jahr lang war ich ständig unterwegs zwischen Neu Delhi, Calcutta, Kathmandu und Dacca. Ein Jahr lang habe ich aus dem Koffer gelebt. Überall traf ich auf neue Menschen, überall durfte ich in Lebenszusammenhänge eintauchen, von denen ich vorher absolut keine Ahnung hatte.

In Neu Delhi habe ich viele Besuche im Gefängnis gemacht. Ich habe Menschen kennen gelernt, die über Wochen und Monate allein in einer völlig fremden Umgebung leben mussten und für die eine Welt zusammengebrochen war. Als privilegierte Europäer fanden sie sich in Extremsituationen wieder, in denen plötzlich nichts mehr galt, was ihnen Orientierung und Selbstbewusstsein gab. Mit Drogenschmugglern und orientierungslosen Junkies konnte ich Gespräche von großer Offenheit führen. Ganz auf sich selbst zurückgeworfen ging es vielen von ihnen nicht mehr um irgend etwas, sondern um alles. Denn plötzlich hatten sie nichts mehr. In dieser Welt jenseits aller Sicherheit mussten alle Fragen neu gestellt werden. Sie fragten nach dem Sinn ihres Lebens, nach Perspektiven für ihre Zukunft, sie suchten nach den eigenen religiösen Wurzeln im fernen Indien, einem Land, in dem alles durch Traditionen und Religionen bestimmt zu sein schien. Ich fühlte mich manchmal in der Rolle einer Hebamme, von den Gefangenen dazu gerufen, ihnen bei der Geburt ihres neuen Glaubens beizustehen; eines Glaubens, der den Widersprüchen ihrer jetzigen Lebenslage Stand zu halten vermochte.

Meine Arbeit in Asien war auf die deutschsprachigen Menschen ausgerichtet, mein Interesse galt aber auch der dortigen Kultur, den Menschen und ihren Geschichten. Besonders nahe bin ich den Leuten in Bangladesh gekommen. So hatte ich die Möglichkeit, mir einige Entwicklungsinitiativen in den Dörfern dieses schönen Landes anzusehen. Ich durfte dabei sein, wenn sich landlose, verarmte Bauern mit den Großgrundbesitzern darüber verständigten, wo ein Brunnen gebaut wird und wie die Rechte der Nutzung geregelt werden. Erst wenn es eine für beide Seiten zufriedenstellende Regelung gab, erst wenn garantiert war, dass die Reichen dort dann nicht noch reicher und die Armen nicht noch ärmer werden würden, floss das in Deutschland gesammelte Geld. In dieser ständig von Hochwasser und Dürre bedrohten Region habe ich eine Frömmigkeit erlebt, die mich durchaus geprägt hat. Wieder merkte ich, was ich schon auf meiner ersten Wanderschaft erfahren hatte: Gott gibt nicht im Voraus oder im Überfluss, aber er gibt dort, wo wir uns nicht mehr selbst versorgen können, wo wir an eine Grenze gekommen sind. Er gibt erst dann, wenn unsere Zukunft ganz in seiner Hand liegt. Ganz so, wie es Jesus in der Bergpredigt beschrieben hat (Mt 6, 26-29):

Seht die Vögel unter dem Himmel an: sie säen nicht, sie ernten nicht, sie sammeln nicht in die Scheunen; und euer himmlischer Vater ernährt sie doch. Seid ihr denn nicht viel mehr als sie? Wer ist unter euch, der seines Lebens Länge eine Spanne zusetzen könnte, wie sehr er sich auch darum sorgt? Und warum sorgt ihr euch um die Kleidung? Schaut die Lilien auf dem Feld an, wie sie wachsen: sie arbeiten nicht, auch spinnen sie nicht. Ich sage euch, dass auch Salomo in aller seiner Herrlichkeit nicht gekleidet gewesen ist wie eine von ihnen.

Egal ob Moslems, Hindus, Buddhisten oder Christen, den einfachen Menschen, die ich in Bangladesh kennen lernen durfte, war dieses unmittelbare Gottvertrauen gemein. Sie wussten darum, dass sich die Zukunft nicht einfach machen lässt und konnten viele Geschichten erzählen, die von der Rettung aus der Gefahr berichten. Als ich aus Asien zurückkam, fiel mir eine Studie der Unesco in die Hände. Darin stand, dass sich die Bengalen im weltweiten Vergleich für die glücklichsten Menschen halten. Die Deutschen lagen weit abgeschlagen im hinteren Drittel der Statistik. Ohne meine Reise durch dieses Land hätte ich mir das Ergebnis dieser Untersuchung wohl nur schwer erklären können.
Ich erinnere mich an eine dritte Reise, die mich Anfang der neunziger Jahre sehr inspiriert hat. Für eine Woche war ich auf der Athos-Halbinsel unterwegs. Der Athos ist ein Berg im Norden Griechenlands und

wird ausschließlich von Mönchen bewohnt. Für viele orthodoxe Christen sind die Athosklöster das geistliche Zentrum ihres Glaubens. Frauen dürfen die Athos-Halbinsel bei Strafandrohung nicht betreten, und auch sonst haben die Mönche gegenüber der Republik Griechenland eine große Autonomie. Besucher brauchen ein spezielles Visum, um einreisen zu dürfen. Die Aufenthaltsgenehmigung ist kurz befristet und soll dafür sorgen, dass nur Pilger zu den Mönchen kommen und dass die Klöster nicht von Touristen überschwemmt werden.

Der geistliche Ertrag auch dieser Reise lag für mich eher am Wegesrand. Schon wegen der Sprachbarriere hatte ich nur minimalen Austausch mit den Mönchen. Die wenigen theologischen Diskussionen offenbarten häufig mehr Trennendes als Verbindendes – und doch war ich ein dankbarer Pilger. An fast allen Stundengebeten habe ich teilgenommen. Auch mitten in der Nacht habe ich mich vom Schlagen des Stundenholzes wecken lassen, um beim Gottesdienst dabeizusein. Es hat mich getröstet, als ich sah, dass nicht nur mir immer wieder die Augen zufielen. Auch die Mönche hatten sichtlich mit der Müdigkeit zu kämpfen. Der Duft der Bienenwachskerzen, die schweren Weihrauchschwaden, der betörend schöne Gesang der Mönche, all dies ließ mich eintauchen in die überaus sinnliche Welt orthodoxer Frömmigkeit.

In dieser Woche, die ich auf dem Athos verweilen durfte, bin ich von Kloster zu Kloster gewandert. Ich habe viel geschwiegen in diesen Tagen. Jedes Kloster, in das ich kam, war reich an beschaulichen Plätzen, dort konnte ich mich mit meiner Lutherbibel niederlassen und lesen. In dieser ganz durch die Religion geprägten

Welt wurden die Streitgespräche Jesu ganz ungewohnt lebendig und aktuell. Durch christliche Polemik und eine lange Predigttradition stehen die Pharisäer in schlechtem Licht. Durch das Leben der Mönche war ich daran erinnert, dass es sich auch bei ihnen um sehr fromme Menschen gehandelt hat, die alles daran setzten, den Geboten Gottes zu folgen. Jesus litt ja nicht an ihnen, weil er ihr Feind war, sondern weil er sich ihnen in vielem so nahe fühlte. Nach diesem Zwischenraum, dieser Grenzregion zwischen Wahrhaftigkeit und Übertreibung habe ich immer wieder gesucht in dieser Klosterzeit, vor allem für mein eigenes Leben. In kaum einem Kloster gab es Elektrizität, alles – Essen, Kleidung, Wohnen, Beten – war auf das Wesentliche reduziert. Nie zuvor war mir bewusst, wie anders ich eine Welt erfahre, in der es keine Frauen gibt. Die Kontemplation stand ganz im Zentrum der klösterlichen Abläufe. Selten habe ich eine solche Ruhe erlebt. Es war unvergleichlich schön, an jedem Morgen aufzubrechen und doch in jedem neuen Kloster immer wieder im ganz Vertrauten anzukommen.

Im Kloster Simon Petrus traf ich auf einen Pilger, der mir diese kleine Geschichte erzählte: Einst kam ein Gast in ein Kloster und war erstaunt über die karge Ausstattung der Zellen. „Wo habt ihr eure Möbel?" wollte der Besucher wissen. „Und wo hast du deine?" antwortete der Mönch schlagfertig. „Meine?" fragte der Gast verblüfft zurück. „Ich bin doch nur auf der Durchreise." Darauf der Mönch: „Aber ich doch auch!"

Jörg Machel wurde 1952 geboren. Er wuchs in Frankfurt an der Oder auf, begann in Weimar ein Ingenieurstudium, wechselte dann aber zum Theologiestudium an das Sprachenkonvikt in Berlin. Nach dem Studium übersiedelte er in den Westen der Stadt und absolvierte ein Jahr seines Vikariats in Nordindien, Bangladesh und Nepal. Seit 1984 arbeitet er als Gemeindepfarrer in Berlin-Kreuzberg. Jörg Machel ist verheiratet und seit 1997 Vater einer Tochter. Er ist langjähriger Hörfunkautor evangelischer Sendungen.

Das Haus der offenen Tür

Cornelia Coenen-Marx

Zu den Lieblingsorten meiner Kindheit gehörte ein altes Hotel in den Schweizer Bergen. Es lag hoch oben im Berner Oberland, am Ende einer Alpenstraße. Ein Auto hatten meine Eltern damals noch nicht, und so musste man den gelben Postbus nehmen, um dorthin zu gelangen. Mit viel Gehupe, immer knapp am Abhang entlang, bis endlich die große gelbe Villa mit der Aufschrift „Hotel Victoria" erschien. Ein Kiesplatz unter Kastanienbäumen, wo es im Sommer Fürst-Pückler-Eis gab, eine große Hotelhalle, in der man herrlich spielen konnte und Zimmer mit Blick auf Eiger, Mönch und Jungfrau. Am liebsten aber erinnere ich mich an den prächtigen Speisesaal. Die weiß gedeckten Tische mit eigenen Serviettentaschen für jeden Gast – in den kräftigen Farben der Oberländer Weberei. Auf dem Tisch stand immer ein Krug mit Wasser und eine Flasche Rivella, das Lieblingsgetränk meiner Kindertage. Es gab ungewöhnliche Suppen aus Kräutern, Sellerie, Spinat. Wein gab es nicht – denn der Leiter des Hauses war Methodistenprediger und gehörte zum Blauen Kreuz. Ein ernsthafter, wacher und dabei fröhlicher Mann mit großer Ausstrahlung. Für Traugott Huber war das Hotel seine Kirche, der Service ein Gottesdienst. Essen und Trinken, Bewirten und Servieren, Gäste beherbergen, Gespräche führen, Seelsorge und Andachten – alles geschah im gleichen Geist. Man spürte, wie in diesem Haus die unterschiedlichsten Gäste zu einer Gemeinde wurden.

Die Kathedrale, in der das geschah, war der alte, getäfelte Speisesaal, wo schwarz gekleidete Saaltöchter mit weißen Schürzen in einem geheimen Rhythmus die Speisen auftrugen und die Teller abdeckten. Offenbar gab es eine gemeinsame Essenszeit für die Gäste mit Vollpension. Denn ich erinnere mich an den Gong, der zum Essen einlud und an die kleine Glocke im Saal. Die zeigte an, dass nun gesungen werden sollte – ich weiß nicht mehr, ob vor oder nach dem Essen. Aber ich habe nicht vergessen, wie schnell und geschickt die Saaltöchter die Gesangbücher austeilten – und ich höre im Geist die Melodien, die gesungen wurden. Schwungvolle Lieder mit viel Dynamik und Optimismus, wie ich sie später vor allem in Amerika wieder gehört habe. Manchmal durfte ich helfen, die Gesangbücher zu verteilen. Dann habe ich mir sehnlich gewünscht, einmal als Saaltochter da oben in den Bergen zu leben.

Als Kind des Hauses habe ich mich aber auch so gefühlt. Vor allem damals, als ich am letzten Tag der Sommerferien hohes Fieber bekam. Ich war vielleicht sieben oder acht – und ich war sicher, nicht nach Hause fahren zu können. Kurz darauf saß ich in Hubers Badewanne mit Wechselbädern und Lindenblütentee – und war am nächsten Tag schon fieberfrei. Wie dort oben in der Victoria Leib- und Seelsorge zusammengehören, das hat sich mir für mein Leben eingeprägt – genauso wie die herrlichen Gottesdienste und Konzerte, in denen viele Talente unter den Gästen zum Vorschein kamen. Ich erinnere mich an ein Konzert mit Flöte und Gitarre, das mich als kleine Flötenspielerin sehr beeindruckt hat. Wir Kinder saßen auf dem Holzboden der Kapelle, die Kerzen brannten, die Kleidung war lässig – ein Hauskonzert der allerbesten Art. Die Victoria profitierte von ihren Gästen – auch in den Andachten. Pfarrer und Gemeindegruppen, Menschen aus ganz Europa, die dort Urlaub machten, legten die Bibel aus oder sprachen ein Gebet. Und fast immer waren die Gedanken und Lieder so bunt, so kräftig und elementar wie die Bergwelt vor den einfachen Glasfenstern.

Vor einigen Jahren bin ich noch einmal auf den Hasliberg gefahren, um die Victoria zu suchen. Das Hotel stand noch – aber der Ort hatte sich verändert. Was meine Erinnerung ausmacht, fand ich dort nicht wieder. Ich habe es aber an vielen anderen Orten gefunden. Zum Beispiel bei einer Gemeindefreizeit im Elsass in einem ganz schlichten, französischen Freizeithaus. Es war Herbst, wir wanderten durch die Hügellandschaft und besuchten den Odilienberg, die Burgen und Klöster der Landschaft. Ich erinnere mich an die aufsteigenden Nebel und den vollen Mond am Abend, vor allem aber an die Kamingespräche und die wachsende Vertrautheit. Und an die Andachten, an denen sich jeder beteiligte – von den Konfirmanden bis zu den Großeltern. Da wurde aus einer Reisegruppe eine Großfamilie auf Zeit. Und jeder fand seinen Platz.

Ich denke auch an einen Gottesdienst in Porto Alegre, Brasilien. Vielleicht fünfundzwanzig oder dreißig ökumenische Gäste waren da zusammen gekommen, um über den dritten Artikel des Glaubensbekenntnisses nachzudenken, in dem es um den Heiligen Geist geht. Den brauchten wir auch miteinander – amerikanische Presbyterianerinnen, orthodoxe Priester aus Russland, anglikanische Theologen und katholische Beobachter, auch zwei Deutsche. Wir hatten die kleinen, familiären Basisgemeinden und größere Pfingstgemeinden besucht und über politische Theologie und geistliche Heilung diskutiert. Wir hatten uns herausgefordert und gestritten und manchmal einfach nicht verstanden. Dann hatten wir mit den Brasilianern Churasco gegessen und mit den Russen Wodka getrunken, zusammen gesungen und getanzt und schließlich Gottesdienst gefeiert. Nie werde ich vergessen, wie wir die roten und blauen Blütenkelche von draußen vor den Altar brachten. Da war er unter uns, der Heilige Geist, der Menschen aus allen Völkern zu Gottes Familie macht. Der uns zusammenführt und uns heimbringt. Das ist die Erfahrung, die viele auch zu der christlichen Gemeinschaft ins burgundische Taizé zieht.

„Wenn Gott uns heimführt aus den Tagen der Wander
schaft, das wird ein Fest sein", schreibt Martin Gutl.
Da wird unser Staunen von neuem beginnen,

wir werden Lieder singen,
Lieder, die Welt und Geschichte umfassen.
Und die Zweifler werden bekennen:
Gott tut Wunder.
Er macht die Nacht zum hellen Tag;
er lässt die Wüste blühen.
Wenn Gott uns heimbringt
aus den schlaflosen Nächten,
aus den fruchtlosen Reden,
aus den verlorenen Stunden,
aus der Jagd nach dem Geld,
aus der Angst vor dem Tod,
aus dem Kampf, aus der Gier,
das wird ein Fest sein."

Eigentlich spricht der Priester und Schriftsteller Martin Gutl hier von der Heimat im Himmel, von der Zukunft, auf die wir warten. Aber manchmal, gerade dann, wenn ich unterwegs bin, scheint diese Zukunft in die Gegenwart hinein. In einem Gottesdienst am Urlaubsort oder bei einem Kirchenbesuch im Ausland, wo ich die Sprache nicht verstehe und mich doch zu Hause fühle. Weil mir der Ablauf des Gottesdienstes vertraut ist, weil ich ein Lied in fremder Sprache mitsingen kann oder einfach dazugehöre am Abendmahlstisch. Was Heimatgefühle weckt, was mich tröstet und hält, was mich mit anderen verbindet, das spüre ich unterwegs viel deutlicher als zu Hause. Bestimmte Lieder und Melodien gehören dazu, ein Gebet an einem Mittagstisch, aber auch das Zusammenwachsen einer Gruppe zur Gemeinschaft, das gemeinsame Essen, Erzählen und Singen, das plötzliche Einverständnis mit einem Fremden und die Gastfreundschaft, die alle Türen

öffnet. Das war es, was mir die Victoria so lieb gemacht hat – der Geist des Hauses, die Heimat auf Zeit.
Die Kirche als Hotel – ich glaube, Traugott und Maria Huber hatten damals ein sehr modernes und zugleich sehr biblisches Konzept. Es wird heute aufgenommen in der Vorstellung von der Gemeinde als Herberge, aber auch in all den Klosterhotels und Kommunitäten, die andere einladen, in ihren Rhythmus einzutauchen. Selbst Wellness-Häuser versuchen, mit fernöstlichen Praktiken spirituelle Tiefe zu erschließen. Aber auch Tagungshäuser und Akademien sind für viele Menschen so ein Ort. Im Düsseldorfer Stadtteil Kaiserswerth, im Mutterhaus-Hotel der Kaiserswerther Diakonie, in der ich eine Zeit lang gearbeitet habe, ist mir klar geworden: Auch die Heimat auf Zeit braucht Menschen, die dort zu Hause sind und anderen Heimat geben. Gastfreie und offene Leute. Hoteldirektoren, Akademieleiterinnen, Herbergseltern – Menschen eben, die andere annehmen und sie auch wieder los lassen können. Dazu braucht es eigene Wurzeln und Überzeugungen, Aufgeschlossenheit und innere Ruhe, Sicherheit im eigenen Lebensstil. Aber auch die Fähigkeit, sich selbst zu relativieren. Die wenigsten, die bei Traugott und Maria Huber waren, werden auch draußen auf Alkohol verzichtet haben – manche haben abends den Wein aufs Zimmer geschmuggelt. Aber das war am Ende nicht entscheidend. Die Hubers wussten, dass Gottes Haus größer ist als unseres – und vor allem nicht eng.

Entscheidend ist die Erfahrung, dass es Orte gibt, an denen wir unterwegs und doch zu Hause sein können. Hotels und Tagungshäuser, Gemeinden und Akademien, aber auch Pfarrhäuser und Familien, die es verstehen, Gästen Raum zu geben. Orte, an denen wir in ganz besonderer Weise geborgen sind, herausgenommen aus Konkurrenzdruck und Angst. Wo wir stundenlang am Tisch sitzen und reden können, weil plötzlich alle Fremdheit überwunden ist. Wo wir nach Wochen der Unruhe wieder schlafen können und lächelnd am Frühstückstisch erwartet werden. Jesus und Paulus haben solche Anlaufstellen gehabt auf ihren mühsamen Wanderungen und Reisen. Und die ersten Gemeinden haben davon gelebt, einander ein solches Netzwerk zur Verfügung zu stellen. Denken Sie nur an Maria und Martha, an Lydia und Gajus, den Paulus ausdrücklich als Gastgeber erwähnt. Die vielen Briefe und Grüße lassen ahnen, dass aus der Gastfreundschaft längst eine Freundschaft geworden war, die über weite Entfernungen standhielt. Von Brüdern und Schwestern ist sogar die Rede, so wie ein Freund von mir noch mit fünfzig von den Brüdern und Schwestern seiner amerikanischen Gastfamilie spricht, in der er als Schüler ein Austauschjahr verbrachte und Christ wurde. Auch Onkel Traugott und Tante Maria gehörten später zum familiären Freundeskreise. Aber da reisten wir schon nicht mehr in die Victoria.

Gastfreundschaft öffnet uns die Tür zu einer neuen, ungeahnten Wirklichkeit. Wir werden herausgenommen aus dem Gewohnten, erfahren, dass man alles auch ganz anders sehen kann. Die gesammelte Gegenwart eines anderen öffnet uns zugleich die Zukunft. So wie Abraham und Sara, die einst auf der Wüstenwanderung drei Fremde beherbergten, in Mamre. Abraham lud sie dort in sein Zelt und brachte Wasser, die Füße zu waschen. Im Schatten unter einem Baum wurde der Tisch festlich gedeckt – mit Brot und Butter und Milch, ja sogar ein Kalb wurde geschlachtet. Man saß zusammen, aß und trank – ein paar Stunden lang drehte sich alles um die Gäste und am Ende verabschiedeten die sich mit einem Versprechen: Sara sollte noch einen Sohn bekommen – ein geradezu unglaubliches Versprechen für ihr Alter. Und doch: Was unmöglich schien, wurde wahr. Es gehört nicht viel dazu, solche Erfahrungen zu machen – ein gedeckter Tisch kann genügen. Darüber hinaus Zeit füreinander, Offenheit und Hingabe. So kann sich die Zukunft öffnen – selbst unter Fremden. Menschen, die einander nicht kannten, die einander vielleicht nie mehr sehen, helfen sich gegenseitig auf die Spur. Plötzlich wird möglich, was unmöglich schien. Türen öffnen sich, Brücken werden geschlagen. Der Geist Gottes wird spürbar – in einem gastlichen Haus, im Hotel, in einem Speisewagen im vollen Zug, irgendwo unterwegs.

Eine der schönsten Ikonen, die ich kenne, ist die von den drei Männern zu Gast bei Abraham im Schatten der Bäume von Mamre. Sie sitzen am Tisch, zwischen ihnen das gebrochene Brot. Ein Bild von Gemeinschaft, ein Gottesbild. Ich habe es immer wieder gesehen – auch bei den Diakonissen im Kaiserswerther Mutterhaus. Es erinnert mich daran, was mir Heimat gibt. Es macht mir Hoffnung auf das Fest, das uns erwartet. Und irgendwie fällt mir dabei immer der Speisesaal in der Victoria ein.

Cornelia Coenen-Marx, 1952 geboren, war in den achtziger Jahren Gemeindepfarrerin im Rheinland, danach arbeitete sie als Abteilungsleiterin im Diakonischen Werk der Evangelischen Kirche im Rheinland. Von 1993 bis 1998 war sie dort als Landeskirchenrätin für Publizistik und Öffentlichkeitsarbeit zuständig. Anschließend stand sie bis 2004 der Kaiserswerther Diakonie in Düsseldorf vor. Im Jahre 2004 wechselte sie zur Evangelischen Kirche in Deutschland (EKD) und leitet dort als Oberkirchenrätin die Überseeabteilung. Cornelia Coenen-Marx war lange Jahre stellvertretende Vorsitzende der Kammer für Soziale Ordnung der EKD und ist Mitherausgeberin des Monatsmagazins »Chrismon«.

Heute hier – morgen dort

Barbara Manterfeld-Wormit

Ich hasse Zelten. Beim bloßen Gedanken an Campingplätze überkommen mich statt des Gefühls von großer Freiheit eher unangenehme Assoziationen von krabbelnden Insekten und surrenden Mücken, von feuchten Kleidern, von einer platten Luftmatratze auf hartem Boden und schnarchenden Zeltnachbarn. Ich liebe den aufrechten Gang und krieche höchst ungern auf allen Vieren in einen klammen Schlafsack. Und: Ich lege auch im Urlaub Wert auf meine Intimsphäre und einen gewissen Luxus. Ich ekle mich vor Gemeinschaftsduschen, stinkenden Toiletten und dem unfreiwilligen Anblick dicker Männerbäuche vor meinem Zelteingang.

Als Teenager war das noch anders. Da saßen wir nachts unter dem schwedischen Sternenhimmel und sangen Lieder von der großen Freiheit. Als Kind war ich selig, als meine Eltern in unserem Garten ein kleines Zelt aufstellten, dass ich bezeichnenderweise sogleich mit allerlei Hausrat – Stühlen, Tischchen, Decken und Geschirr – füllte und fortan davon träumte, eine Nacht im Garten schlafen zu dürfen. Beim Träumen ist es geblieben. Ich war Anfang zwanzig, als ich beschloss, nie wieder einen Zelturlaub zu verbringen. Die Zeit der Lagerfeuerromantik war vorbei. Ich wurde erwachsen und dabei vielleicht auch ein wenig spießig. Die feste Behausung in Form eines Hotels oder einer schnuckeligen Ferienwohnung ist mir seither lieber.

Im Gegensatz zu mir muss Gott das Zelten lieben. Er schuf laut Schöpfungsbericht Himmel und Erde, Tiere und Menschen und setzte sie in den paradiesischen Garten Eden – von festen Behausungen keine Rede! Adam und Eva waren Frischluftfanatiker und begegneten ihrem Schöpfer frei und ungezwungen in der Natur, geschützt vor der Witterung vermutlich bestenfalls durch ein lauschiges Blätterdach. Selbst nach dem Sündenfall und der Vertreibung der ersten Menschen aus dem Paradies zog es Gott eher zu den Zelten als zu den Palästen, wenn er sich uns Menschen offenbaren wollte. Erzvater Abraham erschienen eines Tages drei unbekannte Männer im Hain von Mamre. Er bewirtete sie vor seinem Zelt. Die Gäste stellten sich als himmlische Besucher heraus. Mit wahrhaft himmlischen Nachrichten: Dem hochbetagten Ehepaar Abraham und Sara wurde die lange Zeit vergeblich erhoffte Geburt eines Sohnes angekündigt. Gott machte Abraham und seine Frau zu Trägern seiner Verheißung und Begründern seines auserwählten Volkes.

Mose offenbarte Gott sich irgendwo draußen in den Bergen in einem brennenden Dornbusch. Anschließend zog er mit seinem auserwählten Volk vierzig Jahre lang durch die Wüste ins gelobte Land. Der Gott Israels – so erzählt es die Bibel – ist unterwegs. Ein Nomade. Heute hier – morgen dort. Wer ihm nahe sein will, der muss mit ihm ziehen. Jederzeit bereit zum Aufbruch. Zelt statt fester Wohnsitz. Wer den Himmel sucht, muss reisen können.

Ich begegnete Gott in einem Zelt. Besser gesagt: in einem Scheinzelt. Die Kirche, in der mein Glaube zum Leben erweckt wurde, schuf vor fünfzig Jahren ein Architekt – Großstädter wie ich – im Südwesten Berlins. Mitten in der Stadt verlieh er dem Gebäude aus Stein einen Hauch von Nomadendasein. Fest und unverrückbar ist das Gotteshaus. Doch wer genau hinsieht und den Blick nach oben richtet, blickt in ein Zeltdach aus Holz. Der Grundriss der Kirche: ein Rundzelt statt Quer-, Haupt- und Seitenschiff.

Sogar die Geburt des Jesuskindes fand hier in einem Zelt statt anstelle im herkömmlichen Stall: Am Heiligabend stand neben den üblichen handgeschnitzten Krippenfiguren eine Miniaturausgabe unserer Zeltkirche als Stallersatz unter dem Tannenbaum. Das Zelt symbolisiert einen Ort, den es wieder zu verlassen gilt – so wie einst Maria und Josef mit dem Kind Hals über Kopf aus dem Stall nach Ägypten fliehen mussten. Das Kind, das sie damals vor dem mordenden König Herodes in Sicherheit brachten, war der lang ersehnte Messias. „Immanuel“ – so hatte ihn der alttestamentliche Prophet Jesaja genannt, das heißt übersetzt so viel wie: Gott mit uns!

Das glaube und das hoffe ich auch: dass Gott mit mir ist. Der Mensch hat Angst vor dem Verlassenwerden. Vielleicht rührt daher auch seine und meine Tendenz zur Sesshaftigkeit, seine Sehnsucht nach einem Stück Heimat, sein Bedürfnis nach festen Wurzeln. Vielleicht bauen Gläubige deshalb auch so eifrig Kirchen und Kathedralen, Tempel, Synagogen und Moscheen, um Gott damit nicht allein die Ehre zu geben, sondern ihn auch an einem Ort dingfest zu machen, soweit das überhaupt geht. Wenn ich weiß, wo Gott Zuhause ist, kann ich jederzeit bei ihm anklopfen. Hat Gott einen festen Wohnsitz, kann er mich nicht so ohne Weiteres verlassen!

Ich habe meine Heimatstadt und meine Heimatgemeinde verlassen. Ich zog zum Studium und zum Arbeiten an andere Orte. Überall begegnete ich Christen, lernte andere Gemeinden und Kirchen kennen, die mir für eine begrenzte Zeit zur Heimat wurden: die Studentengemeinde in Heidelberg, wo man sich regelmäßig traf zum gemeinsamen Kochen, wo man miteinander Gottesdienste feierte und diskutierte und am Wochenende das lauschige Neckartal durchwanderte. Die Studenten gingen, und mit dem Examen ging auch ich. Es folgte eine Gemeinde ganz im Osten unserer Republik: Frankfurt an der Oder. Hier trafen sich Christen, denen das DDR-Regime noch in den Knochen steckte. Selten habe ich so einen starken Zusammenhalt erlebt, verbunden mit einem zähen Misstrauen gegenüber allem, was fremd war. Ich kam, begann langsam heimisch zu werden, und ich ging wieder. Mal war ich Gott näher, mal ferner. Es gibt viele Orte, an denen ich seine Gegenwart besonders spüre: Oft sind es Kirchen, gotische Kathedralen, oft aber auch Orte fern der Stadt – das Meer, der Wald, ein Stück Natur, so ruhig und unberührt wie einst das Paradies. Eine Garantie, Gott zu begegnen, ihn zu spüren, wenn mir gerade danach ist und ich mich auf die Suche mache, gibt es für mich nicht. Er stellt sich ein, wann und wo er es für richtig hält. Verloren habe ich ihn dennoch nie. Oder sollte ich besser sagen: Er hat mich nie verloren!?

Vielleicht macht gerade das den christlichen Glauben so anstrengend, aber auch so reizvoll: Dass Gott für uns nicht verfügbar ist, keinen festen Ort und Wohnsitz hat. Wer an ihn glaubt, ihn sucht und ihm folgen will, wird zwangsläufig selbst zum Vagabunden, selbst wenn er eigentlich ganz sesshaft und heimatverbunden ist. Ich mag das Zelten als Freizeitvergnügen meiden wie der Teufel das Weihwasser: Als Christin werde ich immer wieder zum Zelten genötigt. Ich trage meinen Glauben wie ein Zelt bei mir. Mal steht es ungenutzt in der Ecke. Mal muss ich es dringend aufschlagen und suche darin Schutz und Zuflucht. Mal schlage ich es auf als Unterbrechung meines oft turbulenten Alltags, um meine Ruhe zu haben vor der Außenwelt. Und wenn ich ganz viel Glück habe, begegnet mir vor diesem geistigen Zelt Gott selbst, so wie damals die drei Engel dem Erzvater Abraham und seiner Frau Sara vor ihrem Zelt im Hain von Mamre.

Als die Israeliten unter Anführung des Mose meistens murrend durch die Wüste zogen, kamen sie auf eine kluge Idee: Sie führten eine Lade mit sich – eine Art transportabler Kasten, der die Gesetzestafeln enthielt. So hatten sie Gott sozusagen immer dabei – wie unsereins vielleicht einen Talisman, ein Kreuz an der Kette oder die Bibel in der Hosentasche. Mit dem Einzug ins gelobte Land sollte auch Gott sesshaft werden. König Salomo begann mit dem Bau eines prächtigen Tempels, König David ließ die Bundeslade in den Tempel bringen. Ausgelassen soll er dabei – angeblich nackt – vor der Lade hergetanzt sein: Freude, religiöse Ekstase oder einfach Ausdruck des Triumphes: Gott ist jetzt endgültig bei uns! Er verlässt uns nicht! Gott ist endlich sesshaft geworden. Das Nomadendasein hat ein Ende!

Ich glaube, in seinem tiefsten Inneren ist Gott aller menschlichen Versuche zum Trotz ein Vagabund geblieben. So wie sein Sohn: „Der Menschensohn hat nichts, wo er sein Haupt hinlegen kann!" soll Jesus einmal geäußert haben. Auch er war ein Mann auf Wanderschaft. Wer bei ihm sein wollte, musste ihm nachfolgen. Brotbeutel und Wanderstab statt sicherem Heim, Familie und festem Einkommen. Jesus und die Jünger waren Vagabunden. Heute hier, morgen dort. Wäre ich dem Wanderprediger aus Nazareth damals begegnet, ich glaube kaum, dass ich mich für diese Form der Existenz hätte begeistern lassen. Mittlerweile bin ich sesshaft geworden: Arbeit, Mann, Kinder und eine schöne Wohnung in einer interessanten Stadt. Was will ich mehr? Da geht man nicht so einfach fort.

Irgendwann muss man fortgehen. Weil sich Lebensumstände ändern und neue Wege sich auftun. Und wenn man selbst nicht geht, gehen andere. Unser Leben wandelt sich, ob wir wollen oder nicht. „Denn wir haben hier keine bleibende Stadt, sondern die zukünftige suchen wir!" Dieser Vers aus dem Hebräerbrief bringt für mich das christliche Lebensgefühl auf den Punkt: Wir mögen uns zwar gemütlich in dieser Welt einrichten – eine dauerhafte Heimat haben wir hier auf Erden nicht. Ich kann mein eigenes Leben und das meiner Liebsten nicht konservieren, selbst wenn es noch so schön ist. Irgendwann heißt es: aufbrechen. Spätestens am Ende meines Lebens. Gut, wenn dann mein Glaubenszelt bereit liegt: leicht zu transportieren, schnell aufzubauen, sicher, standfest und wind- und wetterabweisend.

Einer, der früh die Erfahrung des unfreiwilligen Aufbrechens machen musste, war Jakob. Auf der Flucht vor seinem ums Erbe gebrachten Zwillingsbruder Esau machte er – das Muttersöhnchen – bei Nacht und Nebel sich auf in die Fremde. Vagabund wider willen. Statt auf der gemütlichen Matte daheim am Lagerfeuer musste er einsam unter freiem Himmel nächtigen, ohne die Spur einer Ahnung, wie sein Leben nun weitergehen sollte. Angst und bange muss ihm damals zumute gewesen sein. Er schlief ein und war plötzlich dem Himmel ganz nahe: Er sah im Traum eine Leiter, die vom Himmel zur Erde reichte, auf der stiegen Engel auf und nieder. An der Spitze der Leiter schaut Jakob Gott und hört sein Versprechen: „Siehe, ich bin mit dir und will dich behüten, wo du hinziehst, ich will dich nicht verlassen!“ Eine Gottesbegegnung draußen, unterwegs, auf der Flucht. Jakob kann nicht anders: Er will diesen Moment festhalten für sich und die Nachwelt. Er sammelt am nächsten Morgen Steine und legt sie an die Stelle, wo er geschlafen hatte: Ein Steinmal als Zeichen für die, die nach ihm kommen. „Seht her“, sagt es dem Betrachter „hier bin ich Gott begegnet“. An dieser Stelle waren sich Himmel und Erde ganz nahe. Hier ist Gott. „Bethel“ – nannte Jakob der Überlieferung nach diese Stätte – das heißt übersetzt: „Haus Gottes."

Jakob zog kurz danach wieder weiter. Ob andere, die nach ihm dort vorbeizogen, ebenfalls Gott begegnet sind? Ich weiß es nicht. Garantierte Gotteserscheinungen gibt es nicht. Gottesnähe auf Knopfdruck auch nicht. Kein Stein, von Menschenhand errichtet, kann Gott dingfest machen. Gott bleibt ein Vagabund, der uns aufsucht, wenn er es wünscht. Alle Gebäude – von Menschenhand errichtet – blieben nicht dauerhaft Gottes Wohnsitz: Der prachtvolle Jerusalemer Tempel, den einst Salomo als Haus des Herrn baute, wurde zerstört. Heute erinnert nur noch die Jerusalemer Klagemauer an die einstige Pracht. Die Lade, die Mose und die Israeliten durch die Wüste begleitete und vor der einst König David nackt und ausgelassen tanzte, existiert nicht mehr. Synagogen wurden zerstört und auch christliche Kirchen stehen nicht für die Ewigkeit. Viele Gotteshäuser verwaisen, werden verkauft oder umgewidmet. Dennoch bleiben unzählige Orte auf dieser Welt, die von Gottes Gegenwart damals und heute Zeugnis ablegen.

Je länger ich Gott suche, desto mehr spüre ich: Mein Glaube ist nirgendwo so richtig zu Hause. Er nimmt mich mit auf die Wanderschaft. Und während dieser Wanderschaft stoße ich auf Zeichen Gottes in dieser Welt: Steine, Menschen, Geschichten, Erfahrungen. Gott begegnet mir immer wieder. Oft unverhofft, mal unerwartet. Ich habe ihn nicht gepachtet. Er steht nicht auf Abruf für mich bereit, wenn ich ihn brauche, und er verzieht sich nicht unauffällig in eine Ecke, wenn ich meine, ihn entbehren zu können. Der Gott Israels und Vater Jesu bleibt ein Vagabund, der mir

Mut und Kraft gibt, mich Tag für Tag in meinem Leben auf den Weg zu machen. Ich bin gewiss, irgendwann werden sich unsere Wege wieder kreuzen und ich darf wieder hören, was schon Abraham und Sara, Mose und Jakob, David und alle anderen Gottessucher immer wieder in ihrem Leben erfahren durften: Gott ist mit mir!

Barbara Manterfeld-Wormit wurde 1968 in Berlin geboren. Nach ihrem Studium der evangelischen Theologie in Berlin und Heidelberg unterrichtete sie als Katechetin in Frankfurt/Oder. Ihr Vikariat absolvierte sie beim Sender Freies Berlin und beim Evangelischen Rundfunkdienst und ist seither freie Autorin des RBB, Deutschlandradio Kultur, Deutschlandfunk sowie des Monatsmagazins »Chrismon.« Von 1999–2001 war sie als Deutschlandkorrespondentin für den Reformierten Pressedienst der Schweiz tätig. Als Pfarrerin für Privatfunk arbeitete sie von 2000 bis 2001 im Rundfunkdienst der Berlin-Brandenburgischen Landeskirche. 2001 erhielt sie den Predigtpreis des Verlags für die Deutsche Wirtschaft in Bonn. 2002 moderierte sie die Verkündigungssendung »So gesehen« auf SAT 1. Seit 2002 ist sie Pfarrerin in Berlin-Lankwitz. Seit Beginn des Jahres 2006 gehört sie zum evangelischen Sprecherteam der ARD-Sendung „Das Wort zum Sonntag“. Sie lebt mit ihrem Mann und ihren drei Kindern in Berlin.

Zur Untermiete im Haus der Künste

Gabriele Herbst

Liebe Lena,
dein Name stach mir ins Auge. Ich spürte, wie sich Staub über mein Herz breitete. Wieder und wieder buchstabierte ich deinen Namen in der mit Computer erstellten Liste der Kirchenaustritte vom vergangenen Jahr. Lena Römer, Jahrgang 1979, 2005 aus der evangelischen Kirche ausgetreten. Ich trat ans Fenster. Ich öffnete es mit Bedacht und atmete tief durch. Ich sah dich durch unseren Garten laufen, in dem du einst als Freundin unserer Kinder vielen Sommern entgegengerannt bist. Ich erinnerte mich an dein konzentriertes,

auch prüfendes Gesicht, wenn wir gemeinsam einen Jugendgottesdienst in unserer kleinen Stadtrandkirche in Magdeburg vorbereitet haben. Einmal hast du mir vorgeworfen, dass ich Gott hin und wieder zerreden würde. Du hattest Recht. Und ich habe mir deinen Vorwurf mit Rot auf die Pinnwand meines Herzens geschrieben.

Als ich dich vorgestern in deinem Studienort Göttingen anrief, um dir von meiner Traurigkeit über deinen Kirchenaustritt zu erzählen, hast du mir in deiner gewohnten Art zugehört. Du hast mich ausreden lassen. Du hast mir meine Traurigkeit nicht kleingeredet. Du hast die Pause nicht übergangen zwischen Rede und Antwort und erst danach hast du ruhig und bestimmt gesagt: Mein Glaube war nirgends mehr zu Hause, Gabi. Er hatte keinen Ort mehr, an dem er sich wohl fühlte. Wo ist denn deiner zu Hause, heute? Kannst du mir das aufschreiben? Willst du mir das aufschreiben? Ich kann und ich will es, Lena. Ich weiß allerdings nicht, ob es mir gelingen wird, weil das Reden über den Glauben etwas sehr Persönliches ist, ein Reden mit speziellen Vokabeln, die hin und wieder vom anderen nicht verstanden werden. Aber ich will mir beim Erzählen dein Gesicht vorstellen, deinen konzentrierten, prüfenden Blick. Das wird die Wortwahl klarer machen.

Mein Glaube, Lena, hat einen Haupt- und einen Nebenwohnsitz. Der Hauptwohnsitz ist das Pfarrhaus in Magdeburg-Nord, in dem über meinem Schreibtisch Fotos von meiner Familie hängen und eines von Bonhoeffer und eines von Mandela. Außerdem blicke ich, wenn ich mich nach rechts zur Wand neben dem

Fenster wende, auf einen schwarzen Christus, der seine Arme ausbreitet und so, durch seinen Körper ein Kreuz bildet.

Diesen Christus aus Ebenholz, dem ein Makondeschnitzer aus dem tansanianischen Ort Bagamoyo in meinem Beisein den letzten Schliff verlieh, habe ich vor Jahren gegen ein einfaches Holzkreuz aus meiner Kindheit umgetauscht. Ich hatte das Gefühl, dass ich aus dem Haus meines Kindheitsglaubens nach Glück und Schmerz nun wirklich ausgezogen war. Dies wollte ich auch durch ein Kreuz, zu dem ich selbst eine besondere Beziehung aufgebaut hatte, ausdrücken.

An meinem Schreibtisch sitze ich täglich, oft viele Stunden. Meistens liebe ich diesen Platz, weil er mir vertraut ist, mit den Büchern rundherum, von denen die Bibel in der Lutherübersetzung das zerlesenste Buch ist. Viele Seiten verunzieren Eselsohren, manchen musste ich mit Klebestreifen wieder Halt geben. Aber noch mag ich mir keine neue Bibel kaufen. In dieser Ausgabe stecken so viele Gesichter von Menschen, denen ich genau aus diesem Exemplar vorlas. Einen Trostpsalm im Krankenhaus, einen Dankespsalm zur Taufe, einen Text für ein Predigtgespräch. Meine Bibel riecht so vertraut, nach Schwarztee und Kaffee, nach Rotwein und ein bisschen auch nach Schokolade, die ich brauche, wenn mir das Auslegen von Bibeltexten schwerer fällt als Schneeschippen.

Ja, Lena, meistens liebe ich diesen Schreibtischplatz, an dem es für mich als Pfarrerin eine alltägliche Aufgabe ist, mir Gedanken über Glauben, über Religion zu machen. Mich zu fragen, was es bedeutet, heute mit und in Gott zu leben und zu sterben. Was es bedeutet, sich an Jesus zu orientieren. Was es bedeutet, sich nicht nur mit allem Sichtbaren zufrieden zu geben, sondern auf den Grund der Dinge zu tauchen und hineinzustaunen in die unvorstellbare Dimension unseres Weltalls.

Hier, an diesem Platz, in diesem Haus hat mein Glaube seinen Hauptwohnsitz. Da kommt es sogar vor, dass ich hin und wieder das Gefühl habe, dass Gott in meinem Korbsessel am kleinen Tisch hinter dem Schreibtisch sitzt, mir zuschaut und sagt: „Mach mal. Es ist wichtig, was du tust. Die Geheimnisse, die Ermutigungen und die Anforderungen des Lebens verstehen sich nicht von selbst. Sie müssen immer wieder neu gefunden, durchdacht und ausgedrückt werden. Dazu bist du da. Dazu habe ich dich ausgesucht." „Du hast gut reden", antworte ich Gott dann manchmal ein wenig flapsig. Doch ich sage es ohne Ärger. Denn ich bin mit mir und ihm im Einklang an meinem Hauptwohnsitz. Im Pfarrhaus am Neustädter See.

Aber alles, Lena, alles kann auch ganz anders sein mit mir, meinem Wohnen und meinem Zuhause. Ganz anders. Und mit diesem „ganz anderen" komme ich dir, wie ich mir vorstellen kann, deinen Zweifeln und deiner Heimatlosigkeit im Glauben sicher näher.

Manchmal laufe ich unruhig in meinem Hauptwohnsitz herum und halte es dort nicht mehr aus. Nicht am Schreibtisch und nicht mit einem freundlich ermutigenden Gott im Korbsessel. Dann möchte ich den Gekreuzigten von der Wand nehmen, weil ich das Gefühl habe, dass ich in meinem Leben schon zu lange und zu intensiv mit ihm das Zimmer teile. Dann blättere ich in der Bibel herum und meine, den Schlüssel zu ihr verloren zu haben und ihn vielleicht gar nicht mehr suchen zu wollen.

Als Eric, ein Sechsjähriger aus dem Wohngebiet, ertrank und sich Uwe aus meiner Theatergruppe von einem Sechzehngeschosser stürzte, habe ich ein weißes Tuch über den Gekreuzigten gehängt. Ich ertrug das Zeichen nicht, das Uwe bis zum Schluss als Kettenanhänger an seinem wund geschrieenen Hals getragen hatte.

Ja, Lena, solche Momente großer Heimatlosigkeit in meinem Hauptwohnsitz des Glaubens hat es viele gegeben. Den Beginn des Irakkrieges, den ich als so sinnlos und gottlos empfand und der doch maßgeblich von einem christlichen Politiker initiiert worden ist. Das Geiseldrama in Beslan, bei dem ich die Engel Gottes vermisste, die sich schützend vor die Kinder stellten, denen von Jesus doch das Himmelreich zugesagt ist. „Wo bist du Gott, wo bist du eigentlich?" schreie ich dann in meinem Haus herum. Dann hallt das Echo lästernd zurück: „Er ist nicht da. Ihn gibt es nicht! Alles nur Einbildung. Du hättest deine Lebenszeit besser verbringen können, Pfarrerin!"

Vielleicht warst du, Lena, damals, als du zum Notar liefst, um aus der Kirche auszutreten, in einer ähnlich verzweifelten Situation wie ich. Eine Situation, die der Glaube, das ist meine tiefe Überzeugung, keinem Glaubenden erspart. Manchmal ist man grausam allein mit seiner Gottsuche, mit seinen Fragen und Zweifeln.

Oder glaubt man sich nur allein? Gibt es gar keine gottlosen Orte?

Ich habe jahrelang nach einem Ort gesucht, der meinem Glauben eine Zusatzheimat schenkt, wenn mich das Leben in meinem Hauptwohnsitz ausdörrt und mir fremd erscheint. Und ich habe diesen Ort gefunden: Ein Zimmer zur Untermiete im Haus der Künste. Ich kann dir die Adresse dieses Hauses nicht benennen. Aber ich kann es dir genau beschreiben und dir als Geheimtipp anempfehlen.

Das Haus ist blau, wie der Himmel. Wie das Meer. Blau wie die Chagallschen Glasfenster in der Stephanskirche in Mainz oder wie das kleine blaue Pferd von Franz Marc, bei dessen Betrachtung alle Zweifel, ob man Pferde blau malen dürfe, weil es doch gar keine blauen Pferde gibt, verfliegen. Das Haus ist blau. Und Picasso lacht aus einem Fenster des ersten Stokkes und ruft: Blau ist „... das Beste, was es in der Welt gibt. Sie ist die Farbe aller Farben. Die blaueste von allen blauen.“ Ich verstehe nicht so ganz, was Picasso eigentlich meint. Aber das geht mir in jedem Zimmer und in jedem Stockwerk dieses Hauses so. Hier muss ich nicht zuerst verstehen. Hier muss ich nicht alles in einen Zusammenhang bringen können. Hier muss ich nicht zuerst deuten und übersetzen. Hier kann ich fühlen und hören und singen und malen und lachen und weinen. Ja, weinen auch. Endlich auch weinen.

„Hallo“, empfängt mich Janosch, „bist du wieder da?“ „Willst du auf der Zauberfiedel spielen und die große Angst kleiner machen?“ Und Mozart, der oft unmotiviert kichert, wenn ich wieder einmal im blauen Haus anlande, wird still und nachdenklich, wenn ich ihm von Eric und von Uwe erzähle. „Ich habe Musik gegen die Gespenster der Nacht geschrieben“, sagt Mozart. „Setz dich hin, hör zu. Musik vertreibt Gespenster.“

Eigentlich bin ich in meinem Zweitwohnsitz nie allein, die Türen zueinander kann man dort offen lassen –

und seltsamerweise stört sich niemand am anderen. Die Komponisten und Maler und Schriftsteller und Bildhauer scheinen wie Puzzleteile zu sein, die einander bedingen, einander brauchen, ohne ineinander eingefügt sein zu müssen. Und ich bin ein Teil am Rand.

„Hast du was geschrieben", fragt mich Bobrowski, „ein Gedicht, wirklich ein dichtes und nicht so ein löcheriges?"

„Ich kann nicht dichten, in diesem Moment", antworte ich. „In mir ist alles löcherig, alles ziemlich zusammenhangslos. Gott, ich, die Kirche, meine Aufgabe ..."

„Na und?" meint Paula Modersohn-Becker, „wo ist das Problem? Das ist Leben! Zusammenhänge haben und Zusammenhänge verlieren. Gott suchen und verlieren. Den Weg wissen und in einer Sackgasse herumirren. Komm in mein Zimmer. Ich gebe dir Farben, dunkle Farben, wenn du magst, und dann kannst du dir deine Traurigkeit und deine Fragen von der Seele malen."

Mein blaues Haus. Mein kleines Zimmer darin. Wenn ich mich auf meiner Liege im Zimmer ausbreite, höre ich Brahms musizieren: „Selig sind, die da Leid tragen, denn sie sollen getröstet werden." Ich werde ganz ruhig. In mir entwickelt sich durch die Musik zu den Worten keine Abwehr gegen den Inhalt, der mir an meinem Hauptwohnsitz hin und wieder fragwürdig erscheint.

Als Rose Ausländer mir anbietet, mit ihr einen Tee zu trinken, freue ich mich sehr. Mit ihr, der Jüdin, kann ich über unseren gemeinsamen Gott sprechen, der es uns nicht erspart, hin und wieder, oder sogar sehr oft, heimatlos zu sein. „Lies dieses Gedicht", sagt Rose Ausländer. Ich denke, du kannst es verstehen. Und ich lese und ich lese.

Vergiß deine Grenzen.
Wandre aus.
Das Niemandsland Unendlich
nimmt dich auf.

Mein blaues Haus. Mein Zweitwohnsitz für mich und meinen Glauben.

Niemals treffe ich immer die gleichen Künstler darin an. Ich glaube, sie wohnen dort alle – und abwechselnd – auch nur zur Untermiete. Ich weiß nicht einmal, wem das blaue Haus gehört. Den Vermieter habe ich noch nie persönlich kennen lernen können, weil niemand seinen Namen und seine korrekte Adresse kennt. Wir machen uns natürlich Gedanken über unseren Vermieter. Aber wir halten uns meist nicht lange bei unseren Vermutungen auf. Wir freuen uns stattdessen nur, dass er dieses Haus für Heimatlose zur Verfügung stellte.

„Er gab uns die Farbe Blau", lachen die Maler. „Er gab uns ein Haus mit Schrift an der Wand", schreiben die Schriftsteller. „Er gab uns ein Haus voller Töne", summen die Komponisten. „Gloria, Gloria, Gloria ...", singt Mozart. Und Bach, wie nicht anders zu erwarten, verstärkt den Gesang.

Immer wenn ich aus meinem Nebenwohnsitz des Glaubens in mein Pfarrhaus am Neustädter See zurückkehre, fühle ich mich gereinigt, gestärkt und voller neuer Energie. Ja, das sind die richtigen Worte: gereinigt, gestärkt und voller neuer Energie. Staub ist von meinem Herzen und von meiner Haut gewichen. Ich höre wieder Musik in mir. Ich habe neue Gedanken, um meinen Glauben für andere auszudrücken. Ich finde im blauen Haus andere Farben und andere Symbole für Gott, die mir, wenn ich es monatelang nicht aufsuche, fehlen. Ich bringe Geschichten mit, die die Geschichten meiner biblischen Tradition ergänzen und sie in ein ungewohntes Licht setzen.

Und ich weiß – nach einem Aufenthalt in meinem Zusatzzuhause – immer wieder ganz neu, was für ein filigranes Gebilde der Glaube ist. Ich habe ihn nicht – ich habe ihn niemals. Aber ich darf so leben, als hätte ich ihn. Künstler haben mehr Erfahrung in solcher Lebensweise. Das Entstehen ihrer Kunst hat so viel Ungewisses, so viel Unberechenbares Doch sie leben und arbeiten mit diesem Risiko. Trotz alledem, wie Rosa Luxemburg sagte, die ja auch eine wundervolle Schriftstellerin war. Und dennoch, wie es der Psalmbeter in Psalm 73 voller Vertrauen singt.

Ich hätte mich so gefreut, Lena, wenn du mit mir, bevor du den Weg zum Notar gegangen wärst, deinen Schritt besprochen hättest.

Menschen wie dich brauchen wir doch dringend in der Kirche. Menschen, die Angst davor haben, dass Gott zerredet wird oder dass die Kirche nicht mehr nah genug bei den heutigen Fragen der Menschen steht. Wir brauchen Menschen, die konzentriert zuhören können und eine Pause vor einer Antwort einlegen. Man muss keine Heimat im Glauben haben, um in der Kirche am richtigen Platz zu sein. Nur ein Suchender oder eine Suchende, das sollte man sein ... Und ich kann mir nicht vorstellen, dass du das Suchen aufgegeben hast.

Ob wir ein Gespräch über deinen Schritt – und darüber, wie ich ihn erlebe – nachholen können?

Ich unterschreibe diesen Brief mit einem blauen Faserstift. Du weißt nun, warum. Komm mich besuchen. In meinem Hauptwohnsitz oder in meinem Zimmer zur Untermiete. Du wirst Mozart singen hören. Sehr wahrscheinlich in diesem Jahr. Aber vielleicht musiziert auch jemand ganz anderes. Du wirst das Meer hören. Und durch die Fenster den Himmel sehen.

Deine Gabi

Gabriele Herbst wurde 1946 in Leutersdorf/Oberlausitz geboren. Nach ihrem Abitur ging sie 1965 nach Berlin, um am dortigen Sprachenkonvikt Evangelische Theologie zu studieren. Nach ihrem Vikariat in Dresden und Zörbig bei Halle wurde sie 1978 in Magdeburg ordiniert. Seither ist Gabriele Herbst Pfarrerin in Magdeburg, vor allem in Magdeburg-Nord, einer großen Plattenbausiedlung. Neben ihrer Gemeindetätigkeit arbeitet sie als Ausländerbeauftragte des Kirchenkreises und künstlerische Leiterin des kreativen Zentrums »Cafe Krähe«. Von 1992 bis Anfang 1999 war Gabriele Herbst Sprecherin des »Wortes zum Sonntag«. Seit 2001 arbeitet sie bei kirchlichen Sendungen im Deutschlandfunk und im Deutschlandradio Kultur mit. Seit der Wende ist sie Texterin und Regisseurin des Jugendkabaretts W.I.R. der evangelischen Hoffnungsgemeinde. Gabriele Herbst ist verheiratet und hat zwei erwachsene Kinder.

Hinter dem Notenpult

Klaus Möllering

Plötzlich packte ihn Nervosität. Die Finger wollten nicht so recht, sie rutschten kalt und wie aus Gummi auf dem Griffbrett des Cellos hin und her. Und dieses Lampenfieber war sicher nicht zu überhören, fürchtete er, dieses leichte Zittern, das nicht wie das volle Vibrato klang, das sein Continuospiel zur routinierten Stimme des Baritons beizutragen hatte. Bis dahin war alles gut gelaufen in diesem Konzert des Schulorchesters – bis jetzt, als er zum ersten Mal eine solche Solistenpartie spielen musste. Jetzt waren es nur sie drei, auf die sich alle Augen und Ohren richteten: der Sänger, ein erfahrener Profi. Dann das Cembalo, das ein Lehrer spielte. Und er, der siebzehnjährige Schüler, hinter seinem Notenpult – Ton für Ton tastete er sich vorwärts. Und dann war er auf einmal doch in die Musik eingetaucht. Merkte, wie die Töne allmählich trugen, wie die musikalischen Phrasen zu leuchten begannen, wie das Cello auf den Tenor antwortete und seine dunkle Klangfarbe in die Harmonie einbrachte, die aus jedem Takt dieser wunderbaren Musik sprach.

Der anschließende Beifall machte ihn ganz benommen – und erleichtert. Aber noch viel glücklicher machten ihn die Worte des Sängers, der sich für das schöne Zusammenspiel bedankte – er spiele selbst auch Cello und wisse es daher besonders zu schätzen. Was für ein Lob – und was für ein Glücksgefühl, noch lange danach.

Um es gleich vorwegzunehmen: Dieser Siebzehnjährige war kein Wunderkind, sondern ein musikalisch ganz normal begabter Amateur. Also keiner, der mit absolutem Gehör oder der Entschlossenheit, ein Star zu werden, die Konzertsäle erobern wollte und für den der Platz hinter dem Notenpult schon gleich der Himmel auf Erden war.

Auch wenn dieser erste aufregende Konzertauftritt schon lange zurückliegt, erinnere ich mich noch genau daran. Bis heute bin ich als Cellist ein solcher Amateur geblieben, der unverändert gern hinter einem Notenpult sitzt: im Orchester, im Quartett, im Trio – oder auch allein, mit den Noten vor mir. Und trotz meiner Liebe zur Musik kann ich mich noch gut erinnern an mein Schimpfen in der Anfangszeit über das tägliche Üben. Bis heute bin ich allerdings dankbar für diese neue, ganz eigene Welt, die sich mir bald darauf eröffnete. Auch wenn sie zunächst mal nicht größer erschien als ein ganz normales Schulorchester.

Dazu zu gehören, war jedoch damals keineswegs normal. Es war die Zeit, in der man mit Jimi Hendrix dazugehörte, aber nicht mit Haydn. Eine Zeit, in der alles von den Beatles zählte, aber doch nichts von Bach! Wer wollte dafür schon, neben all der täglichen Überei, Samstag für Samstag nach den regulären Schulstunden noch zwei zusätzliche Orchesterprobenstunden aufbringen? Da gehörte man schnell zu einer etwas absonderlichen Minderheit. Mit großer Geste wurde damals überall als altbacken aussortiert, was zum traditionellen Bildungskanon und zur allzu bürgerlichen Kultur zählte. Das ging in den Kirchen nicht sehr viel anders zu – und hatte da auch seinen Grund und seine Berechtigung, wie ich rückblickend finde. Aber während sich die Kirchen häuteten und die Kirchentage wieder einen Aufschwung erlebten, während politische Nachtgebete, Beatmessen und liturgische Nächte Einzug in die Gotteshäuser hielten, kehrten ihnen zugleich dennoch viele den Rücken zu. Bald nach der Konfirmation, irgendwann nach der Pubertät oder einem vergleichbaren Neuentwurf des eigenen Lebens gingen viele auf Distanz zur herkömmlichen Frömmigkeit, empfanden das gewohnte Gemeindeleben als allzu festgefahren, wenn nicht gar fern und fremd. Und auch mir erschien damals manches daran fremd und fragwürdig. Aber gerade in diesen Jahren hat mich, ohne dass ich es gemerkt habe, die Musik Wesentliches für meinen Glauben gelehrt.

Nicht, dass ich sie als Religionsersatz genommen hätte. Das eine, mein Glaube, schien mir rein gar nichts mit dem anderen, mit der Musik gemein zu haben. Obwohl – sie brachte mich mit immer neuen Menschen zusammen und verband schon bald eine ziemlich vertraute Gemeinschaft, die regelmäßig hinter den Notenpulten miteinander blies und strich und dafür täglich ihre Finger über Tasten oder Griffbretter eilen ließ. Ob Streichquartett oder Schulorchester – immer wieder vereinten uns Proben und Konzerte, das Lampenfieber vor dem Auftritt genauso wie das Feiern hinterher. Alle, die regelmäßig gemeinsam Musik machen – ob im Orchester oder als Sänger in einem Chor, ob im Posaunenchor oder in einer Band – erleben vermutlich ähnlich, wie diese gemeinsame Vorliebe zusammenschweißt. Wie sie feste Ziele und Zeiten setzt. Wie man sich ganz selbstverständlich nach einer Person richtet, die leitet, fordert, alle miteinander zu beglückenden gemeinsamen Erfahrungen und Leistungen bringt und einem Fähigkeiten und Seiten zeigt, die man allein für sich sonst nie kennen gelernt hätte. Selbst große Abstände von Alter und Erfahrung ließen sich durch die gemeinsame Sprache der Musik überbrücken, wie mir mein erstes Konzert nachdrücklich gezeigt hatte.

Und so übte ich damals wie selbstverständlich all das ein, was in der gleichen Zeit in der Religion immer mehr aus der Übung geriet: gemeinsame und verbindliche Zeiten, die Fraglosigkeit fester Formen, von der Stille und der Konzentration bei den Proben bis zum feierlichen Schwarz beim Konzert, das beharrliche Üben, das aufmerksame Hören aufeinander – und auf das, was zwischen allen schwang und es möglich machte, sich immer wieder neuer Musik zu öffnen und sich darin einzuleben. Lange ist mir gar nicht aufgefallen, wie sehr sich Musik- und Glaubenswelt gleichen. Natürlich hatten sie eine lange gemeinsame Geschichte in früheren Zeiten, jede Kantate, jedes Oratorium, jedes Requiem und noch jedes Kirchenlied zeugt davon. Aber im Musikbetrieb unserer Tage gibt es sogar noch merkwürdigere Parallelen, fand ich damals heraus. Selbst so etwas wie Konfessionen gab es da: Die einen hatten nur Ohren für klassische Musik, die anderen begeisterten sich allein für Jazz, die dritten liebten nur Folk und wieder andere bekannten sich zur Rockmusik. Ich hatte schon immer mehr Neugier als für nur eine Richtung und hörte mich im Laufe der Jahre quer durch all diese musikalischen Kulte und Kulturen.

Und auch wenn ich, wie so viele in dieser Zeit, auf Distanz zum christlichen Glauben lebte, wenigstens für eine Weile, schlug die Musik, gerade die geistliche Musik, dazu immer wieder eine Brücke. Nicht von ungefähr sind die Kirchen, die das Jahr über kaum ein Prediger komplett füllen kann, voll, wenn Menschen Bachs Weihnachtsoratorium hören wollen, Händels Messias, die Matthäus- oder die Johannespassion. Dahinter steht, davon bin ich überzeugt, nicht nur Kulturbeflissenheit, sondern der Versuch, in Kontakt zu kommen mit dem, was einem mit dem Verstand letztlich unbegreiflich bleibt. In der Musik wird es hörbar und rührt an die eigene Seele.

Ich hatte früh ein erstes Fundament für meinen Glauben – vom Kindergottesdienst bis zum Gute-Nacht-Gebet mit den Eltern. Darauf ließ sich aufbauen, so zunächst mit den Geschichten und Bildern aus der großen Doré-Bibel, die von all den Erfahrungen erzählten, die Menschen damals mit Gott gemacht haben. Später dann versuchte ich eigene Schritte hinein in den Raum des christlichen Glaubens: die dicken Mauern der Tradition abklopfen, sich dennoch geborgen fühlen unter einem Dach von Gebeten und Gesten, mit denen sich die Sehnsucht von Menschen nach Gott bis heute ausstreckt und ihm Gestalt gibt. Immer wieder stoßen die Geschichten um das Leben und das Sterben des Jesus aus Nazareth ein Fenster auf; Geschichten, die auf so menschliche und manchmal auch so rätselhafte Weise von seiner Liebe zu uns Menschen erzählen. Aber damit aus diesem Glaubensgebäude auch wirklich ein Zuhause wird, nicht nur eine Adresse auf Zeit, muss man es sich, so erfuhr ich, auch selbst als Heimat suchen.

Und die wird manchmal gerade aus der Entfernung, zum Beispiel in der Fremde erkennbar. Wieder half mir die Musik dabei. Mein Cello hatte mich auch in das Jahr als Austauschschüler begleitet. Vieles war mir fremd dort in den USA und wurde mir erst langsam vertraut. Manches an dem, was dort in den Kirchen selbstverständlich ist, lässt mich bis heute den Kopf schütteln: von der amerikanischen Fahne in jedem Altarraum bis zur ebenso unübersehbaren Erfolgsversessenheit und Erwählungsgewissheit, die einem aus der dortigen Frömmigkeit oft entgegenweht. Aber angesprochen und beeindruckt haben mich viel mehr die Menschen, die glaubwürdig und überzeugend mit ihrem Glauben lebten, damit ernst machten und dennoch so viel fröhlichere Gottesdienste feierten, als ich es von Zuhause in Erinnerung hatte. Und ich konnte auf sie hören, weil auch sie bereit waren, zu hören. Zum Beispiel auf eine der berühmten Cello-Solosuiten von Johann Sebastian Bach.

Wie oft hatte ich diese Musik geübt, selbst in sie hineingehorcht, so wie man einen ehrwürdigen alten Text, einen Bibeltext etwa, gründlich liest. Dann wieder geübt. Und jetzt hörten sie zu, hier im Mittelwesten, in dieser zweckmäßigen, halb wohnlichen, halb würdevollen Kirche mit ihrem Teppichboden und der trotz ihrer Vorzeigepfeifen doch elektronischen Orgel. Hörten, was ich ihnen von dieser Musik weiterreichen konnte. Im Gottesdienst war es ein nachdenklicher Brückenschlag von der Predigt bis zu den Fürbitten. Für mich war es zudem ein Brückenschlag zwischen meiner und der dortigen Kultur. Eine Heimat finden heißt ja auch Grenzen zu überwinden. Ein solcher Brückenschlag, eben zu diesen anderen Christen, mit denen mich Bibel, Kreuz und Bekenntnis einte, weitete jedenfalls meinen Horizont.

Ich fühlte mich bald nicht mehr so fremd. Vielleicht weil ich schon damit die Grenze dessen überschritten hatte, was sonst unter Protestanten üblich ist. In anderen Spielarten des Christentums ist das so viel selbstverständlicher: Nämlich das Pflänzchen der eigenen Erbauung beharrlich zu hegen und pflegen, auch wenn man es selbst nicht allein in der Hand hat, damit die eigene Seligkeit zur Blüte zu bringen.

Sicher – das Streben danach, sich selbst eine Glaubensheimat zu schaffen, hat seine Grenzen. Viele leben damit wie Mieter, investieren nichts Eigenes, ziehen aus dem einen Glaubensgebäude aus und wollen einfach so umziehen in einen anderen Glauben – oder bleiben, etwas trotzig, eben unbehaust. Und vielleicht ist es ja wirklich am Ende so, wie es der Apostel Paulus in seinem Brief an die Philipper schreibt: Unsere Heimat, unsere endgültige Heimat ist im Himmel. Aber bis dahin lässt Gottes Güte uns immer wieder erfahren, wo wir mit unserem Glauben unterschlüpfen und auch hier ein Zuhause finden können. Manchmal, finde ich, lässt sich, wenn auch nur kurz, eben mit einem Notenschlüssel der Himmel einen Spalt weit öffnen.

Martin Luther wusste, dass besonders die Musik gottgefällige Freude schafft und des Teufels Werk zerstört. Mit dem Musizieren wird Zorn und Mord verhindert und das Herz weit und bereit gemacht für das göttliche Wort. „Was findest du wirksamer als die Musik, die Traurigen zu trösten, die Fröhlichen nachdenklich zu machen, die Verzweifelten zu ermutigen, die Überheblichen zu demütigen, die Leidenschaften zu beschwichtigen?“ fragte er.

Bei mir war es so, dass die Musik sogar einmal mein Leben bewahrt hat. Zumindest sorgte sie dafür, dass ich nicht in völlige Verzweiflung versank. Nach einigem Hin und Her war ich als Wehrpflichtiger bei der Bundeswehr gelandet, obwohl ich eigentlich von Anfang an den Dienst mit der Waffe verweigern wollte. Aber erst als ich in einer Uniform steckte, mit Drill und Druck herumkommandiert und an den verschiedenen Waffensystemen ausgebildet wurde, wurde mir endgültig klar, dass ich dies auf keinen Fall mitmachen konnte. Auch die langen Gespräche mit einem Militärpfarrer halfen zu meinem Entschluss, dass ich keinen Menschen töten wollte, auch nicht als Soldat. Ich wusste, vor dem damals noch üblichen strengen Prüfungsausschuss für Wehrdienstverweigerer würde die ganze Logik gegen mich stehen, die von Selbstverteidigung und von Verantwortung spricht, von der Pflicht, andere,

Schwächere und Wehrlose vor Gewalt zu bewahren, notfalls auch mit Gewalt. Und ich wusste zugleich, dass ich als Christ einer gewaltlosen, einer völlig anderen Friedenslogik folgen wollte.

Bis zu dieser Gewissensprüfung musste ich weiter in der Kaserne bleiben. Und die Wochen bis dahin drückten mir fast die Luft ab. Ich hatte das Gefühl, dass zwischen diesem Entweder-Oder für mich kein Raum mehr blieb – hätte ich nicht eine leer stehende Stube für mich und mein Cello gehabt. Ein bärbeißiger alter Hauptfeldwebel, der meine Verweigerung eigentlich völlig unverständlich fand, hatte dennoch ein Einsehen. Und so saß ich dann stundenlang an Wochenenden und auch sonst in der dienstfreien Zeit und erspielte mir einen Freiraum. Sicher – mein Gewissen, mein Glaube zeigten mir meinen Weg. Aber den Mut dafür fand ich damals in dem Raum, den mir die Musik verschaffte. Eine Zuflucht, die mich mit jeder Tonleiter und über jede Melodie wieder mehr atmen ließ, mir half, den nächsten Tag durchzustehen, den danach und dann noch einen. Denn ich wusste, ich hatte etwas, was wenigstens für eine Zeit die unbeugsame Logik von Gewalt oder Gegengewalt, die Ausweglosigkeit zwischen ihr oder völliger Gewaltlosigkeit machtlos machen würde: Musik. Mir blieb ein Freiraum – der Platz hinter dem Notenpult.

Damals war die Musik ein Ausweg, nicht zwischen der einen und der anderen Logik zerrieben zu werden. Sehr viel später erst, nachdem ich Theologie studiert hatte und dieses große Testgelände für die Antworten nach dem Sinn des Lebens erkundet hatte, ist mir aufgegangen, dass es vielen Menschen ähnlich geht mit den Widersprüchen der theologischen Logik. Vor Ostern, in der Passionszeit wird der Raum zwischen den unterschiedlichen Antworten auf die Frage nach der Kreuzigung Jesu am engsten. Warum dieser schreckliche Tod?

Gott, der sich in den Tod gibt. Und Gott, der das Leben will. Gott, der einen Menschen, der wie kein anderer für ihn stand und von ihm sprach, auf furchtbare Weise sterben ließ – für mich, so wird die Tradition seit Paulus nicht müde, mir zu versichern. Aber es ist dennoch kein Gott, der Blut und Gewalt bräuchte, um seinen Frieden mit uns Menschen zu machen. Kein Moloch, der sein grausames Opfer will, sondern ein bis in den Tod mitleidender Gott. Widersprüche, die meinen wie den Glauben vieler anderer Menschen oft ans Zerreißen bringen. Wie kann ich diese gegensätzlichen Wahrheiten zusammen hören, wie kann ich mir das Tröstliche daran, nicht das Schreckliche, zu Herzen nehmen? Für mich klingt eine Antwort jenseits unserer begrenzten, menschlichen Logik immer noch, immer wieder aus der Musik, die der manchmal leichthin als fünfter Evangelist bezeichnete Johann Sebastian Bach dazu schrieb.

Den Pappelreihen am Niederrhein, durch die wir fuhren, nahm der Herbstwind gerade ihre Blätter. Und auch die Themen, über die meine Großmutter mit mir während dieser Fahrt sprach, waren sozusagen Herbstthemen. Fragen, die ihr vermehrt der Herbst ihres Lebens stellte. Ich dagegen studierte seit ein paar Semestern Theologie und war stolzer Führerscheinbesitzer. Damit hatte ich die ehrenvolle Aufgabe, die alte Frau nach Norderney zu fahren, wo sie so oft mit ihrem Mann Urlaub gemacht hatte, als der noch lebte – und nun erholte sie sich eben allein, in der Nachsaison.

Wir hatten genug Zeit, miteinander über die bewegten Zeiten ihres Lebens zu sprechen, die hinter ihr lagen: Zwei Weltkriege, drei Kinder, davon der Älteste als junger Soldat in Russland gefallen. Damals hatte auch ihr Mann als Soldat seine Gesundheit eingebüßt – und seine Hoffnung, dass die Menschheit irgendwann dazulernt und klüger wird.

Manchmal sah die Sonne kurz durch den fahlen Herbsthimmel und auch aus den Erinnerungen meiner Großmutter leuchtete dann mehr Licht und Wärme: ihre fröhlichen Studentenjahre in Köln, damals gleich nach dem ersten großen Krieg, als Frauen in den Hörsälen noch die große Ausnahme waren. Die schönen Reisen mit ihrem Mann, damals nach Spanien – der wunderbare Duft der Orangenbäume nachts. Und dann der neue Schrecken, als im Rheinland wieder der Gleichschritt einzog, Deutschland wieder in Uniformen gesteckt wurde und die Bombennächte einen allzu bald lehrten, wie schnell es mit einem zu Ende gehen kann.

Und über den Trost sprachen wir, der gerade in solchen Zeiten immer wieder aus der Musik klingt. Wie sehr sie daran hing, an dem Schlusschoral der Johannespassion etwa, jenem zu Herzen gehenden „Ach Herr, lass dein lieb Engelein, am letzten Tage bei mir sein“, auch wenn die Worte eigentlich kaum ankämen gegen so manche Schrecken des Lebens, auf die sie zurückblicke. Das sei für sie der Inbegriff von Trost, seit sie es zum ersten Mal gehört und später auch mitgesungen habe.

Und dann stellte sie mir diese Frage, von der ich bis heute nicht weiß, ob sie damit mehr dem jungen Theologen auf den Zahn fühlen wollte oder doch mehr für sich selbst auf eine alte Frage immer noch eine Antwort suchte. Vielleicht schwang beides in ihrer Frage mit: „Wie ist das eigentlich mit den Fehlern in meinem Leben? Ihr Theologen sagt dazu ja ‚Sünden'. Immer wieder höre ich vor dem Abendmahl, dass sie mir vergeben werden. Und genauso oft höre ich, dass Jesu Tod Gott mit den Menschen versöhnt hat. Was stimmt denn nun – die Versöhnung? Dann bräuchte ich doch nicht immer wieder neu Vergebung? Oder ich brauche diese Vergebung immer wieder – dann stimmt doch was nicht mit der Versöhnung!"

Während ich mich am Lenkrad festhielt, suchte ich in all den gelehrten Theologenworten, die mir bis dahin begegnet waren nach passenden Antworten auf diese schwierige Frage meiner Großmutter. Ich fühlte mich geehrt von ihrer Ehrlichkeit – und zugleich doch recht hilflos. Und merkte dann, wie trocken die theologischen Antworten darauf eigentlich klangen, diese Worte von Buße und Reue, von der menschlichen Erb- oder Ursünde und demgegenüber das Heilswerk Christi, das den Menschen nicht verdammt sein lässt, so zu bleiben wie er ist. Wie all diese Worte ohne einen menschlichen Klang dann doch rasch ins Leere fielen.

Meine Großmutter ließ mich, gnädigerweise, nicht merken, wie dieses Examen in ihren Augen ausgefallen war. Vielleicht war eine solche Aufgabe auch einfach noch zu viel gewesen für mich. Wie sollte ich mit meinen paar Semestern Bücherwissen schon gegen ihre beträchtliche Lebenserfahrung ankommen?

Ich würde heute, mit meinen eigenen Lasten im Lebensgepäck, in einer ähnlichen Situation wohl einfach noch einmal nachfragen. Mir Genaueres erzählen lassen von den Fehlern eines Lebens – und dem Bemühen, dagegen anzukommen. Denn ich glaube, dann würde bald deutlicher, wie sehr eben beides stimmt, die Vergebung und die Versöhnung. Wie sehr Menschen beides brauchen und wie der Glaube der Christen von solch entgegengesetzten Wahrheiten durchzogen ist – und gerade von den Spannungen zwischen ihnen lebt. Das macht seine Größe und seine Abgründe aus – und auch seine Lebensnähe, weil beides stimmt. Wie es eben oft ist im Leben: Eine Wahrheit lässt sich nur selten gegen die andere verrechnen oder ausspielen. Ebenso wie die Brüche und Halbheiten eines Lebens nicht den tapferen Versuch diskreditieren, mit der einen Wahrheit zu leben und gegen die andere anzukämpfen, genauso wenig kommt man jedoch nach all meiner inzwischen gewachsenen Lebenserfahrung allein mit dieser Tapferkeit zurecht.

Sie wird es damals sicherlich gemerkt haben, meine Großmutter; vermutlich hat sie es ohnehin schon gewusst: Worte allein können diese Spannung nicht überbrücken. Es braucht eine besondere Himmelsmacht, die eine andere Wirklichkeit aufschließt. Erst dann bringen auch solche widersprüchlichen Glaubensworte etwas zum Klingen – sie sind unterschiedliche, mal tröstliche und mal verstörende Obertöne des gleichen Grundtons. Es braucht unsere Musik – sie ist das Echo von Gottes Barmherzigkeit.

Klaus Möllering wurde 1953 in Köln geboren und wuchs im Rheinland auf. Er studierte Evangelische Theologie in Berlin und Bonn. Nach dem Vikariat dort arbeitete er von 1984 bis 1986 in Hörfunk- und Fernsehredaktionen des WDR. Danach war er einer der beiden evangelischen Rundfunkbeauftragten beim WDR. Seit 1994 ist er der evangelische Senderbeauftragte für Deutschlandradio und Deutsche Welle. Klaus Möllering lebt in Berlin, ist verheiratet und hat zwei Töchter.

Ein Museumsbesuch

Hans–Jürgen Benedict

> „Tut mir auf die schöne Pforte,
> führt in Gottes Haus mich ein.
> Ach, wie wird an diesem Orte
> meine Seele glücklich sein.
> Hier ist Gottes Angesicht,
> hier ist lauter Trost und Licht."

Benjamin Schmolcks Kirchenlied habe ich schon als Sechsjähriger im Kindergottesdienst gesungen. Wenn wir unter Orgelklang in die Kirche einzogen, auf den von Kerzen strahlenden Altar zu, war das ein magischer Moment. Das Glück göttlicher Gegenwart in der gemeinschaftlichen Ergriffenheit von Abendmahl, Gebet und Gesang zu erleben ist seitdem meine religiöse Grunderfahrung. Bis an mein Lebensende wird sie wichtig bleiben. Doch diesen Glücksmoment gibt es für mich auf andere Weise auch an Orten der Kunst, im Konzertsaal, in der Oper, im Schauspielhaus, und – ja, auch im Kunstmuseum.

Träume oder wache ich? Eine Frau im Licht der aufgehenden Sonne, auf deren Wangen sich die ersten Strahlen abzeichnen. Sie trägt ein rotes Kleid und einen blauen leuchtenden Umhang. Vor ihr ein wunderbares Kind, das das Sonnenlicht begrüßt. Über den beiden ein weiß blühender Tulpenbaum. Eine fremde Landschaft im Morgenlicht.

Wenn ich dies vor mir sehe, bin ich im Museum. Ich gehe gerne dorthin. Es ist für mich ein Ort der Augenlust und der ästhetischen Erkenntnis; im Anschauen des Schönen ereignet sich ein Stück Himmel auf Erden. Ja, mit dem englischen Literaturwissenschaftler George Steiner bekenne ich, die großen Kunstwerke im Museum sind Zeichen realer Gegenwart des Göttlichen. Was sie uns durch Farbe und Gestaltung an Gefühl, Sinn und Seligkeit mitzuteilen vermögen, beruht letztlich, so glaube ich, auf der Anwesenheit von Transzendenz.

Im Museum kann ich verweilen und im Anschauen der Bilder ganz Verschiedenes tun. Mich über Gelungenes freuen, etwas Neues entdecken, vor dem Bild meditieren. Und danken, dem Künstler als dem Mit-Schöpfer Gottes danken, der diese kleine Bildwelt geschaffen hat. Gott danken, der besonderen Menschen diese Fähigkeit gegeben hat. Je tiefer ich in ein Bild eindringe, umso stärker überkommt mich eine Stimmung, die Goethe in der Marienbader Elegie „heiteren Frieden“ nennt; sie sei vergleichbar dem Frieden Gottes, von dem Paulus im Philipperbrief sagt, er sei höher als alle Vernunft.

Es ist Donnerstagnachmittag. Ich bin wegen einiger Besorgungen in die Stadt gefahren. Dem Gedränge im Kaufhaus entronnen, habe ich noch eine halbe Stunde Zeit bis zum nächsten Termin. Kurz entschlossen schlage ich den Weg zum Museum, zur Kunsthalle ein, um eines meiner Lieblingsbilder zu betrachten. Auf dem Weg dorthin habe ich mir schon oft Gedanken gemacht über die Geschichte des Museums und ihren Zusammenhang mit der christlichen Kunst. Das Wort „Museum“ stammt vom griechischen Museion. Das ist der Musensitz oder eben der Musentempel, ein Ort, wo die schönen Künste ausgeübt und verehrt werden. Das heutige Museum für bildende Kunst ist – so viel anders nicht – eine neuzeitliche Kultstätte, ein Ort der andächtigen Betrachtung schöner Bilder. Es steht damit in Konkurrenz zu den Kirchen, die mit ihren Kunstwerken ebenfalls zur Andacht einladen. So die an meinem Wege liegende Hauptkirche St. Petri. Sollte ich nicht lieber hier vor der schlichten gotischen Marienstatue oder der Kreuzigungsgruppe aus dem 19. Jahrhundert meine Andacht verrichten, wie das einige konsumgestresste Passanten gerade tun? Etwas schlechtes Gewissen habe ich schon, als ich an der Kirche vorübergehe. Immerhin könnte ich mich damit rechtfertigen, dass der berühmte Meister-Bertram-Altar, der früher in der Petrikirche stand, jetzt in der Kunsthalle zu bewundern ist. Es ist schon wahr – bei allen Vorzügen der Reformation sind unsere protestantischen Kirchen in Norddeutschland mit der Abschaffung des Marienkults doch recht nüchtern geworden.

Ich denke zurück an einen Besuch einer der schönen süddeutschen Barockkirchen im letzten Sommer. Welch ein wunderbares Gesamtkunstwerk zu Ehren der Mutter Gottes! Was gibt es da alles zu sehen! Die Ankündigung der jungfräulichen Geburt, die innige Darstellung Mariens an der Krippe, Maria mit dem Jesuskind auf dem Schoß, die Schmerzensmutter unterm Kreuz, die den toten Sohn im Arm Haltende, schließlich ihren Tod und die triumphale Himmelfahrt. Zwischen rosigen Wolken, Engelsscharen und Heiligenversammlungen schwingt Maria sich zur allerhöchsten Trinität auf. Architektur, Malerei, Bildhauerei und Stukkatur vereinen sich zu einer Symphonie aus Farben und Formen. Der Blick in die Kuppel zeigt dem betrachtenden Gläubigen wie dem Kunstverständigen die Himmelskönigin in barocker Pracht und Schönheit. Mir ist ganz warm geworden bei dieser sommerlichen Erinnerung.

Auf meinem Weg zur Kunsthalle sehe ich hinter der Petrikirche den ehemaligen Domplatz liegen. Hier stand bis 1806 der Hamburger Marien-Dom. Ein junger Maler, Philipp Otto Runge, kommt 1804 nach Hamburg. Er erlebt fassungslos mit, wie die Hamburger den alten Dom abzureißen beginnen. Er sieht den großen Marienaltar von Absolon Stumme und entschließt sich bei seiner Auslagerung und Rettung mitzuhelfen. Eine Szene des Altars zeigt die Ruhe auf der Flucht, also die Heilige Familie, Maria und Josef mit dem kurz zuvor geborenen Jesuskind auf der Rast bei der Flucht nach Ägypten. Man sieht Maria, noch auf dem Esel sitzend unter einem Baum mit Dattel-Früchten, die von Josef gepflückt werden. Zwei im Baum liegende Engel unterstützen ihn dabei liebevoll. Runge macht einen Entwurf für ein Gemälde, das eben diese Szene aus dem Marienleben zeigt. Er hoffte, so einen Auftrag für ein Altarbild in der Greifswalder Marienkirche zu bekommen. Alles lange her, denke ich. Aber diese Vorgeschichte ist trotzdem wichtig.

Ich bin angekommen auf meinem Weg von der belebten Mönckebergstraße über die Spitalerstraße. Da liegt der Musentempel. Die Hamburger Kunsthalle erinnert an einen antiken Sakralbau. Durch den Portikus-Eingang des Neubaus aus dem Jahr 1919 kommt man in eine Säulen-Rotunde, die wie die Kuppel über der Kirchen-Vierung das Gefühl des Erhabenen vermittelt. Daran schließt sich das große Treppenhaus an, das über zwei Treppen rechts und links zu den Sälen führt, die noch traditionell Alte und Neuere Meister heißen. Ich wende mich nach links zu den Neuen Meistern. Denn hier hängt es: eines meiner Lieblingsbilder, Philipp Otto Runges „Die Ruhe auf der Flucht". Runge hat es als 28-Jähriger im Jahr 1806, fünf Jahre vor seinem frühen Tod, vollendet. Seine Witwe Pauline, die ihn um sieben Jahrzehnte überlebte, hat es 1872 der Hamburger Kunsthalle für ihre Runge-Sammlung gestiftet.

Die Ruhe auf der Flucht. Ein nicht besonders häufiges, aber doch wichtiges Motiv in der christlichen Ikonographie. Es gehört zu dem dunklen Teil der Weihnachtsgeschichte, wie er beim Evangelisten Matthäus zu finden ist. Als die Weisen aus dem Morgenland das Kind angebetet und ihm ihre Geschenke dargebracht hatten, befahl ihnen Gott im Traum, dass sie nicht wieder zu Herodes gehen sollten, um ihm zu berichten, was sie gesehen hatten. Also zogen sie auf einem anderen Weg wieder in ihr Land, heißt es bei Matthäus. Und weiter:

Da sie aber hinweg gezogen waren, da erschien der Engel des Herrn dem Josef im Traum und sprach: Stehe auf und nimm das Kindlein und seine Mutter zu dir und flieh nach Ägyptenland und bleib allda, bis ich dir sage; denn Herodes will das Kind umbringen. Und er stand auf und nahm das Kind und seine Mutter zu sich bei Nacht und floh nach Ägypten.

Es geht also um die Rettung des Jesuskindes vor dem mörderischen Anschlag des Königs Herodes, der alle Kinder unter zwei Jahren in Bethlehem töten lässt.

Irgendwann hat ein Maler zum ersten Mal das Motiv „Die Ruhe auf der Flucht“ gemalt. Es steht so nicht in der Bibel. Es gibt aber eine ähnliche Legende im Koran. Eine uralte Palme neigt sich vor Maria und dem Kind in der Wüste, rettet so die fast Verdursteten. Selma Lagerlöf hat sie in ihren Christuslegenden nacherzählt. Das Motiv beruht auf der knapp skizzierten Geschichte von der Flucht der Heiligen Familie nach Ägypten. Es versetzt sozusagen die Krippenszene in die Fluchtgeschichte. Da ist niemand, der das Kind anbetet, keine Hirten, keine Weisen aus dem Morgenland. Auch keine frommen Stifter, die sich mit in das Bild haben malen lassen. Die Familie ist allein, auf der Flucht und ruht sich aus. Ein kostbarer Moment der Bewahrung, ein künstlerisch wunderbar gestalteter Augenblick des Glücks, der Beheimatung. Ich glaube, dies ist es, was mich bei dem Bild anrührt. Ich trete vor das Bild und halte inne.

Was sehe ich? Zwei Bewegungen bestimmen das Bild: zum einen der Übergang von der Nacht zum Tag, zum anderen der Übergang vom Bildvordergrund mit der Familie zum Landschaftshintergrund. In der linken Bildhälfte ist die Dunkelheit der schwindenden Nacht noch gesammelt. Man sieht Joseph, ein älterer Mann in Handwerkertracht mit schon gelichtetem Haar; mit einem Stock schlägt er die Glut des Feuers aus, auf das er bekümmert schaut. Hinter ihm das in den Disteln des Bösen äsende Reittier der Familie, ein Esel. Auf der andern Seite eine in sich gekehrte Maria bereits im vollen Licht der aufgehenden Sonne. Ihre runden Wangen leuchten. Sie betrachtet anbetend das Jesuskind, das in der Mitte des Bildes auf ihrem blauen Umhang liegt. Strampelnd begrüßt es mit beiden Händen das Licht. Es ist in der Nacktheit der Geburtsstunde dargestellt. Dadurch sind das Jesuskind und der Aufgang des Sonnenlichts aufeinander bezogen. Später wird es sagen: Ich bin das Licht der Welt. Genau das ist die Botschaft des Bildes: Der Aufgang des Morgenlichts ist Gleichnis des Erscheinens Christi in der Welt. Und über Mutter und Kind wölbt sich ein Tulpenbaum mit großen weißen Blüten, ein Sinnbild der Natur und zugleich ein Paradiesbaum. Und siehe da: Im Blätterdach schlägt ein der Sonne zugewandter Engel die Harfe. Ein anderer Engel hat sich im verzweigenden Geäst niedergelassen, scheint aus dem Baum herauszuwachsen und trägt in den Händen eine Lilie. Es ist die Lilie, die auf den Bildern der Ankündigung der Geburt zu sehen ist. Die reinste Glückseligkeit strahlt dieser Tulpenbaum mit dem Kind darunter aus. Das Ganze spielt sich ab vor einer idealisierten ägyptischen Landschaft mit dem über die Ufer getretenen Nil, mit Tempeln und Pyramiden, die ein wenig an die Kreidefelsen von Rügen erinnern. Der Himmel tagt sanftblau im Morgenlicht. Alles sagt: Ex oriente lux, aus dem Osten kommt das Licht, das Licht der Sonne und der Erlösung. Und wenn es nur erst einmal die Ruhe auf der Flucht ist.

Das ist ja ein Sinnbild menschlicher Existenz. Zur Ruhe kommen, eine Heimat finden. Was der Kirchenvater Augustinus gesagt hat, unser Herz ist unruhig, bis es in dir, Gott, ruht, das erfahre ich jetzt hier. Ich stehe vor dem Kunstwerk, alles andere um mich herum versinkt. Ich empfinde die Aura der dargestellten Szene – die Ruhe auf der Flucht. Dieses eine Bild ist mir wichtig wegen der Botschaft, die es verkündet. Es malt den Bibeltext gewissermaßen in meine Seele, das Erscheinen des Lichts im göttlichen Kind, die Hoffnung auf eine Verwandlung der Welt, die Versöhnung von Mensch und Natur. So wird mir die Andacht vor dem Bild zur Erfahrung Gottes, von dem es im Psalm heißt: „Bei dir ist die Quelle des Lebens und in deinem Lichte sehen wir das Licht." In dem Bild des naturfrommen Künstlers Runge sehe ich das Licht Gottes, das Licht der Erlösung. Manchen mag das fremd sein, aber ich erfahre: Die Gegenwart Gottes kann im Museum aufscheinen, wenn ich mit ihr rechne. Große Kunst ist eine Offenbarungsform Gottes. Mir fällt das mystisch-innerliche Liedgedicht Gerhard Teerstegens ein: „Gott ist gegenwärtig". Darin heißt es:

Du durchdringest alles,
laß dein schönstes Lichte,
Herr, berühren mein Gesichte!

Wie die zarten Blumen
willig sich entfalten
und der Sonne stille halten/
Laß mich so
still und froh,
deine Strahlen fassen
und dich wirken lassen!

Ja, ich weiß, dieses stille Halten, Fassen, Wirkenlassen gilt Gott, Gott auf dem Grund der Seele. Doch nicht nur biblische Worte, auch Bilder und Töne lösen dieses Geschehen aus, lassen etwas aufscheinen, das mich im Innersten berührt. Noch einmal schaue ich auf Runges Bild. Jede Blume auf diesem Bild hat eine Bedeutung: der Efeu zu Füßen Josephs als Zeichen der Nacht, die Rosen bei Maria als Sinnbild der Mutterliebe, die Passionsblumen, die den Kopf des Kindes rahmen, als Hinweis auf seinen Leidensweg. Diese Blumen zieren den durch das Kind eröffneten Weg zum wiedergewonnenen Paradies. Naturfrömmigkeit und Erlösungsgeschehen begegnen sich in der Farbenkunst eines Künstlers, der mit seiner Malerei das verlorene Paradies wiederzugewinnen trachtet.

Ich schaue auf die Uhr. Es ist Zeit zu gehen, meine Andacht zu beenden. Der Termin ruft.

Doch hinter mir bleibt das Museum und ein Stück Himmel auf Erden. Wenigstens ein Bild davon. Jeder, glaube ich, hat so seine Andachtsbilder, vor denen er stille wird und sich ausruhen kann. Die Reproduktionstechnik erlaubt es, sich diese Bilder nach Hause zu holen, zu rahmen und ins Wohn- oder Esszimmer zu hängen. Manche Bilder haben auf diese Weise eine große Popularität erreicht. Dazu gehörten in Deutschland früher Dürers „Betende Hände." Runges „Ruhe auf der Flucht" würde ich mir nicht ins Zimmer hängen. Ich weiß ja, das Original hängt nicht weit entfernt in der Kunsthalle. Ich kann jederzeit hingehen und es mir anschauen. Diesen besonderen Moment erleben. Und dann auch wieder hinaus in die lärmende, unbefriedete Welt gehen.

Denn tatsächlich entrückt mich das Bild in eine andere Wirklichkeit. Es scheint zu schön, um wahr zu sein. Die Realität sieht anders aus. Die anderen Zweijährigen werden nicht gerettet. Und auch dieses himmlische Kind wird nach seiner Rückkehr ins Heilige Land, herangewachsen zum Mann, mit seiner Verkündigung Anstoß erregen und den Weg des Leidens gehen.

Runges Bild zeigt mir also noch mehr: Das göttliche Kind teilt das Schicksal von Millionen, die auf der Flucht sind. Es ist behütet und gefährdet. Es schildert das Glück des Ausruhens einer verfolgten Familie: Ich weiß, das ist immer noch die Situation hunderttausender Menschen, die auf der Flucht sind. Ich wünsche mir, dass sie Ruhe finden, einen Platz, wo sie ohne Angst bleiben können.

Jedes große Kunstwerk ist auch ein Appell an uns, die Welt zu ändern. Weniger pathetisch gesagt: sich selbst ein wenig einzumischen. Ab und an tue ich, nicht weit von der Kunsthalle, Dienst in dem „Cafe Exil" in der Nähe der Ausländerbehörde. Verängstigte Menschen können hier aufatmen, sich vielleicht Rat holen. Denn gleich müssen sie in der Behörde vorstellig werden, um eine Verlängerung ihrer Duldung zu erbitten. Es kann geschehen, dass sie dort verhaftet und ins Abschiebegefängnis gebracht werden. Selten werden sie von rechtskundigen Personen wie Anwälten oder Sozialarbeitern, die sich in der Thematik auskennen, begleitet.

Die Ruhe auf der Flucht. Nur ein Bild in der Kunsthalle? Wie ein Gebet kann seine Betrachtung Kraft geben für die alltägliche Arbeit. Nicht zufällig heißt eine Flüchtlingsberatungsstelle der Evangelischen Kirche in Hamburg „Fluchtpunkt". In der Nachfolge des gefährdeten Kindes auf dem Bild versuchen die Mitarbeiter Flüchtlingen zu helfen, ein Bleiberecht zu bekommen. Manchmal gelingt es. Hier in der Beratungsstelle wäre Runges wunderbares Bild „Die Ruhe auf der Flucht" gut angebracht.

Hans-Jürgen Benedict wurde 1941 in Hamburg geboren. Nach dem Studium der evangelischen Theologie in Hamburg, Heidelberg, Tübingen und Marburg war er als Wissenschaftlicher Assistent und Friedensforscher an der Ruhr-Universität Bochum tätig. Nach seiner Promotion 1972 hatte er 1977/78 eine Vertretungsprofessur an der Universität Hamburg inne. Von 1979 bis 1991 war er Pfarrer in Recklinghausen und Hamburg, seit 1991 ist er Professor für diakonische Theologie an der Evangelischen Hochschule für Soziale Arbeit und Diakonie des Rauhen Hauses in Hamburg. Hans-Jürgen Benedict ist Mitherausgeber der „Jungen Kirche" und Autor zahlreicher Veröffentlichungen, u.a. im Bereich Theologie und Kultur.

Der „Dicke Sessel“ in der guten Stube meiner Eltern

Lucie Panzer

Glaube ist „die ... Bereitschaft, mit der Erfahrung selber neue Erfahrungen zu machen“.[1] Das habe ich bei dem Theologen Eberhard Jüngel gelernt. So gesehen ist mein Glaube im Dicken Sessel im Haus meiner Eltern entstanden.

Das heißt nun nicht, dass ich dort besondere Eingebungen gehabt hätte. Aber dort habe ich gelernt, auf Erfahrungen zu achten. Dort habe ich angefangen, die Erfahrungen anderer wahrzunehmen und mitzuempfinden und daraus eigene Erfahrungen zu gewinnen. Dort habe ich meine eigenen Erfahrungen zu betrachten und zu bedenken gelernt. Im Dicken Sessel habe ich gelesen: Die Fibel und Grimms Märchen, Pipi Langstrumpf und Robinson Crusoe, Das Tagebuch der Anne Frank, später aus dem Bücherschrank meiner Eltern: Die Frau als Hausärztin und Die gesammelten Werke von Theodor Storm und Wilhelm Raabe, Den Arzt von Stalingrad, Ernest Hemingway und Meines Vaters Pferde ... alles durcheinander. Aber mit brennendem Interesse an den Geschichten und Erfahrungen anderer Menschen.

Mit den Heldinnen und Helden, aber auch mit den Verlierern und den Betroffenen in den Geschichten habe ich gelebt und gelitten. Ihre Erfahrungen habe ich miterlebt und miterlitten, mit ihnen durchdacht und mit ihnen verschmerzt. Und dabei habe ich Erfahrungen mit mir selbst gemacht. Ich habe die Wahrnehmung der Menschen in den Büchern reflektiert: So wurde aus der Erfahrung der anderen für mich eine neue Erfahrung. Ich erlebte, wie mich das tröstet, was der andere erlebt hat. Die beschriebenen Erfahrungen des anderen machten mir Zuversicht. Ich konnte hoffen und glauben, dass es mir auch so gehen wird. Glaube entsteht aus der Erfahrung mit der Erfahrung.

Die Bibel habe ich allerdings nicht gelesen, dort im Dicken Sessel bei meinen Eltern. Das kam erst viel später. Ein paar biblische Geschichten kannte ich aus der Kinderkirche. Und von meiner Mutter hatte ich beim Beten abends im Bett sehr selbstverständlich übernommen, dass Gott unser Leben begleitet. Da hat sie mir ihre Erfahrung weitergegeben. Man muss nur genau hinschauen, einen zweiten Gedanken an das verwenden, was geschehen ist. Dann kann man Gottes Begleitung wahrnehmen.

Glauben heißt, auf die Erfahrungen achten, die man macht, auf die eigenen und auf die der anderen. Und wo könnte man besser auf fremde und eigene Erfahrungen achten, als beim Lesen? Deshalb meine ich bis heute: Mein Glaube, oder jedenfalls die Fähigkeit zu glauben, ist im Dicken Sessel zu Hause.

Im Haus meiner Eltern gab es noch eine richtige gute Stube. Dort stand der Dicke Sessel, ein Ungetüm mit Messingnägeln beschlagen. Meistens war es hier ruhig. Die Geräusche aus Küche und Esszimmer drangen nur gedämpft hinein.

Die gute Stube wurde auch nicht richtig geheizt. Im Winter brauchte ich deshalb eine Decke, wenn ich mich länger dort aufhalten wollte: In den Dicken Sessel gekauert, mit einem Buch und einer Decke so zugedeckt, dass ich kaum noch zu sehen war. Ein bisschen wie in einer Höhle war das.

Im Sommer wurden wegen der Hitze und der Sonneneinstrahlung die Rollläden herunter gelassen, dann war es dämmrig dort. Deshalb musste ich mit dem Buch ganz nah am Fenster sitzen, dort, wo an der Seite des Schnapprollos Licht hereinfiel. In der guten Stube roch es anders als sonst im Haus, ein bisschen abgestanden, nach Putzmittel und Topfblumen.

Kalt, dämmrig und dieser ganz besondere Geruch – wie in der Kirche, denke ich heute manchmal, wenn ich daran zurück denke. Mit einer spannenden Geschichte war ich dort in einer ganz anderen Welt. Und nach einer aufregenden Geschichte kam ich manchmal ganz anders heraus – irritiert, bekümmert, erleichtert, verängstigt, je nachdem – anders jedenfalls, als ich mit dem Buch hinein gegangen war.

Im Dicken Sessel habe ich erlebt, wie aus den mühsam buchstabierten Wörtern Geschichten wurden, die plötzlich zum Leben erweckten. Ich habe erlebt, wie man ganz unmerklich hineingezogen wird und das Herz aufgeregt schlägt, weil man mit den Figuren lebt und leidet. „Erzählende Literatur bietet dem Leser so etwas wie ein Probeleben, in das er sich hineinbegeben und aus dem er gestärkt zurückkehren kann in sein eigenes Leben"[2] – habe ich später von der Schriftstellerin Ulla Hahn gehört. Erfahrungen mit der Erfahrung machen, kann man auch sagen. Ein Keim hat sich da in mir eingenistet, aus dem Glauben wachsen würde.

Erfahrungen mit der Erfahrung machen – das kann man in den gelesenen Geschichten, wo man sich Zeit lassen kann zum Mitleben und um die Phantasie schweifen zu lassen: Probeleben, aus dem man gestärkt in sein eigenes Leben zurückkehren kann.

Beim Fernsehen geht das nicht, habe ich damals herausgefunden. Da überrollen einen die Ereignisse. Da bleibt keine Zeit zum Mitleben, keine Zeit, um Erfahrungen mit der Erfahrung zu machen. Es gibt auch keinen Erzähler, der einem hilft, sich Gedanken über das Geschehen zu machen. Es gibt keinen, dessen Meinung man übernehmen oder dessen Einschätzung man widersprechen könnte. Bei den Geschichten, die das Fernsehen erzählt, ist keine Zeit, sich Gedanken zu machen, keine Zeit, die Erfahrungen zur Wirkung kommen zu lassen.

Im Dicken Sessel habe ich auch gelernt, dass es Dinge gibt, die man nicht verstehen kann. Oder jedenfalls nicht gleich. Der Bücherschrank meiner Eltern stand nämlich auch in der guten Stube. Und darin gab es viele Bücher, die waren für ein Kind nicht zu verstehen: Geschichten von Erwachsenen für Erwachsene. Manches verstand ich falsch und konnte deshalb nicht begreifen, was da erzählt wurde. Manches war so befremdlich, manches auch so erschreckend, dass es mir Angst machte. Dinge, die man nicht versteht, bringen einen ganz durcheinander und lassen einen nicht los – das habe ich im Dicken Sessel begriffen. Aber auch das: Es ist gut, wenn man nicht einfach verdrängt, was man nicht versteht. Man muss sich damit abmühen, sonst liegt es einem wie ein Stein auf der Seele und macht einem das Leben schwer. Was man nicht versteht, muss man neu lesen, neu bedenken, vielleicht auch neu durchleiden, denn sonst quält es einen immer mehr. Nur wenn man es nicht zu verdrängen versucht, sondern damit umgeht und es bewegt, dann kommt Bewegung in das, was einem wie ein Stein auf der Seele lag. Die Bücher konnte ich wieder hervorholen – Gott sei Dank – und zögernd vielleicht und beklommen das noch einmal lesen, was ich zunächst nicht verstanden hatte. Und auf einmal war alles klar. Oder es hatte jedenfalls einen Sinn und ich hatte das zuerst bloß nicht verstanden.

Auch das ist eine Erfahrung des Glaubens, wie ich inzwischen finde. Nicht alles versteht man gleich, aber es ist gut, wenn man solche Erfahrungen nicht verdrängt. Irgendwann erschließen sie sich wie von allein. „Maria aber bewahrte alle diese Worte und bewegte sie in ihrem Herzen" – über den Satz aus der Weihnachtsgeschichte habe ich mich nie gewundert. So ging es mir im Dicken Sessel ja auch.

Mit der Zeit hat sich meine Wahrnehmung beim Lesen verändert. Immer öfter habe ich nicht mehr die

Leben anderer, sondern mein eigenes Leben in den Büchern gefunden, habe mich beim Lesen selbst erkannt. „Sich in Büchern entdecken lassen tut am wenigsten weh," habe ich vor kurzem bei Martin Walser gelesen.[3] Wie ein Spiegel waren manchmal die Erzählungen und ich begriff: So bin ich auch. Ich wollte es nur nicht wahrhaben. Oder ich habe es einfach nicht sehen können. Aber jetzt, im Gegenüber der Geschichte erkenne ich mich wieder. Ich finde Worte für mein Denken und Verhalten. Ich finde Bewertungen, höre auch Kritik. Manchmal war ich ganz erschrocken, weil ich plötzlich verstand: So kann sich das entwickeln, was ich gerade angefangen habe. Manchmal fand ich mich bestätigt: Es gab also schon vor mir Menschen, die so gedacht, die solche Fehler gemacht, die solche Wünsche gehabt haben wie ich. Und sie haben es geschafft, haben ihren Weg gefunden. Wie schön!

Bis heute lese ich die Geschichten der Bibel genauso wie damals die Erzählungen in den Büchern. Sogar bei den schwierigen Paulusbriefen funktioniert das. Auch aus denen sprechen Geschichten und Erfahrungen, die hinter den Wörtern sind. Und wieder kann ich Erfahrungen machen mit den Erfahrungen eines anderen. Ein Probeleben probieren, und sehen, wie es mir damit geht. Und im Glücksfall gestärkt ins eigene Leben zurückkehren.

Damals als junge Frau fand ich, das Gute an den Erfahrungen in Büchern sei, dass man sie erst einmal nur zur Kenntnis nehmen kann. Man muss nicht reagieren, wie man reagieren muss, wenn einem andere Menschen ihre Erfahrungen mitteilen. Dann erwarten sie ja Zustimmung, manchmal auch Widerspruch.

Man muss sich zu einer eigenen Meinung durchringen, muss sich damit wiederum dem Urteil der anderen aussetzen.

Bücher erwarten keine Reaktion. Man muss ihnen nicht Recht geben. Man muss sich nicht bekennen. Man kann einfach zuhören, das Gehörte bedenken und ausprobieren, ohne, dass die Bücher mit einem „Siehst du, habe ich doch gesagt" reagieren. Erwachsenen, die mir Ratschläge hätten geben wollen, hätte ich aus Prinzip widersprochen. Bei Büchern war das nicht nötig. Da konnte ich stehen lassen, was sie mir an Erfahrungen weitergaben. So habe ich eine Menge gelernt, glaube ich, was ich sonst niemals auch nur in Ruhe angehört hätte. Als ich später angefangen habe, die Bibel zu lesen, fand ich, schon bevor ich es im theologischen Seminar gelernt habe, dass die Gleichnisse Jesu genauso funktionieren. Jesus hat sie erzählt und dann wirken lassen. Kein Zuhörer musste sich bekennen. Und doch blieb niemand unberührt.

Einen Eindruck, der bis heute meinen Blick auf die Welt bestimmt, habe ich auch im Dicken Sessel erhalten: Geschichte ist erlebte, erfahrene Geschichte. Im Schulunterricht kamen die großen historischen Zusammenhänge vor. Die politischen Verflechtungen, die Interessen der Mächtigen und ihre Strategien. Aber in den Büchern, die ich im Dicken Sessel las, wurde deutlich: Betroffen sind am Ende immer die einzelnen. Kein historischer Aufsatz über die Hitlerzeit kann einem jungen Mädchen so wie das Tagebuch der Anne Frank vermitteln, was „Judenverfolgung" bedeutet: Ein Mädchen kann seine Träume nicht verwirklichen, weil sie sich verstecken musste und andere ihr das Recht zu leben absprachen. Das ist es, was eigentlich passiert, begriff ich damals.

Was sind dagegen die strategischen und ideologischen Gedankengebäude der Mächtigen. Was geschieht, ist gut, wenn Menschen leben können und Freude am Leben haben – nicht weil Siege errungen und Interessen verteidigt werden.

Seither betrachte ich alles von der Perspektive der Betroffenen aus. Und manchmal denke ich heute: Nur so gewinnt man einen klareren Blick für das, was vorgeht. Auch in dieser Hinsicht hat mein Glaube Heimat und Anfang im Dicken Sessel. Denn später habe ich das in der Perspektive der Christen auf der Welt als eine Perspektive der Betroffenen und der Opfer wiedergefunden.

Mein Elternhaus gibt es seit ein paar Jahren nicht mehr. Aber den Dicken Sessel, den habe ich gerettet. Der steht jetzt in meiner Wohnung, frisch bezogen und immer noch dick und bequem. Noch immer mache ich dort beim Lesen Erfahrungen mit der Erfahrung. Die Bücher, die ich jetzt lese, zeigen mir, dass Leben auch ganz anders sein könnte, als meines geworden ist. Sie zeigen mir Möglichkeiten auf. Es gibt noch mehr, du hast die Wahl, sagen sie mir. Und sie halten die Sehnsucht wach und fragen mich immer wieder: Warum hast du es dir so eingerichtet und ist es denn wahr, dass es nicht anders geht? Immer noch versuche ich dann, mit den Figuren der Bücher auf Probe zu leben: Ich versuche mir vorzustellen, wie es ihnen wohl geht. Ich nehme wahr, welche Erfahrungen sie machen. Ich versuche zu verstehen, wie sie sich fühlen mit ihren Entscheidungen und Fehlern und mit dem, was ihnen geschieht. Manches hält meine Sehnsucht wach, dass ich noch etwas zu erwarten habe. Es kann noch etwas Neues passieren. Und manches nötigt mich zu Entscheidungen: Nein, ich will es nicht anders haben als es jetzt ist. Manchmal auch: Ja, ich will sehen, ob es nicht auch anders geht.

Und dann habe ich noch eine letzte, eine sehr beglückende Erfahrung gemacht. Ich habe das Vorlesen neu entdeckt. Erwachsene Menschen, die einander vorlesen. Ich lasse mir gern vorlesen und lese gern vor. Die Stimme des anderen bringt einem noch eine weitere Erfahrung. Sie macht deutlich, wie der andere das Erzählte versteht. Schon während des Zuhörens zeigt sich: Man kann das auch ganz anders sehen, als ich es immer gelesen und verstanden habe. Zu zweit traue ich mich dann auch an die ganz schwierigen Geschichten, an die verrätselten Erzählungen heran. Die habe ich bisher gemieden, weil sie mich beunruhigt haben. Aber beim Vorlesen bleibe ich nicht allein mit meiner Beunruhigung, und es gibt den anderen, der mit mir nach Antworten sucht. Es gibt andere, die mit mir dem Geheimnis auf der Spur sind und gemeinsam verstehen wir mehr als jeder für sich allein. Auch das ist für mich eine Erfahrung des Glaubens. Im Dicken Sessel übe ich sie ein. Bis heute.

1 Eberhard Jüngel, Gott als Geheimnis der Welt, Tübingen 1977, S. 225

2 Ulla Hahn, Der Mut, sich selbst zu überraschen, Interview in Zeitzeichen 5/2005, S. 38

3 Martin Walser, Der Augenblick der Liebe, Hamburg 2004, S. 53

Lucie Panzer wurde 1955 in Stadtoldendorf/Niedersachsen geboren. Sie studierte evangelische Theologie in Bethel, Göttingen und Tübingen und arbeitete danach 1980 bis 1984 als Pfarrerin an der Stiftskirchengemeinde in Tübingen. 1986 begann ihre Tätigkeit als Autorin verschiedener Verkündigungssendungen im Südwestfunk. Seit 1995 ist sie Rundfunkpfarrerin der Württembergischen Landeskirche beim Südwestrundfunk. Als Autorin gestaltete sie auch Sendungen im Südwestrundfunk und Deutschlandfunk. Sie veröffentlichte Beiträge in verschiedenen Zeitschriften und hält Vorträge in Gemeinden und beim Deutschen Evangelischen Kirchentag. Lucie Panzer ist verheiratet und hat vier Kinder.

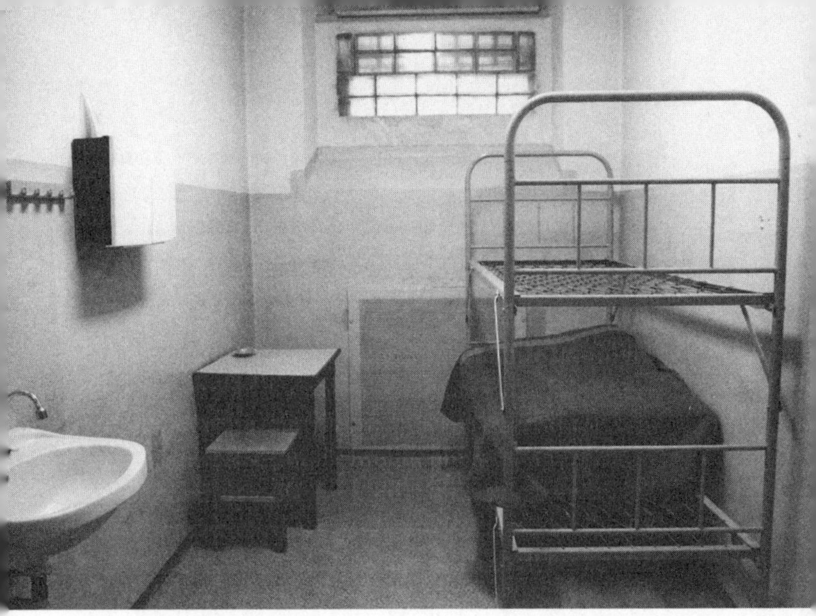

Zwei Schritte vorwärts – drei Schritte seitwärts, oder: Du stellst meine Füße auf weiten Raum

Wolf Krötke

Es gibt Orte, die bleiben für uns Menschen nicht dort, wo sie auf der Landkarte sind. Sie wandern mit uns mit. Wo ich aufwuchs, wo ich zur Schule ging, wo die wichtigen Entscheidungen in meinem Leben fielen, da haben sich Orte in mein Leben eingegraben, ohne die ich gar nicht Wolf Krötke wäre. Wenn du wissen willst, wer jemand ist, dann musst du fragen, wo jemand ist, hat mich ein weiser Philosoph gelehrt. Er hatte

Recht. Unser Leben wird unser eigenes konkretes Leben, indem wir kleinen Menschen im großen Raum der Welt an bestimmten Orten einwohnen. Ein Mensch, der keine Orte anzugeben wüsste, an denen sein Leben sein ganz besonderes Profil gewann, wäre ein gespenstisches Wesen.

Doch solche Orte, die sich mit unserem Lebensweg verbinden, sind objektiv betrachtet oftmals keine besonderen Orte. Nur wenn ganz berühmt gewordene Menschen dort gewohnt haben, pflegen die Städte sich selbst mit deren Namen zu schmücken. Die Lutherstadt Wittenberg oder die Schillerstadt Marbach laden dann zur ehrfürchtigen Betrachtung der Gebäude und Lokalitäten ein, in denen der „große Sohn der Stadt" weilte und wirkte. Aber in der Regel wird es doch so sein, dass die Rückkehr an die Orte, an denen wir selbst einmal gelebt haben, eher enttäuschend verläuft. Man merkt es ihnen nicht an, was wir hier einmal getan, gedacht und gefühlt haben. Mich wundert immer wieder, dass ich mich an bestimmten Orten, die zu meiner Biographie gehören, überhaupt wohl fühlen konnte.

Die Orte, die zu unserem Leben gehören, garantieren also überhaupt nicht das Ortserlebnis, das wir an ihnen einmal hatten und das in unserer Erinnerung lebendig bleibt. Das gilt auch für die Orte unserer Gotteserfahrung. Sie sind als solche nicht dadurch „heilig" geworden, dass sich in unserer Erinnerung mit ihnen ein bestimmtes Innewerden Gottes verbindet. Ich bin darum skeptisch, ob sie zur „Heimatkunde für Himmelssucher" taugen. Der Ort, der mir einfällt, wenn man mich fragt, wo mir der Glaube an Gott besonders wichtig wurde, eignet sich ganz bestimmt nicht dafür. Er ist alles andere als „heilig".

Ich habe ihn noch einmal gesehen, als die Bürgerrechtsbewegung im Jahre 1989 das Staatssicherheitsdienstgefängnis in Leipzig besetzte. Sie haben gefilmt, was sie dort antrafen. Ganz sicher bin ich mir freilich nicht, ob es wirklich meine Zelle war, in die ich da noch einmal blicken konnte. Sie sahen ja alle gleich aus. Ein breites Brettergestell zum Schlafen, das den ganzen hinteren Teil des Raumes ausfüllte. Darüber ein so genanntes „Fenster“: Es war mit Glasziegeln zugemauert, die in der Mitte versetzt waren, so dass ein wenig Luft hindurch kam. Ansonsten ließ dieses „Fenster“ nur dämmriges Licht in die Zelle dringen. Man konnte nicht wissen, welches Wetter draußen war. Entzug des Himmels. Nur das Einbrechen der Nacht war bemerkbar. Vor dem Brettergestell dann höchstens zwei Meter Freiraum nach vorne und drei Meter seitwärts. Rechts in der Ecke der stinkende „Kübel“. Vor mir die Tür mit dem Guckloch und ohne Klinke.

Diesen Raum von zwei-drei Schritten vor und neben dem Brettergestell habe ich tatsächlich mit mir genommen, als ich nach über vier Monaten endlich aus dieser Zelle raus war. Jedenfalls ertappe ich mich auch heute noch immer dabei, wie ich von meiner Arbeit am Schreibtisch aufstehe und in meinem Arbeitszimmer hin und her wandere. Ein bisschen hat das ganz gewiss mit dem Druck zu tun, der sich auf einen Theologen wie mich legt, wenn er einen Gedanken formulieren will und ihn nicht herausbringt. Da entspannt das Herumwandern und nimmt den Druck. Doch die zwei Schritte vorwärts und die drei Schritte seitwärts, die mir jene Zelle gestattete, sind mir dabei auch irgendwie gegenwärtig.

Sie fallen mir jedenfalls ein, wenn ich mir bewusst mache, was ich da tue. Es waren damals die einzigen Schritte, die ich gehen konnte. Heute kann ich mich frei bewegen und sonstwie motorisiert durch die Gegend flitzen. Aber einen solchen besonderen Raum, in dem ich jene zwei, drei Schritte vorwärts und seitwärts mache, erreiche ich damit nie. Das ist merkwürdig. Denn jene Zelle war ja so eingerichtet, dass sie zermürben sollte. Ich habe Menschen kennen gelernt, die in ihr Platzangst bekamen. Der hintere Teil des Raumes war tagsüber tabu. Für die Benutzung des Brettergestells gab es strenge Vorschriften. Es war verboten, sich vor 22 Uhr darauf zu legen. Es war sogar verboten, im Sitzen zu schlafen. Hast du das gewagt, dann scheuchte dich ein wütender Sachse, der hinter dem Guckloch lauerte, mit der Androhung irgendwelcher Konsequenzen auf.

Nur stundenlang am Rande jenes Brettergestells zu sitzen macht stumpfsinnig, wenn man nichts hat außer sich selbst. Bücher oder Zeitungen gab es nicht. Also habe ich den Raum vor mir mit zwei Schritten vorwärts und drei Schritten seitwärts in Angriff genommen. Durch das Guckloch sah ich sicher aus wie eines dieser armen Tiere, die in einem vergitterten Zookäfig ohne Unterlass im Kreise laufen. Im Unterschied zu den Verhältnissen im Zoo musste ich auch noch aufpassen, dass ich nicht in einer Ecke vor der Tür stehen blieb. Da konnte mich der Mann hinter dem Guckloch nicht mehr sehen und war dann sofort samt seinen „Konsequenzen" auf dem Plan. Und dennoch habe ich mich nicht wie ein Käfig-Tier gefühlt.

Ich war damals gerade mal neunzehn Jahre alt, als mich der Staatssicherheitsdienst im Frühjahr 1958 in

Gestalt von ein paar martialischen Männern in Ledermänteln nächstens aus der Wohnung meiner Eltern holte. Sie fesselten mich, verfrachteten mich in einen „EMW" und transportierten mich von Dessau aus schweigend nach Leipzig. Das Stasi-Gefängnis befand sich sinniger Weise direkt neben der Theologischen Fakultät im Petersteinweg, wo ich 1957 begonnen hatte, Theologie zu studieren. Aber mit der Theologie war es nun aus. Mir wurde „Hetze und staatsgefährdende Propaganda" sowie „Herstellung und Verbreitung von Hetzschriften" zur Last gelegt. Wie albern das war, soll hier nicht thematisiert werden. Für mich bedeutete es jedenfalls, dass ich nach einem Verhör bis in die Morgendämmerung in jene Zelle gesperrt wurde, die nun für eine zunächst unabsehbare Zeit „mein Raum" in dieser Welt war.

Verlassen durfte ich ihn einmal in der Woche zum Duschen, aller zwei Tage zum so genannten „Hofgang" und dann – mal in der Nacht, mal am Tage – zu den stundenlangen Verhören. Die fanden aber manchmal wochenlang auch gar nicht statt. Das gehörte zur Zermürbungstaktik. Im Übrigen herrschte den ganzen Tag lang eine unheimliche Stille in dem Bau. Manchmal leiteten die Heizungsrohre Schreie von irgendwo her weiter. Der Zellennachbar versuchte, durch Klopfen an die Wand Kontakt zu mir aufzunehmen. Doch kurz nachdem ich so halbwegs das simple Morse-Alphabet verstanden hatte und meinen Namen klopfen konnte, hatten sie mich schon erwischt.

Mein Raum ist nun die Wand. Ich musste mich dicht davor stellen. Hände auf den Rücken. Grau-grüne Ölfarbe dicht vor mir - das Einzige für die Augen. Hinter mir von Menschen besetzter Raum, denen es Freude macht, mich auf die zwanzig Zentimeter zurückzuschrumpfen, die ein Mensch braucht, um überhaupt da zu sein auf dieser Erde. Strafe dafür, dass ich mehr beansprucht hatte durch eine Wand hindurch, die Signale aufnimmt. Der „Hofgang" ist gestrichen, das heißt die Viertelstunde, in denen sie mich in ein von hohen Betonmauern umgebenes Rechteck von schätzungsweise drei mal sechs Quadratmetern führen, aus dem heraus ich den Himmel über mir sehen kann. Aber ich muss dabei an Menschen auf Wachtürmen vorbei sehen, die ihre Maschinenpistolen bereithalten. Sie freuen sich, wenn es ausgerechnet in diesen fünfzehn Minuten anfängt zu regnen. Der Staatsfeind wird nass gemacht.

Ich habe mich nicht sonderlich gegrämt über diese Strafe. Denn der Blick in den Himmel stachelt in einer solchen Situation die Sehnsucht nach draußen so sehr an, dass es weh tut. Das muss nicht sein. Später habe ich außerdem erfahren, dass sie sich Schlimmeres ausgedacht haben, um Menschen, die Regungen eigenen Lebens zeigten, zur Null zu machen. Vor allem aber war mir da schon der Raum, den ich vor dem Brettergestell hatte, auf eigenartige Weise als mein Raum lieb geworden.

Für jemanden, der niemals in einer solchen Situation war, klingt das vielleicht ein wenig eigenartig: Ständig im Kreis umherzulaufen, ist eigentlich in der Tat nicht besonders prickelnd. In der Gesellschaft der „Knastologen", mit denen ich nach meiner Verurteilung im Zuchthaus zusammengesperrt war, sind mir geradezu zwanghafte Kreiswanderer begegnet. Ihnen wurde nachgesagt, dass sie eine Knastmacke haben. Vielleicht habe ich ja auch eine bekommen. Wer weiß. Doch wenn ich heute von meinem Schreibtisch aufstehe, um einen Gedanken durch Gehen zu befreien, dann ist mir der Anfang dieses Gehens in jener Zelle als das genaue Gegenteil einer Zwangshandlung im Gedächtnis.

Das hat einen einfachen Grund: Nachdem ich, um mich zu bewegen, auch eine Weile lang im Kreise getrottet war, habe ich begonnen, mir dabei alle Texte aufzusagen, die ich auswendig konnte. Es waren erstaunlich viele. Denn damals besaß ich ein geradezu wunderbares, wenn auch etwas einseitig ausgeprägtes Gedächtnis, mit dem mich Gott gesegnet hatte. Mein Kopf war ein „zwitscherndes Vogelnest“ (wie Heinrich Heine das ausgedrückt hat) von Gedichten, Balladen, Romanen, voll Kunst und Kitsch, voll Sang und Klang unterschiedlich wertvoller Art. Goethe, Schiller und Uhland waren meine Favoriten. Wilhelm Busch und Eugen Roth haben dafür gesorgt, dass mir das Lachen und Schmunzeln nicht verging. Meine Wege vor dem Brettergestell wurden so nach und nach zu Wegen in einen Horizont hinein, den der Sachse hinter dem Guckloch und die Menschen, die mich verhörten, nicht hatten. Er blieb auch bei mir, wenn ich mich wieder hingesetzt hatte.

Aber es waren nicht nur Texte dieser Art, mit denen ich mich da frei lief. Ich habe das große Glück gehabt, in einem Elternhaus aufzuwachsen, in dem die Bibel, Kirchenlieder und sehr viele Luther-Texte gewissermaßen zum Alltag gehörten. Es hat Phasen in meiner Kindheit und Jugend gegeben, da hat mir das ganz und gar nicht gefallen. Alle, die in einem solchen Elternhause groß geworden sind, kennen sicher dieses Abstandnehmen von der Frömmigkeit der

Eltern. Und dennoch hat sich dadurch vieles gleichsam nebenbei meinem Gedächtnis eingeprägt. Anderes -- besonders in der Sprache Luthers – hat mich aber auch angerührt, so dass ich es bewusst auswendig gelernt habe. Ich konnte einige Gleichnisse Jesu, Teile der Bergpredigt und ziemlich viele Psalmen aus dem Kopf erzählen. Den Kleinen Katechismus vermochte ich regelrecht runterzuschnurren. Vor allem aber hatten es mir die Passionslieder von Paul Gerhardt angetan.

Sie werden heute heftig kritisiert, weil sie angeblich einen Gott verherrlichen, der Leiden und Tod eines Menschen fordert, ehe er liebt. Auf diesen Gedanken bin ich überhaupt nicht gekommen, als ich mit dem Lied „Ein Lämmlein geht und trägt die Schuld ..." vor dem Guckloch ausgeschritten bin. Ich mag die geistlich dumme Kritik an diesem Lied vom „Lämmlein" Jesus Christus bis heute nicht. „Im Durst soll's sein mein Wasserquell, in Einsamkeit mein Sprachgesell" – allein um dieses Verses willen liebe ich dieses Lied. Denn „Sprachgesell" – das sind mir alle diese Worte der Gotteserfahrung, die den Raum eines Menschen weiten, der in die Hände von anderen Menschen gefallen ist, tatsächlich geworden. Sie haben mir die wenigen Quadratmeter vor dem Brettergestell zu einem Ort gemacht, an dem Gott unsere Füße auf weiten Raum stellt, wie Luther den 31. Psalm so wunderbar übersetzt hat.

Ich habe diesen Raum mitgenommen in den Gerichtssaal, wo auf entsprechenden Wink des so genannten Richters eine künstlich empörte Menge die Verurteilung des „Staatsfeindes" forderte, unter ihnen Abgeordnete der Theologischen Fakultät. Er hat mir Luft verschafft bei der Fahrt in der „Grünen Minna" durch Leipzig.

In der saß ich gefesselt in einem engen Kasten, in dem mir die Luft auszugehen drohte.

Ich habe mir mit diesem Raum die Brust auf dem Leipziger Hauptbahnhof geweitet. Einen blauen Drillichanzug hatte ich an, mit gelben Streifen an Armen und Beinen und auf dem Rücken. Eine ebenso verzierte Kappe saß auf dem Kopf. In einem Trupp von ungefähr dreißig Leuten wurde ich mit einem anderen Verurteilten zusammengekettet. Eskortiert von Wachen mit Maschinenpistolen und Hunden wurden wir an einer gaffenden Menge vorbei den Bahnsteig entlanggeführt. Sie hatten den Gefängniswaggon an einen Personenzug angehängt, der in das schöne Städtchen Waldheim in Sachsen mit seinem berüchtigten Zuchthaus fuhr. Es war eine gespenstische Szene, in der man normalerweise in den Boden versinken möchte. Doch ich erinnere mich ziemlich genau, dass mir das Herz überhaupt nicht schwer wurde.

Das alles ist lange her. Ich habe nur wenigen Menschen davon erzählt. Wenn ich es aber getan habe, sind daraus sehr oft lustige Geschichten geworden. Das ist nicht einfach Zufall. Denn das Absurde ist immer auch komisch und lachhaft. Dafür habe ich mir als ein Mensch, der gerne lacht, in meinem weiten Raum in der Zelle einen Sinn bewahrt. Ich konnte dann tatsächlich über alles lachen, als ich dort wieder raus war. So hatte diese Zeit keine Chance, sich dunkel in mein Leben einzugraben. Was geblieben ist, sind die zwei, drei Schritte vorwärts und seitwärts, die mich noch immer ins Freie führen. Natürlich haben die auch zum Aufschreiben dieser Erinnerungen gehört.

Wolf Krötke wurde 1938 in Berlinchen (Neumark) geboren. Von 1957 bis 1965 studierte er Theologie in Leipzig, Naumburg und Berlin und war während des Studiums in Waldheim/Sachsen aus politischen Gründen inhaftiert. Nach seiner Promotion im Jahre 1967 wirkte er als Gemeindepfarrer in Görschen (Kreis Naumburg), als Studentenpfarrer in Halle an der Saale und als Dozent am Sprachenkonvikt in Berlin. 1990 wurde er mit dem Karl-Barth-Preis ausgezeichnet. 1991 folgte er einem Ruf an die Humboldt-Universität in Berlin auf den Lehrstuhl für Systematische Theologie. Wolf Krötke ist Mitglied der Akademie der Wissenschaften und wirkt auch nach seiner Pensionierung 2004 regelmäßig bei der Pfarrerausbildung in Berlin und Brandenburg mit.

Unter dem Taufengel von Jassow

Hans-Eckehard Bahr

Meine Taufe war am 12. März 1928. In der alten Dorfkirche von Jassow hinter der Oder, wo mein Vater Pfarrer war, war das Wasser im Taufbecken gefroren. Und die Winterkälte drang in die Kleider meiner Mutter. So jedenfalls erzählte mir Reni, meine Patentante, später. Sie war meine liebste Tante. Mit ihr ging ich gerne in die alte Kirche. Sie führte mich durch den schwarzen Holzturm in das Innere. Die Decke wölbte sich über uns – himmelblau, Bauernmalerei von 1684. Wir gingen durch den Mittelgang nach vorn. Da hing er, der große, dicke, goldweiße Holzengel. Und in seinen riesigen Händen hielt er das Taufbecken.

„Psst", die Tante legt den Finger an ihren Mund. „Hörst du nichts? Der Engel spricht – ganz leise."
Nichts höre ich. „Was sagt er denn?"
Die Tante sieht hoch zum großen Engel, der mir jetzt wirklich zuflüstert: „Eigentlich solltest du ganz und gar ins Taufwasser getaucht werden. Aber das Wasser war damals eben gefroren. Trotzdem – ich hätte es gerne, wenn die Kinder richtig ins Taufbad getaucht werden und dann als neue Menschen wieder herauskommen. So ein paar Spritzer auf die Stirn, das bringt ja nichts."

Natürlich – ein Taufengel weiß Bescheid über das Taufen. Ich war ergriffen von seiner tiefsinnigen Erklärung. Bis ich sieben Jahre alt wurde, ging ich gerne so mit meiner wunderbaren Tante Reni zum Engel. Und wir hörten immer wieder andere Botschaften und geheimnisvolle Hinweise. „In den Märchen kannst du vom Lebenswasser hören", sagte der Engel einmal. „Mein Wasser aber lässt dich für immer leben. Bis zum ewigen Leben."

Ich glaube, ich ahnte damals nur, was das ist: „Ewiges Leben", „Wasser des ewigen Lebens". Ich lauschte solchen Worten gerne hinterher – tröstlich klangen sie.

Als ich acht Jahre alt war, gab es aber eine erste Erschütterung meines Kinderglaubens. Und das hing mit Kora zusammen, mit Kora von der Ravensburg, meinem Liebling. Als Polizeihund erzogen, war Kora irgendwann in unser Haus geraten. Ich mochte das große Tier, verwahrte seinen Stammbaum in der Schatulle neben meinem Bett. Kora wurde aber plötzlich von einer unerklärlichen Krankheit befallen. Sie schleppte sich dahin, konnte schließlich auch nicht mehr die Haustreppe hoch laufen. Das Flehen ihrer

Augen ließ mich kaum schlafen. Eines Tages wurde mir bedeutet, Kora würde jetzt weggebracht. Es sei besser so für sie. Niemand wollte mir sagen, wohin. Als ich das Auto des Elektrikers Kienaß auf die Auffahrt zu unserem Haus einbiegen sah, ahnte ich, wohin Kora befördert werden sollte. Kienaß hatte die Jagd für Niederwild gepachtet und erging sich gerne mit seiner Schrotflinte am Dorfteich, wenn die Leute aus der Kirche kamen.

Als der Schuss zu hören war, stürmte ich hinters Haus. Da lag Kora in einer Blutlache. Mein Vater hastete aus dem Haus heran. Aber da war es schon zu spät: Ich hatte alles gesehen. Und ich war von Kora nicht wegzubringen. Mein Vater stellte sich neben mich, und wir begannen, den Schäferhund mit Zweigen zu bedecken. Dann standen wir wieder, schweigend. In der Luft lag noch der Geruch von Schrot. Aber dann kam etwas Unerwartetes. Mein Vater erlaubte mir, Kora richtig zu beerdigen – so wie er das tat, im Talar und mit Bibelworten. Ich holte also seinen Talar, raffte ihn hoch, und murmelte einen Bibelvers: „Herr, nun lässest du deinen Diener in Frieden fahren.“ Das hatte ich bei meinem Vater aufgeschnappt, der das mit Seufzen sagte, als er einen Bauer im Dorf beerdigte.

Mein Vater, der Talar, der Taufengel. Aber Kora, der Hund, der sterben musste. Wie passt das zusammen?

Mein Vater war für mich damals – im Jahr 1936 – jemand voll unbedingter Güte. Wenn ich „Gott“ dachte, meinte ich diesen Vater, der mich beschützte, der mich verstand und der mit mir zur Nacht sang: „Breit aus die Flügel beide“ und „Dies Kind soll unverletzet sein“. Mit „Gott“ meinte ich den, der mich so trägt. Der liebe, beschützende Gott – das war mein Glaube in jener Zeit. Die Welt war klein, damals. Dazu gehörte unser Leben im Dorf, wir Kinder, die Eltern, aber auch die Tiere. Und der Taufengel in der Kirche, der trostvoll über dieser Welt schwebte. So wie die Predigten meines Vaters – und so wie Gott. Dagegen: Kora und ihr grausamer Tod – wie passte das zusammen?

Eines Tages predigte mein Vater über eine merkwürdige Bibelstelle: „Denn wir wissen", las er, „dass alle Kreatur sehnt sich mit uns Menschen und ängstigt sich noch immerdar … Nicht allein aber sie, sondern auch wir selbst … warten auf die Erlösung unserer Natur." Alle Kreatur ängstigt sich also? Alle Kreatur sehnt sich nach Erlösung, mit uns? Sofort dachte ich an Kora, meinen Hund. War das eine Erlösung gewesen?

Was ich absolut nicht verstand: Mein Vater sprach diese großen Worte von der Erlösung der Kreaturen. Aber hatte er nicht gleichzeitig den Elektriker Kienaß bestellt, um Kora zu töten – mit einer Schrotflinte, so dass Blut aus ihrem Fell trat? War Vater beides? Ein großer Tröster – und dann auch jemand, der einen Hund umbringen ließ? Wie konnte ich das in meiner Welt zusammenbringen? Den Trost und die Verstörung – beides zugleich war dabei, meinen Glauben fast zu sprengen. Und doch sollte es auch weiter dazu gehören.

Mehr als ein halbes Jahrhundert später in meinem Leben fahre ich noch einmal in das kleine Dorf hinter der Oder. Ich kann es kaum erwarten. Die alte Kirche steht noch. Um vier Uhr bin ich zum Kaffee in mein Elternhaus eingeladen. Dort wohnt jetzt eine polnische Familie. Alicja Zawadowje, die jetzige Hausherrin tritt mir im Flur entgegen, mit Tränen in den Augen. Sie fasst mich am Arm und lächelt. Alicja führt mich in das alte Kinderzimmer.

Welchen Film soll ich jetzt sehen? Guckt hinterm Kachelofen nicht mein Vater hervor? „Nasdrowje", prostet die polnische Bäuerin mir zu. Um kurz vor sechs tauche ich dann mit Alicja ins Innere der alten Dorfkirche ein, in den Bauch des Walfisches, in das himmelblaue Tonnengewölbe. Ich gehe im Mittelgang nach vorne, auf den Taufengel zu wie vor sechzig Jahren. Die polnische Gemeinde von heute ist arm, kann sich kein Harmonium leisten, geschweige denn eine Orgel. Die Stimmen der Frauen aber singen umso inbrünstiger an gegen die gottverlassene Armut hier, hinter der Oder.

„Kommt, und lasst uns Christus ehren, Herz und Sinnen zu ihm kehren; singet fröhlich, lasst euch hören, wertes Volk der Christenheit." Und weiter, mit anschwellenden Stimmen: „Jakobs Stern ist aufgegangen, stillt das sehnliche Verlangen, bricht den Kopf der alten Schlangen und zerstört der Höllen Reich."

In diesem Moment dreht sich der große hölzerne Taufengel langsam herum, blickt mich wie früher an und flüstert mir wieder zu: „Hörst du, was die polnischen Frauen singen? 'Jakobs Stern ist aufgegangen, stillt das sehnliche Verlangen'– was für eine Sehnsucht nach Frieden. ‚Und zerstört der Höllen Reich' – ich frage dich", der Engel wird eindringlich, „ist das nicht eine wunderbare, eine lebensstarke Hoffnung? Eine ziemlich maßlose Hoffnung: dass so etwas möglich ist, Frieden für alle, auch für die Tiere – wenigstens für eine gewisse Zeit? Und sei es nur für ein paar Stunden!"

Ich fahre hoch: „Ja, für ein paar Stunden oder auch für ein paar Jahre, meinetwegen. Aber dann? Damals kam die Rote Armee. Hast du das vergessen, Engel, was hier, in dieser Kirchenbank geschah? Mit der vierzehnjährigen Elsbeth Mohr? Und mit der Bäuerin vom Stockhof? Du hast das doch gesehen, Engel!"

„Ich weiß, ich weiß", erwidert der Engel müde. „Dass die Welt dunkel ist, das brauchst du mir nicht zu sagen.

Aber – ich habe nun mal in dieser alten Kirche auch die alten Sehnsuchtslieder gehört, seit Generationen schon. Ach, die Erlösung muss noch kommen. Davon haben sie immer schon gesungen.

„Ich weiß" – der Engel zögert – „die Leute hier im Osten sind nicht gut dran. Und bei euch da drüben, wo ihr so viel mehr habt, da rumort der Lebenshass, höre ich. Und so wartet ihr beide auf Erlösung – wie ich."

Wie, stutze ich, ein Engel, der sich nach Erlösung sehnt? Ich dachte, wo immer Engel auftauchen, ist Erlösung nicht mehr fern? Er guckt mich mit seinen blauen Augen ruhig an. „Ich schwebe hier schließlich schon über dreihundert Jahre lang – und warte darauf. Du dagegen kommst hier nur mal kurz zu Besuch in die Kirche", murmelt er.

„Glauben ist, mit diesen Widersprüchen leben können", sagt der Engel nach einem Seufzer. „Viele Kinder verhungern auf der Welt, viele Tausende – auch jetzt, wo wir hier reden. Das ist das eine – und es verstört auch mich.

Aber hier, in Pommern ist heute Frieden – und bei euch doch auch, immerhin! Keine Panzerketten mehr, die unsere Häuser zermalmen. Auf diesen Frieden müssen wir nicht mehr ewig warten. Wir haben ihn jetzt, so weit wir überhaupt Frieden in diesem Jammertal bekommen können. Etwas Erlösung ist schon da, verstehst du – und das ist wenigstens ein kleines Wunder, ein erster Trost."

In der Kirche ist es jetzt fast dunkel geworden. Die dicke Kette über dem Engel schimmert im Abendlicht. „Daran hältst du dich, Engel, an diesen Trost?", frage ich nach einer Weile. „Es kann mir nichts geschehen", sagt er. „Und zugleich: Ich bin in größter Gefahr. Beides stimmt. Die Gefahren hören nicht auf. Aber der Trost auch nicht. Und auch für dich gilt das ja: ‚Ich bin in größter Gefahr.' Und du weißt auch: ‚Es kann mir nichts geschehen.'"

Es stimmt, was der Engel sagt, denke ich auf dem Weg hinaus. Auch in meinem Leben gab es immer wieder diese beiden Erfahrungen: Dass ich verlassen wurde von einem Menschen, der mir nahe war. Dass ich nicht mehr gefragt war im Beruf. Dass mir der Glaube an Gottes Trost abhanden kam. Aber jedes Mal gab es einen neuen Anfang. Eine kleine Errettung.

Und immer habe ich in diesen Zeiten jemanden gefunden, der mir eine Brücke gebaut hat über den Abgrund zwischen Trost und Zerstörung meines Glaubens. Einen Engel, würde man in der Sprache des Glaubens sagen, einen Boten Gottes. Mal einen aus Holz und mal aus Fleisch und Blut. Mal jemanden wie meinen Vater oder mal jemanden wie Alicja, die mich mit ihrer köstlichen Borscht-Suppe seitdem immer wieder dazu verlockt, zurückzukehren – zu ihr und zu dem früheren Pfarrhaus. Und zu dem alten Taufengel in Jassow.

Hans-Eckehard Bahr wurde 1928 geboren. Er übernahm 1966 den Lehrstuhl für Christianity and Culture an der University of Chicago und wurde Mitarbeiter von Martin Luther King. Von 1967–1993 war er Professor für Praktische Theologie an der evangelisch-theologischen Fakultät der Ruhr-Universität in Bochum. Er legte den Schwerpunkt seiner Arbeit auf die Friedens- und Konfliktforschung sowie die Erforschung gewaltfreier Politik im 20. Jahrhundert. Seit 1994 widmet er sich dem Forschungsprojekt »Jugendgewalt und Stadtfrieden« an der Ruhr-Universität Bochum. Hans-Eckehard Bahr veröffentlichte zahlreiche Bücher, u. a. zu neuen Lebensformen in der Stadtgesellschaft. Er ist zudem seit vielen Jahren Autor verschiedener Hörfunksendungen, von denen eine 2005 mit dem Robert-Geisendörfer-Preis ausgezeichnet wurde. Er ist Mitglied des Internationalen P.E.N.

Heimat im Gedächtnis der Toten

Fulbert Steffensky

Orte binden unsere Erinnerung – Erinnerungen des Schreckens, des Glücks, der Schuld, der Liebe. Nie gehe ich unberührt an dem fremden Haus vorbei, in dessen Keller wir auf der Flucht Schutz fanden vor den fallenden Bomben. Wenn ich mit einem meiner Geschwister dort vorbeifahre, sehen wir uns an, und wir wissen beide, woran wir denken. So geht es uns nicht nur mit Orten, auch mit Farben, mit Tönen und mit Zeiten. Man behält den Tag, an dem sich zwei Liebende versprochen haben, im Gedächtnis. Der Ton der Sirene wird dem durch Mark und Bein gehen, der unter den Bomben des Kriegs gezittert hat. Anderen, die anderes erlebt haben, sagen diese Orte, diese Töne und diese Zeiten nichts. Aber sie sprechen zu dem, dessen Erinnerung sie Gestalt werden lassen. Vieles wird einem zur Heimat: ein Fluss, den man liebt; Menschen, die einem vertraut sind; die Arbeit, die einem wichtig ist. Heimat sind die Stellen, die meine Erinnerung aufleben lassen.

In der Nähe meiner Arbeitsstelle in Hamburg stand die große Hauptsynagoge. Sie wurde in der Pogromnacht 1938 geschändet und in Brand gesetzt, die Ruine wurde 1939 abgerissen, und zwar auf Kosten der jüdischen Gemeinde. Lange war dort ein Parkplatz, und mein Auto stand oft dort. Ich wusste nicht, dass Menschen in den Jahren des Terrors an diesem Ort gezittert und gebetet hatten. Ich wusste nicht, dass sie vor dem Abtransport dort zusammengetrieben wurden. Und so hatte der Ort mir nichts zu sagen. 1988 wurde der Grundriss der Synagoge als Mosaik in den Boden eingelassen. So wurde es ein bezeichneter Ort. An dieser Stelle werden bei besonderen Anlässen die Namen der Toten verlesen, die an den Orten des Terrors ermordet wurden. Um den Platz der alten Synagoge stehen Bäume und darunter Bänke. Ich saß oft da, als ich noch in meinem Beruf arbeitete. In der Nähe führte eine laute Straße vorbei, trotzdem war es ein leiser Ort.

Ich erinnere mich dort an Menschen, die ich nie gekannt habe. Vielleicht war dabei ein Mann, so alt wie ich jetzt bin, den man nicht in Ruhe hat sterben lassen. Vielleicht zitterte hier ein Kind, das man von der Hand seiner Mutter gerissen hat. Diese Menschen sind nicht meine Toten. Ich habe sie nicht geliebt, und ich kenne ihr Leben nicht. Aber ich kenne ihr Leiden und ihren Tod. Wenn ich an dieser Stelle sitze und an sie denke, werden sie zu meinen Toten. Ich lerne von ihnen, was Menschen nie angetan werden soll. Kein Kind soll sterben, ehe es gelebt hat. Kein alter Mann soll eines gewaltsamen Todes sterben. Die Erinnerungen, die mich dort überfallen, sind Bilder des Schreckens. Aber sie verstören mein Leben nicht. Sie beheimaten mich an jener Stelle und in meiner Stadt. Heimat ist da, wo die Toten ihren Platz haben; wo man ihren Namen kennt und wo man weiß, was ihnen im Leben geglückt ist und was sie gelitten haben. Ich kenne eine alte Jüdin, die den Schrecken der Pogromnacht 1938 und die Zerstörung der Synagoge miterlebt hat. Sie sagte: „In jener Nacht ist mir die Heimat zum Feindesland geworden." Und nun umgekehrt: Die Erinnerung macht mir dieses Land zum Heimatland. Sie entsühnt das Land, und es wird wieder zu einem „bewohnbaren Land mit einer bewohnbaren Sprache," wie Heinrich Böll dies nennt. Die Erinnerung an die Opfer macht das Land gerade nicht zu einem furchtbaren Land. Im Gegenteil: Man kann nicht atmen an den Orten, an denen das Gedächtnis und die Erinnerung an die Opfer verboten sind.

Es ist ein alter und humaner Brauch, die Toten heimzuholen und sie nicht in fremder kalter Erde verscharrt zu lassen. Dies gilt nicht nur im wörtlichen Sinn. Sich der Toten zu erinnern; ihr Schicksal dem Vergessen zu entreißen, heißt, sie heimzuholen. Die Erinnerung ist ein Akt des Erbarmens. Wir wärmen die Toten, wenn wir ihrer Leiden gedenken. Das Vergessen der Toten planiert unsere Lebenslandschaft und macht sie unwirtlich. Die Heimat ist der Ort der gehäuften Erinnerung. Man lernt, wer man ist, wenn man weiß, woher man kommt. Und Zukunft kann nur der haben, der eine Herkunft hat, der weiß, wer seine Väter und seine Mütter waren, was ihr Schicksal und ihre Lebenswünsche waren. Dies gilt nicht nur für unsere leiblichen Vorfahren. Es gilt für alle, die in der eigenen Region gelebt und gelitten haben. Die Bank, auf der ich sitze, ist ein Ort der Kommemoration. Commemoratio ist ein schwer zu übersetzendes Wort. Es ist die Erwähnung der Toten, die diese gegenwärtig macht; die ihren Tod zu einem Erbe und einer Pflicht macht. In lateinamerikanischen Basisgruppen erzählen sich die Männer und Frauen die Geschichte der von den Großgrundbesitzern Ermordeten. Die Gruppe antwortet auf diese Erzählung mit dem Ruf: Presente! Sie sind hier. Das ist kommemorative Rede. Nein, die Erinnerung an jene Toten bannt mich nicht. Die Wahrheit macht frei, auch die Wahrheit unserer Schuld und der verspielten Vergangenheit. Eine Wahrheit, die bannt und den Atem nimmt, ist nur die Fratze der Wahrheit. Von ihr haben die Toten und die Lebenden nichts, weder die Opfer noch die Täter.

„Unsere Schuld" sage ich. Aber wieso ist es meine Schuld? Ich habe jenen Menschen nichts getan, ich war am Ende des Krieges elf Jahre alt. Wieso lese ich mich, wenn ich dort sitze, in die Schuld jener Zeit hinein? Nein, ich bin persönlich nicht schuldig und schon gar nicht meine Kinder und Enkel. Was haben sie und was habe ich mit jener Geschichte zu tun? Ja, ich bin verwickelt, nicht im Sinn einer persönlichen Schuld. Aber es waren meine Väter und Mütter, meine Lehrer und Pfarrer, meine Dichter und Philosophen, meine Musiker und Maler, die geschwiegen haben in jener Zeit, die benutzt wurden und die sich haben benutzen lassen. Die mir das Leben ermöglicht haben,

haben es anderen verweigert. So gehöre ich hinein in die Geschichte der Verstrickung. Man darf sich seine Herkunft nicht rauben lassen, auch nicht die Herkunft aus Korruption und Verbrechen. Und so ist die Bank auf der ich sitze, auch meine Anklagebank, besser: meine Einklagebank. Die Erinnerung an die Toten klagt eine andere Zukunft ein. Niemand soll mehr hier oder an anderen Stellen gepeinigt und gefoltert werden.

Einmal habe ich mit einem Enkelkind auf dieser Bank am Synagogenplatz gesessen und ihm die Geschichte dieses Ortes erzählt. Auch dieses Kind wird nicht mehr gleichgültig dort vorbeigehen. Es wird hinschauen, der Ort wird zu seiner Erinnerung, er baut an seinem Gedächtnis, wie er meine Erinnerung erbaut hat. Allerdings wird dieses Enkelkind sehr viel weniger betroffen sein von der Erinnerung an den Terror, als ich es bin. Es ist eine Geschichte, die sich über fünfzig Jahre vor seiner Geburt abgespielt hat. Und was vor der Geburt eines Menschen liegt, gehört nicht mehr zu seiner Lebenszeit. Es ist Vorzeit. Zu meiner eigenen biographischen Zeit gehört, was damals geschehen ist. Für meine Enkel ist es erzählte und nicht erlebte Geschichte.

Es klingt zu schwer, wie ich jene Stelle und die Bank beschrieben habe. Als ich mit meiner Enkelin dort war, haben wir uns dort auch unbekümmert lustige Geschichten erzählt, und wir haben Verstecken gespielt. Und auf den Nachbarbänken saßen alte Männer und tranken ihr Bier. Die Erinnerung an die Toten erstickt die Heiterkeit des Lebens nicht, oder es wäre eine falsche Erinnerung. „Das Leben geht weiter!“, sagen einem manchmal die Menschen, wenn jemand gestorben ist. Der Trauernde hört diesen Satz und ärgert sich, wenn der Untergang der Welt, den man gerade erlebt hat, mit einer allgemeinen Banalität „entwichtigt“ wird. Und trotzdem hat dieser Satz, der unsere Trauer beleidigen kann, seine Wahrheit, auch wenn man sie nicht erkennt und zugibt in der wildesten Trauer. Die Männer, die dort ihr Bier trinken, und das spielende Kind lehren es: Das Leben geht weiter. Die Toten haben das Recht, dass ihr Name genannt wird und dass sie unvergessen bleiben. Aber sie haben kein Recht, den Lebenden die Sonne zu nehmen. Sie wird scheinen und wärmen und neues Leben und neue Heiterkeit wachsen lassen.

Die Wahrheit dieses Satzes habe ich auf einer anderen Bank gelernt, die mir noch lieber und näher ist als jene auf dem alten Synagogenplatz. Es ist die Bank, die auf dem Friedhof vor dem Grab meiner Frau steht. Seit drei Jahren sitze ich dort fast täglich und erinnere mich der verlorenen Liebe. Ja, in den ersten zwei Jahren nach ihrem Tod war es eine Marterbank. Es war keine Sonne zu sehen, und das Leben schien eingefroren. Die Bank vor dem Grab war meine heimatlose Heimat. Und dann kam der Tag, an dem ich zum ersten Mal wieder eine Vogelstimme durch die Trauer hörte. Es kam der Tag, an dem ich zum ersten Mal wieder die ersten Frühlingsblätter der Birke sah, die in der Nähe des Grabes steht, und ich vergaß, dass ich am Grab meiner Frau saß. Ich erschrak über die ersten Lichtblicke, die die wilde Trauer dämpften. Wo ich den geliebten Menschen nicht mehr hatte, wollte ich wenigstens die Trauer als ihren Schatten haben. Es ist wohl wie eine zweite Beerdigung, wenn die Trauer milder wird. Es ist nicht leicht, die Trauer gehen zu lassen, ebenso wie es schwer war, die Geliebte gehen zu lassen. Es ist nicht leicht, die Rufe eines neuen Lebens zu hören und ihnen zu folgen. Es ist nicht leicht zu erfahren, dass man wie in allen Dingen so auch in der Trauer ein endlicher Mensch ist. Noch immer gehe ich an jene Stelle, noch immer sitze ich auf jener Bank. Die Trauer ist zu Wehmut geworden. Ich bin ein anderer geworden. Die Wunden sind zu Narben geworden. Narben schmerzen oft, aber nicht immer. Man muss es aufgeben unendlich zu sein, auch unendlich in der Trauer oder im Bewusstsein der Schuld.

Und damit bin ich wieder bei der ersten Bank am Platz der alten Synagoge. Man ehrt auch jene Toten nicht mit der eisernen Größe der Trauer und des Gefühls der Schuld. Zur Erinnerung gehört das Vergessen, so bitter dies klingt. Unvergessen soll der Name und das Schicksal jener Toten sein. Aber sich selbst als Schuldigen muss man auch vergessen können. Man muss es lernen zu essen, zu trinken, zu lieben und das Leben in seiner Schönheit zu sehen. Vielleicht haben die Menschen meiner Generation als Lehrer und Lehrerinnen den Kindern und Jugendlichen zu viel zugemutet, indem wir ihnen unsere Betroffenheit zudiktierten und indem wir sie aus der Trauer und aus der Reue nicht entlassen wollten. Ich erinnere mich, dass Freunde, denen die Aufarbeitung der Nazizeit Lebensthema geworden war, über ihre eigenen Kinder einmal erschraken. Diese gebärdeten sich besonders national, wollten nichts mehr hören von den Erzählungen der Eltern und erklärten, mit dieser alten Geschichte hätten sie nichts zu tun. Diese Kinder haben sich einfach dagegen gewehrt, in die Betroffenheit der Eltern gezogen zu werden. Die Eltern sahen ihre Kinder schon in der Nähe der Neonazis. Aber sie waren es nicht. Sie haben sich nur gegen den Zwang gewehrt, genau so zu empfinden wie ihre Eltern. Die Reue ist kein Gefängnis mit undurchdringlichen Mauern. Sie ist der neue Weg des neuen Menschen. Reue und Heiterkeit sind Geschwister, keine Feindinnen.

Am Ende noch einmal eine grundsätzliche Überlegung: Warum braucht unsere Seele Orte wie jene Bank auf dem Friedhof und auf dem Synagogenplatz? Sind das Herz und das Gewissen nicht stark genug, die Erinnerung zu tragen? Zunächst stellen wir fest, dass die Erinnerung, dass der Glaube der Menschen, der religiöse und der nicht-religiöse, sich immer an Orte gebunden und sich in Orte verwandelt hat. Ich denke an die biblischen Orte in Israel: Menschen heiligen Orte, indem sie ihre Erinnerung daran binden. So sagen sie: Hier auf dem Tempelberg war es, wo Abraham Isaak opfern sollte. Sie sagen: Hier hat Johannes getauft und an diesem Ort ist das Grab der Erzväter. Andere sagen: An dieser Stelle des Landwehrkanals wurde Rosa Luxemburg ermordet, und jährlich ziehen sie dorthin und legen einen Kranz nieder. Historisch muss das keineswegs stimmen und meistens stimmt es auch nicht. Dies aber ist ziemlich gleichgültig. Die Erinnerung und der Lebensglaube der Menschen werden zu einer Landschaft. Sie verobjektiviert sich in Orten, in Steinen, in Flusswindungen, in Bergspitzen und in Talgründen. Und so kommt einem der Glaube und die Kenntnis des Lebens entgegen als Ort und Stein und Platz. Man ist nicht mehr nur auf die Kraft des Herzens angewiesen. Die Landschaften der Hoffnung verhelfen zur Hoffnung. Die Landschaften des Glaubens verhelfen zum Glauben. Die Glaubens- und die Hoffnungsheimat besteht nicht nur aus Überzeugungen, die im Herzen wohnen und von ihm getragen werden. Sie bestehen aus Zeiten und Rhythmen, die eingehalten werden; aus Orten, die aufgesucht werden; aus Gesten und Symbolen, in die sich das Herz bergen kann. Meine Erinnerung liegt auch in jener Bank am Synagogenplatz, die ich aufsuche. Sie liegt auch in meinen Füßen, die mich dahin tragen. Sie liegt gestaltet im Mosaik jenes Platzes, das meine Augen sehen. Sie liegt auch in der Segensgeste für die Toten, die meine Hand macht. Wir sind nicht nur Geist und Innerlichkeit. Wir sind Leib. Der Geist, der nur Innerlichkeit ist, bleibt blass und ist wie eine Partitur, die nicht Musik wird.

Fulbert Steffensky wurde 1933 in Rehlingen/Saar geboren. Er studierte katholische und evangelische Theologie. Nach seiner Assistenzzeit und Promotion war er Professor für Erziehungswissenschaften an der Fachhochschule Köln. Von 1975 bis 1998 war er Professor für Religionspädagogik an der Universität Hamburg. Von 1976 bis 1977 hatte er eine Gastprofessur am Union Theological Seminary in New York inne. Er war mit Dorothee Sölle verheiratet und hat vier Kinder.

Die „Stund“ im alten Schulhaus

Burkhard Müller

„Lungenkrank“. Der Hausarzt blickte ernst. „Das Kind muss dringend zur Erholung: gute Luft, gutes Essen.“

Es gab auch damals etwas zu essen, aber nie genug. Auf Marken abgezählt die Butter, das zerbröckelnde Maisbrot in geringen Mengen, Grünkernsuppe als Quäkerspeisung in der Schule, ein Topf Kartoffelschalensuppe aus dem Konsum und rohe Steckrüben am Nachmittag, wenn beim Spielen der Hunger kam. Das war nicht schlecht für die Hungerzeit nach dem Krieg. Aber jetzt hatte es mich erwischt: „Lungenkrank.“

Die Therapie lag nah. Wir brauchten kein Sanatorium in Davos. Wir hatten ja unsere Großmutter auf der Schwäbischen Alb.

Die Ankunft in dem schwäbischen Dorf war für mich wie das Ankommen im Paradies. Paradiesisch das reichliche Essen - im Hunger der Nachkriegszeit das größte Glück. Es gab duftendes Bauernbrot mit großen Löchern, in die ich heimlich die selbst gemachte Sauerbutter hineindrückte. Und darauf echte Marmelade aus echten Früchten, während es zu Hause eine Pampe aus Bananen-Ersatzgetränk, mit Mehl eingedickt, als süßen Brotaufstrich gab.

Drei Minuten entfernt war das Brotbackhaus des Dorfes. Die Backzeiten wurden unter den Bäuerinnen ausgelost, die Öfen aufgeheizt, die Brotlaibe mit den langen Schaufeln in die dunklen Öfen gestoßen, und dann mischte sich in den Duft des verbrannten Holzes der des frisch gebackenen Brotes. Wenn ich den Frauen erzählte, zu Hause äßen wir Kartoffelschalensuppe und Maisbrot, hörten sie kopfschüttelnd zu. Aus Mitleid mit dem lungenkranken Stadtkind steckten sie mir wunderbare Kartoffelfladen zu.

Ich blühte auf.

Meine Großmutter hatte ein Klavier. Musik wurde in ihrer Umgebung groß geschrieben. Es wurde viel gesungen, fast ausschließlich schöne Choräle, die irgendjemand auf dem Klavier begleiten konnte. Laut wurde gesungen und herzhaft, und natürlich mehrstimmig improvisiert. Und durchaus nicht immer nur mit der begleitenden Terz, sondern manchmal auch in komplizierteren Harmonien, besonders wenn es einer der berühmten Bachchoräle war.

Das Klavier war gut gegen meine Langeweile. Auch

ich konnte leichte Stücke spielen. Natürlich versuchte ich die Choräle aus dem Gesangbuch nachzuspielen. Heimlich komponierte ich auch.

Eine ältere Cousine, die Musik studierte und für ein paar Tage die Großmutter besuchte, fand meine Noten und rief immer wieder erstaunt aus: „Das ist ja ein Neapolitaner, das ist ja ein Neapolitaner, das lernt man doch erst auf der Musikhochschule. Und das hast du ganz allein gefunden?" Mein hochroter Kopf nickte: „Ganz allein."

Ich vergaß zu bedenken, dass hier wohl das sprichwörtliche blinde Huhn mal ein Korn gefunden hatte. Ich hielt mich für den angehenden großen Komponisten. In den Monaten auf der Schwäbischen Alb begann ich mindestens drei Triosonaten, fünf Choralvorspiele und eine Symphonie zu komponieren, bin aber sicherlich bei keinem meiner Meisterwerke über die zweite Seite hinausgekommen. Aber ich blühte auf.

Wenig interessierte mich die große aufgeschlagene Bibel der Großmutter im Wohnzimmer, obwohl – wenn ich mich richtig erinnere – sie durch Schnorr von Carolsfeld mit Bildern ausgestattet war und darum auch für Kinder eine gewisse Anziehung hätte ausüben können.

Die Großmutter las regelmäßig darin. Jeden Morgen war eine neue Seite aufgeschlagen. Sie pflegte einmal im Jahr die gesamte Bibel durchzulesen.

Abends aber kam sie oft an mein Bett und erzählte eine Geschichte, und wahrlich: Erzählen konnte sie! Keine einschläfernd sanfte Gute-Nacht-Geschichte. Sondern eine hochdramatische Bibelgeschichte. Ich höre noch heute, wie König Darius voller Verzweiflung am Tor zur Löwengrube ruft: „Daniel, Daniel, komm heraus!"

Diese Geschichten wurden zu einem Höhepunkt meines Aufenthalts. Ich spürte: Bibel ist Dramatik. Und lernte: Glauben ist Erzählen.

Sonntags ging man in die Kirche. Die Frauen saßen unten. „Wir Männer" saßen oben. Irgendwie wollte ich besonders fromm sein. Ich sehe mich an der Ecke neben der Orgel stehen und denken: „Gib dir Mühe, so innig fromm wie dieses lungenkranke Stadtkind sollen sie hier noch keinen gesehen haben." Ich kniff die Augen zu und wartete ganz lange, bis ich mich setzte. Ich faltete die Hände hoch vor der Brust, und gab mir Mühe, als besonders aufmerksamer Predigthörer zu erscheinen. Ein paar Wochen hielt ich das Theater durch. Aber keiner sprach mich darauf an. Hier waren die Leute viel zu nüchtern und durchschauten wohl schnell mein kindliches Spiel, wenn sie es überhaupt bemerkt hatten. Ob meine abgrundtiefe Abneigung heute gegen frommes Theater mit diesen damaligen Erfahrungen zusammenhängt?

Sonntags ging man am Nachmittag und am Abend ins alte Schulhaus meines Großonkels Albrecht – in die „Stund".

Später erfuhr ich, dass sich dort seit über zweihundert Jahren Menschen aus dem Dorf trafen, um sich den Glauben durch die Auslegung der Bibel stärken zu lassen. Altpietisten nannte man diese Stundenleute, die sich an vielen Orten auf der Schwäbischen Alb trafen.

Die „Stund" fand in dem großen Schulsaal im Erdgeschoss statt. Ich habe noch heute die Duftmelange in der Nase: Etwas vom Öl des Bodens, etwas von Kuh und Heu aus der kleinen Landwirtschaft des Onkels, manchmal der Geruch nach Hefekuchen, wenn es ihn hinterher gab, und - darüber habe ich aber nie jemanden reden hören - ein etwas scharfer Geruch aus dem Plumpsklosett auf der halben Treppe.

In dem Saal saßen links die Männer, rechts die Frauen. Vorn stand ein langer Tisch. Von dem aus legten die „Brüder" die Schrift aus. Ob heute auch die Frauen mitreden dürfen?

Mit meiner Aufmerksamkeit war es dort nicht weit her. Ich spielte lieber Eisenbahn. Wir saßen auf alten Schulbänken. Ganze Generationen von Schülern hatten auf den Tischplatten entlang den Jahreslinien des Holzes das Weiche mit den Fingernägeln eingedrückt oder auch mit Messern herausgeschnitzt. Jedenfalls waren diese Tischplatten für mich die reinste Gleislandschaft, sogar mit Weichen, und ich probierte von A nach B zu fahren und von C nach D. Wie ging das am schnellsten? Das fand ich viel unterhaltsamer als das, was vorn die „Brüder" sagten.

Heute weiß ich, dass die „Stund" beides für mich war: ein langweiliger Ort, dem ich wenig Aufmerksamkeit schenkte. Und doch ein Ort, der mich ganz nebenbei geprägt hat.

Die für mich wichtigste Person in der „Stund" war mein Großonkel Albrecht, der ehemalige Schullehrer des Dorfes, der letzte nach mehr als zweihundert Jahren in diesem Schulhaus.

Er hatte auffallend schönes, schlohweißes Haar. Er wasche es jeden Morgen, natürlich mit kaltem Wasser, ging das Gerücht.

Er saß vorne links, vornüber geneigt, die Arme auf den Beinen aufgestützt. Er war der Gastgeber, aber nie ergriff er in der Versammlung das Wort. War es

Schüchternheit? Oder Bescheidenheit? Oder die Sorge, andern zu predigen und selbst verwerflich zu werden?

Er hatte eine schöne Stimme, er stimmte die Lieder an. Dabei gab es nur ein Liederbuch, und das hatte einer der Brüder vorne. Der las den Text der ersten beiden Zeilen, mein Onkel stimmte an, alle fielen ein, und so ging es weiter, Zeile für Zeile, Strophe für Strophe.

Sein Bruder dagegen, der bärtige Onkel Paul, auch Lehrer, saß vorne am Tisch. Keins seiner Worte ist mir bleibend in Erinnerung, obwohl er immer eine Geschichte für die Kinder erzählte.

Aber ich habe ihn in der „Stund" einmal heimlich gezeichnet. Darum weiß ich bis heute wie er aussieht: besonders seine Nase, genau so höckerig wie die meiner Mutter. Und wenn ich jetzt die Finger über meine Nase gleiten lasse, merke ich: Ich habe Onkel Pauls Nase.

Und dann erinnere ich mich noch an den „Bruder Franz". Ich sehe seine hagere kleine Gestalt, seinen Schnauzer und einen Kopf, der immer hin und her wackelte, wenn er redete. Umständlich holte er die Brille heraus und streifte die Bügel einzeln hinter die Ohren. Er blickte immer nach unten, nie ins Publikum, und begann mit leiser Stimme jedes Mal so: „Des isch mir wichtig wore ..." Dies war sein hermeneutischer Schlüssel, sein Auslegungsprinzip. Man kann über die darin enthaltene Subjektivität klagen, den Individualismus solcher Frömmigkeit nicht gut finden. Für mich ist dieser Schlüssel zum Wort bei vielen Predigten entscheidende Hilfe gewesen: Was eigentlich ist dir an diesem Predigttext wichtig geworden? Das predige!

Was in der „Stund" gesagt wurde, ging an meinen Ohren vorbei. Aber doch hat die Fülle der Worte wie

„Gottes abgrundtiefe Liebe", „seine unendliche Güte" und „sein ewiges Erbarmen", die an mir vorbeiflogen, mich nicht nur gestreift, sondern innerlich deutliche Spuren hinterlassen.

Einmal, es war etwas später in den Sommerferien, viele Vettern und Basen waren zu Besuch bei der Großmutter, trauten wir Kinder uns, „Stund" zu spielen während die Erwachsenen sich oben bei Kaffee und Hefestuten unterhielten.

Erst las jemand den Psalm 23 von dem guten Hirten. Ich war der „Bruder Franz". Und ich begann: „Mir isch wichtig wore, dass der Gute Hirte mir einen vollen Tisch bereitet und voll einschenkt. Der liebe Heiland ist wie die Großmama, wenn sie mit einem großen Teller voll mit Pfannkuchen zu uns Kindern kommt."

Gewiss eine sehr subjektive Auslegung aus der Sicht eines Jungen, dem Essen immer noch das wichtigste Bedürfnis war. Und doch irgendwie eine erste, tiefe Einsicht in das, was Evangelium heißt.

Glauben in dieser schwäbischen Familie hatte nach meiner Erinnerung mit ganz unschwäbischer Üppigkeit und mit Überfluss zu tun. Reich waren die Leute nicht, wahrscheinlich sogar arm. Aber sie dachten nicht ärmlich, sondern lebten großzügig und gastfrei.

Ich vermute, dass das ihrem Glauben entsprach, dem Glauben an einen sehr einladenden und gastfreien gütigen Gott, gerade so, wie die Großmutter mit ihrer Platte voller Pfannkuchen.

Ich habe später viel nachgedacht, warum ich mich als Kind dort so wohl gefühlt habe: Weil ich die Frömmigkeit als natürlich und echt erlebte, nicht verkrampft und gesetzlich eng. Es war eine Frömmigkeit, die Freiheit gab und mich in einer milden, freundlichen Atmosphäre gut gedeihen ließ.

Bisweilen durfte ich als Kleiner dabei sein, wenn sich meine Verwandten zum Feierabend im alten Schulhaus einfanden. Einmal durfte ich mit in den Keller, um am großen Holzfass einen Krug Most für die Erwachsenen zu füllen. Wir saßen um eine riesige Tafel. Manche strickten, stickten, flickten. Ich versuchte zu zeichnen. Es wurde viel erzählt, geredet, gelacht, auch gesungen.

Gelegentlich kamen die Brüder meiner Mutter zu Besuch. Dann wurden sie angehalten, von ihrer „Arbeit im Weinberg Gottes", wie das hieß, zu berichten. Auch sie konnten fesselnd erzählen von Evangelisationen und Erlebnissen in der Jugendarbeit. Das alles war sehr konkret und anschaulich, und ich Kleiner saß mit hochroten Ohren dabei, weil sich mir eine ganz neue Welt des Glaubens auftat.

Es gab auch Aufregung in der Runde: Einmal wurde heftig diskutiert über die Frage, ob der Mensch vom Affen abstammt oder nicht. In der Bibel stand es nun wirklich anders. So klein ich war, wusste ich doch, dass wir nicht vom Affen abstammen, sondern dass beide gemeinsame Vorfahren haben sollten. Erste Zweifel keimten in mir auf. Tat man hier der Wahrheit nicht Unrecht? Muss man nicht etwas erst sehr genau kennen und verstehen lernen, bevor man es dann ablehnt?

Die Bibel stand hier aber ganz hoch im Kurs, sie war die höchste Autorität. Dieser Respekt vor der Bibel hat mich durchaus auch geprägt. Aber er hat mich nicht verführt, aus Liebe zur Bibel und im Interesse gläubiger Vorurteile gelegentlich bei der Auslegung und dem Verstehen zu mogeln und zu glätten. Im Gegenteil! Durch die hartnäckige Frage bei der Lektüre der Bibel: „Was steht denn da wirklich?" habe ich den Weg zur Bibelkritik gefunden. Und ich meine bis heute: Bibelkritik und Respekt vor der Autorität der Bibel gehören zusammen und widersprechen sich nicht.

In dieser Feierabend-Runde im alten Schulhaus hörte ich zum ersten Mal vom Theologen Bultmann, der den Glauben zerstöre, der die ganze Bibel zu Märchen und Mythen mache und ein Programm zur Entmythologisierung der Bibel aufgestellt habe.

Das beunruhigte die Runde sehr. Und ich wollte, als ich anfing Theologie zu studieren, Bultmanns „Geschichte der Synoptischen Tradition" gleich im ersten Semester widerlegen.

Das gelang mir auch ganz gut im ersten Drittel des Buches. Im zweiten Drittel war ich mir meiner Position nicht mehr ganz so sicher, im dritten Teil hatte Bultmann gewonnen. Ich fand für mich heraus: Er hat einfach Recht.

Vieles hat mich geprägt und verändert: die Universität, das Vikariat, Menschen, die ich in meinen Gemeinden kennen lernte - wie der Bergmann aus dem Ruhrgebiet und der Wirtschaftswissenschaftler in Bonn; die Konfirmanden, die Gottesdienste und die Kirchentage, schöne Bücher und großartige Gedichte, der Geist und die Probleme der Gegenwart ...

Ich habe mich weit entfernt von der geistlichen Heimat meiner Kindheit, aber die Verbindung ist nie wirklich abgerissen. Was damals war, ist mir noch heute nah. Wenn ich jetzt frage, wo meine geistliche

Heimat ist, dann blicke ich gern zurück auf das kleine Dorf auf der Schwäbischen Alb mit dem alten Schulhaus. Ich sehe die Menschen dort vor mir. Und ich bin ihnen dankbar für die wunderbaren Anfänge meines Glaubens.

Burkhard Müller wurde 1938 in Herford geboren. Er wuchs in einer pietistisch geprägten Familie auf und studierte Theologie in Bonn, Heidelberg und Tübingen. Das Vikariat und die erste Gemeindepfarrstelle führen ihn ins Ruhrgebiet (Oberhausen). Ab 1974 war er als Gemeindepfarrer in Bonn tätig. Er beschäftigte sich mit Kirchlichem Entwicklungsdienst, dem Dialog zwischen Christen und Muslimen und der Migrations-Arbeit. Mehr zufällig als geplant entwickelte sich aus der Gemeindearbeit ein bis heute währendes Engagement im Bereich Musikmanagement und in der Chor- und Orchesterarbeit. Von 1990 bis zu seiner Pensionierung im Jahr 2000 war Burkhard Müller Superintendent in Bonn. Er gehört zum Sprecherteam der ARD-Sendung „Wort zum Sonntag". Darüber hinaus war er auch in der kirchlichen Rundfunkarbeit tätig (Morgenandachten, Gedanken zur Woche usw.).

Die Madonna von Dijon

Friedrich Grotjahn

Ich erreichte die Kirche von der Rue Musette her, dieser hübschen Straße der vielen kleinen Läden mit Senf und Kir, Tonfigürchen und Antiquitäten – man pendelt von rechts nach links und wieder zurück und kommt gar nicht dazu, nach vorn zu gucken. Doch die Straße läuft direkt auf sie zu, und dann ist sie nicht mehr zu übersehen. Mit ihrer hohen Westfront, bestückt bis oben hin mit Furcht erregenden, Wasser speienden Ungeheuern, versperrt sie ihr den Weg.

Dijon hat bedeutendere Sehenswürdigkeiten als die Eglise Notre-Dame. So den Herzogspalast mit seinen berühmten Gräbern und dem Museum der Schönen

Künste. Ihn würdigt der Baedeker mit zwei Sternen, während diese Kirche mit nur einem vorlieb nehmen muss. Immerhin mit einem. Und ich stand davor. Also ging ich auch hinein.

Ich hätte mich vorher informieren sollen. Dann wäre ich nicht so unvermutet auf sie gestoßen, auf die Madonna in der rechten Seitenkapelle: „Eine schwarze Marienstatue aus dem elften Jahrhundert, eine der ältesten Holzskulpturen Frankreichs", las ich später im Reiseführer.

Sie saß auf einem niedrigen Podest – in Augenhöhe – neben dem Altar, mir gegenüber, war nur durch ein niedriges Eisengitter von mir getrennt und sah mich an.

Ich will versuchen, sie zu beschreiben, wohl wissend, dass keine Beschreibung erklären kann, warum ich so fasziniert war. Aber das ist wohl so, wenn man unvermittelt mit dem Heiligen konfrontiert wird, wenn man unvermittelt eine Erfahrung macht, die, wie der Theologe Paul Tillich sagt, „durch keine Erkenntnis mittels philosophischer oder theologischer Begriffe ersetzt werden kann."

Sie saß da in einem blauen Kleid, breitbeinig wie eine Marktfrau. Mit ihren hängenden Brüsten und einem durch Querfalten im Kleid noch betonten vorstehendem Bauch sprach sie jedem weiblichen Schönheitsideal Hohn. Und doch, sie war eine Schönheit. Es ging ein Zauber von ihr aus, dem ich mich je länger umso weniger entziehen konnte. Ein weißer Umhang, auf dem Kopf von einem Stirnreif gehalten, umrahmte ihr Gesicht, lag auf Schultern und Armen. Ihre Hände, mit denen sie ursprünglich vielleicht ein auf ihrem Schoß sitzendes Jesuskind gehalten, oder die sich den Besuchern offen entgegengestreckt hatten, fehlten.

Nur noch die Armstümpfe lagen aufgestützt auf ihren Knien.

Trotz ihrer farbigen Kleidung war die Madonna schwarz, eine Schwärze, die von innen kam, durchschimmerte, als ob Uraltes unter Altem verborgen, sich nicht gänzlich verbergen ließ, wie eine andere Geschichte unter der Geschichte, hinter ihr, ihr nahe, wie eine Ahnung von der Großen Mutter hinter der Maria.

Ihr langes Gesicht war das Gesicht einer goldfarbenen Maske über schwarzer Haut. Augen vom Blau ihres Kleides. Sie füllten die ganze Pupille aus. Rätselhaft kühl, unpersönlich und unbewegt sahen sie mich an. Und zugleich fühlte ich mich dieser Figur ganz nah, fühlte mich in diesem Blick geborgen.

Ich war verwirrt und tat etwas, was ich noch nie im Leben getan hatte – ich bin schließlich ein in der Wolle gefärbter Protestant – ich entzündete eine Kerze und steckte sie auf einen Eisendorn im Lichtermeer neben ihr. Dann stand ich ihr wieder gegenüber.

Ich bin lange bei der Madonna geblieben. Die anderen Kirchenbesucher haben uns nicht gestört, ich habe sie gar nicht wahrgenommen. Und als ich schließlich ging, registrierte ich zwei Gefühle in mir, das eine: „Jetzt ist alles gut" und das andere: „Von nun an ist alles möglich."

Meine Madonna heißt „Notre-Dame du Bon-Espoir", „Unsere liebe Frau von der guten Hoffnung." Das ist ein schöner Name. Und wundertätig ist sie auch.

Zwei Mal hat sie die Stadt Dijon vor der Zerstörung bewahrt: in den Jahren 1513 und 1944, jeweils am 11. September. 1513 waren es Schweizer Truppen, die

die Stadt belagerten, und 1944 deutsche, die sie besetzt hielten. Beide Male stand es auf Messers Schneide, und beide Male sind die Truppen abgezogen, ohne dass ein Schuss gefallen wäre. Das war das Werk der Madonna. Und man hätte nur wünschen können, dass die Stadt New York am 11. September 2001 auch eine so wunderbare Schutzherrin gehabt hätte.

Ich bin am nächsten Tag noch einmal zu ihr gegangen. Der Zauber war nicht verflogen. Und seither besuche ich sie, suche ich sie auf, pilgere ich zu ihr, so oft ich in Frankreich bin.

Ich bin schon immer ein Wanderer, nie aber ein Pilger gewesen. Doch nun habe ich eine Ahnung davon bekommen, weshalb Menschen lange Reisen auf sich nehmen, nach Lourdes, nach Compostela oder nach Mekka pilgern.

Und natürlich habe ich mich gefragt, was da von mir Besitz ergriffen hat. Bin ich in eine katholische Falle getappt? Was ist aus meiner Theologie geworden? Doch merkwürdigerweise haben mich diese Fragen zwar interessiert, aber nicht sehr tief berührt, mich nicht verunsichert. Nur, ich wollte dahinter kommen. Und um das Ergebnis gleich vorwegzunehmen: Ich bin es nicht.

Es ist mir ähnlich gegangen wie Rainer Maria Rilke, der vom Anblick einer Statue des archaischen Gottes Apoll so überwältigt wurde, dass ihm plötzlich klar war: „Du musst dein Leben ändern." – Wieso eigentlich, das hat auch er nicht gesagt.

Um dahinter zu kommen, habe ich alles gelesen, was ich über „Schwarze Madonnen" an Land ziehen konnte, auch esoterisch Abgedrehtes. Jedoch, was ich da fand, war zwar alles interessant, hat aber meine

Ergriffenheit nicht erklären können. Ich finde es interessant, zu erfahren, dass in Schwarzen Madonnen möglicherweise die schwarzen Muttergottheiten der antiken Welt wieder auferstanden sind, die „Große Mutter" wiedergekehrt ist, dass sie an die Zeit erinnern, in der die Erde als Körper einer Frau angesehen wurde. Und was die Wurzeln der Notre-Dame in Dijon angeht: Da streitet man sich, ob sie mit gallo-romanischen Statuen von Kybele und Isis vergleichbar ist oder eher wie eine germanisch-keltische „gute Hexe" wirkt.

Kurios finde ich nur, wie hilflos die Kirche an vielen Orten damit umgeht, dass es schwarze Madonnen gibt und diese Schwärze mit dem Alter der Figur oder mit jahrhundertelangem Beräuchern durch Weihrauch und Kerzenqualm erklären zu müssen glaubt. Angst vor Berührung durch Heidnisches? Die funktionellen Gemeinsamkeiten lassen sich nicht übersehen: Was die Heiden von ihren Göttinnen erwarteten, das haben jahrhundertelang die Christen von ihren Madonnen erhofft. Doch ist trotzdem Maria immer noch Maria und nicht Kybele oder Isis. Auch nicht, wenn sie schwarz ist. Meine Madonna ist eine schwarze Madonna. Sie ist im Lauf der Jahrhunderte mehrmals angestrichen worden, zuletzt 1964, dunkelt aber immer wieder nach. Und für sie gilt ganz besonders: „Black is beautyful!"

„Schwarz bin ich, aber schön," sagt die junge Frau im Hohenlied des Alten Testaments. Ich habe einmal gelernt, dass dieses Lied ein rein weltliches Liebeslied sei, das glücklicherweise, weil religiös verstanden, in die Bibel gelangte und so bis heute überdauert hat, eigentlich aber in „heiligen" Schriften nichts zu suchen habe. „Schwarz bin ich, aber schön." Dieses Wort ist manchen Schwarzen Madonnen, so in Messina, Sizilien, oder in Le Puy, Südfrankreich, als biblische Belegstelle hinzugefügt. Marienlob schon im Alten Testament! Das hat mich auf neue Gedanken über den Zusammenhang der Bibel gebracht. Und dass Religion etwas mit Schönheit zu tun haben könnte, hatte ich bisher nur in einem Gesangbuchlied gefunden, in „Schönster Herr Jesu". Das war ansonsten aber in meinem protestantischen Glaubenshaushalt bis dahin nicht vorgesehen.

Ich habe mich bei anderen erkundigt, wie es ihnen mit der Erfahrung des Heiligen oder der Heiligen ergangen ist. Allerdings weniger bei Theologen, sondern eher bei Schriftstellern, denen sich, will man Heinrich Heine glauben, „die Poesie, welche in der Symbolik des katholischen Dogmas und Kultus blüht und lodert, viel tiefer als anderen Leuten offenbart".

Ich fand Bemerkenswertes bei einem in diesem Zusammenhang bemerkenswerten Mann, nämlich Volker Elis Pilgrim, dem „Propheten der Männeremanzipation" der 70er und 80er Jahre, durchaus kein Katholik, und evangelisch auch nicht mehr. Er besuchte einmal eine Kirche, deren Ort er nicht nennt, und wurde dort – ähnlich wie ich in Dijon – mit einer berühmten Altarmadonna konfrontiert. Er schreibt: „Eine Stimme bewog mich, in dem Ort der Madonna über Nacht zu bleiben. Als es leer wurde in der Kapelle, als ich allein war, fühlte ich: ‚Da ist etwas.' Ich blieb drei Tage und ging alle paar Stunden zum Altar. Auf merkwürdige Weise warnte mich die Madonna vor einem Jahr meines Lebens, in dem mir Gefahr drohen würde. Das war ihr Begrüßungsgeschenk." – Diese Madonna ist ihm zu einer „Bittstätte" geworden, an die er sich auch in der Ferne immer wieder wenden kann.

Ganz ähnlich und doch ganz anders erging es Hermann Hesse in seinem „Madonnenfest im Tessin": Er erlebte die „goldene Madonna" der Wallfahrtskirche auf dem Monte Arbostora und schreibt, sie „wäre so recht ein Heiligtum für Menschen von meiner Art. Und es ist eigentlich schade, dass ich gar nicht Katholik bin und gar nicht richtig zu ihr beten kann." Maria ist ihm „die heiligste Gestalt aller Religionen, und zu manchen Stunden glaube ich, sie nicht weniger richtig und mit nicht kleinerer Hingabe zu verehren, als irgendein frommer Wallfahrer vom orthodoxesten Glauben." Er traut ihr zu, „dass sie auch uns Heiden verstehe und gelten lasse".

Natürlich habe ich mich auch bei den Altvorderen erkundigt, als Lutheraner zuerst einmal bei Martin Luther selbst: Er hat an Maria festgehalten. „Ich hab mein Herz an sie gewöhnt und gehängt," hat er einmal gesagt. Anders viele seiner Nachfolger, die, im Bemühen, nur das blanke Evangelium gelten zu lassen, die Heiligen, und mit ihnen auch die Madonnen, aus den Kirchen schleppten und zerstörten.

Gegen solche Praxis hat sich übrigens niemand geringeres gewandt als Maria selbst. In einem Brief an einen dieser reformatorischen Bilderstürmer schrieb sie: „Dass du dem Luther folgend eifrig verkündest, es sei überflüssig, die Heiligen anzurufen, dafür bin ich dir sehr dankbar. Denn vorher brachten mich die gottlosen Anforderungen der Sterblichen fast ums Leben. Von mir allein forderten sie alles, als wäre mein Sohn immer noch ein Kind ... (Doch) du willst alles, was es von den Heiligen gibt, aus der Kirche werfen ... Mich aber, obwohl ich wehrlos bin, wirst du nicht hinauswerfen, ohne dass du zugleich meinen Sohn mit hinauswirfst, den ich in den Armen halte. Von diesem lasse ich mich nicht losreißen: Entweder du wirst ihn mit mir austreiben oder uns beide lassen, es sei denn, du möchtest eine Kirche haben ohne Christus."

Verfasst hat den Brief Erasmus von Rotterdam. Ich meine, er hat Recht. Ich zumindest möchte nicht mehr auf sie verzichten. Und wenn man mich fragte, was die Begegnung mit der Madonna von Dijon für meinen Glaubenshaushalt bedeutet, würde ich sagen: Das Haus meines Glaubens ist größer geworden und schöner; angefüllt mit einem neuen gefühlten Glauben und einer neuen Erkenntnis meiner selbst. Das Haus meines Glaubens ist bereichert worden durch etwas, was mir gefehlt hat, ohne dass ich wusste, dass es mir fehlte. Und von nun an ist alles möglich!

Ich war länger nicht in Frankreich gewesen. Und als ich wieder nach Dijon kam, war ich erschrocken. Die Madonna saß zwar noch an ihrem Platz neben dem Altar, mir gegenüber, gerade so, wie ich sie kennen gelernt hatte. Doch nun war sie dort unübersehbar mit dicken Eisenklammern fixiert. Mir kam Martin Luthers Rede von der „Babylonischen Gefangenschaft der Kirche" in den Sinn. Und die irre Idee geisterte durch meinen Kopf, dass ich sie befreien müsse. Doch sie sah mich an mit dem Blick, der an seinem Zauber nichts eingebüßt hatte. So habe ich mich wieder beruhigt und mir klar gemacht, dass sie halt auch „eine der ältesten und bedeutendsten Holzskulpturen

Frankreichs" ist und somit bei aller bewiesenen Wundermächtigkeit in höchstem Maß diebstahlgefährdet.

Als ich sie zuletzt besuchte – das war vor zwei Jahren – hatte sie ihren Platz geändert. Statt mir gegenüber zu sitzen, mir nahe zu sein wie bisher, thronte sie als Himmelskönigin hoch über dem Altar. Ein weit wallender Umhang mit Gold und Glitter hing ihr bis über die Füße herab – als habe die eigene Figur sich dahinter zurückgezogen. Nur das dunkel-goldene Gesicht, nun aber sehr fern und sehr klein, war von ihr noch zu sehen. Und in ihrem Blick wie „aus dem Himmel ferne" sah ich ein gewisses Bedauern.

Ich blickte zu ihr auf bis mir der Nacken schmerzte, und ich musste daran denken, dass dieses ständige Aufblicken nach oben nicht gesund, dem aufrechten Gang abträglich und durchaus nicht im Sinn Marias sein kann. – Ich werde sie trotzdem immer wieder besuchen und hoffe, dass sie einmal wieder in Augenhöhe vor mir sitzen und mir nahe sein wird, wie eine Mutter.

Friedrich Grotjahn, evangelischer Theologe, wurde 1935 geboren und wohnt heute in Bochum. Bis 1991 wirkte er als Gemeindepfarrer, Studentenpfarrer und als Generalsekretär der Evangelischen Studentengemeinden. Zwei Jahre lang baute er ein ökumenisches Bildungswerk in Norwegen für StudentInnen aus aller Welt mit auf. Seit 1991 arbeitet er als freier Journalist und Autor mit den Arbeitsschwerpunkten Theologie, Kirche, Literatur und Kultur vor allem für den Hörfunk.

„Ich singe mit, wenn alles singt" – die Lieder Paul Gerhardts

Friedrich Schorlemmer

Das Nachdenken über meinen „Ort des Glaubens" führt mich zurück in meine Kindheit, in das altmärkische Pfarrhaus in Herzfelde, in ein einsames Gehöft, von einem kleinen Park umgeben, in die buchstäblich klirrende Kälte des Winters und in die üppige Flora des Gartens, der Wiesen, Feldraine und Straßengräben im Frühjahr, das Surren der Grillen und Bienen, die Lerchengesänge hoch am Sommerhimmel, in das Dreschgeräusch und den Kartoffelkrautfeuerduft im Herbst. Jeden Abend stand mein Vater neben meiner Mutter mit gefalteten Händen an den Betten von uns vier

Geschwistern und sie sangen:

„Breit aus, die Flügel beide,
o Jesu, meine Freude,
und nimm dein Küchlein ein.
Will Satan es verschlingen,
so lass die Engelein singen:
Dies Kind soll unverletzet sein."

Da lief wohl allabendlich eine Träne in mein Ohr. Die Rührung meines Vaters bei diesem Lied merkte ich daran. Es war die Angst, die Lebensangst, die sich in den Träumen, in den Schreckensträumen widerspiegelte, die Verletzlichkeit der äußeren Verhältnisse, das Bestehen eines harten, bisweilen auch bedrohlichen Alltags in der Nachkriegsostzone. Mein „Ort des Glaubens" ist das wohlige, das fröhliche Gefühl, dass über mir die Arme ausgebreitet sind: segnend, schützend, einladend für mich, auch zur Umarmung, nicht zur Umklammerung.

Späterhin schämte ich mich länger, dass dieser religiöse Kitsch mich so angerührt hatte, bis ich nun erst Jahrzehnte später spüre, wie tief das gefallen ist. Warum hat mich zum Beispiel viel mehr als das übliche familiäre Bescherungslied „Ihr Kinderlein kommet", das Paul-Gerhardtsche Krippenspiel-Hirtenlied „Ich steh an deiner Krippe hier" nachhaltig mit dem Geheimnis von Weihnachten verbunden – bis heute? Dass Hingabe auch etwas mit glückhaftem Sich-Weggeben, Von-sich-Absehen und Sich-Wegschenken zu tun hat, klang aus solchen Worten:

O dass mein Sinn ein Abgrund wär
und meine Seel ein weites Meer,
dass ich dich möchte fassen.

Was macht diese Lieder von Paul Gerhardt und ihre Verse so einzigartig? Da bleibt ein Geheimnis, etwas Unbegreifliches und Unfassbares – und die tiefe Sehnsucht der Seele nach der Unendlichkeit des Meeres.

Da wird aber auch von Heu und Stroh gesprochen, und damit wird es beinahe körperlich spürbar. Aber es ist auch die Rede von „Rosen, Nelken, Rosmarin“, mit dem ich ihn „von oben her bestreuen“ will. Und mehr als alle späteren gesellschaftspolitischen Appelle hat mich eine Zeile wie diese geprägt:

„Dass ich dich möge für und für, in, bei und an mir tragen.“

Und die ganze Summe der protestantischen Theologie, die Summe des Christusglaubens ist in die einfachste Zeile gefasst:

„Ich komme, bring und schenke dir, was du mir selbst gegeben.“

Der Beschenkte wird zum Beschenkenden, der Empfangende zum Handelnden, der Getröstete zum Tröstenden und der vom Licht Beschienene zum Leuchter, auch zum Armen-Leuchter.

Christusnähe als Nähe zu einem hilfsbedürftigen Kind, das meine eigene existenzielle Bedürftigkeit geteilt hat und ganz um mich weiß, führt dann in den Imperativ. „Nehmt weg das Stroh“ – eine Metapher für Unicef, für die Sorge um Kinder in der Not, hier ganz nah und dort ganz fern.

Erst sehr viel später entdeckte ich das Maria-Gedicht des vierundzwanzigjährigen Bert Brecht, in dem es heißt:

Ja, von dem Loch im Dach, das den Frost einließ,
blieb nur
Der Stern, der hineinsah.

Alles dies,
Kam vom Gesicht ihres Sohnes, der leicht war,
Gesang liebte,
Arme zu sich lud
Und die Gewohnheit hatte, unter Königen zu leben
Und einen Stern über sich zu sehen zur Nachtzeit.

Solche Zeilen von Brecht? Ja, vom Brecht des Dreigroschen-Opernsongs „Denn wovon lebt der Mensch" oder des Dreistrophengedichts von der „Freundlichkeit der Welt", das mit der Zeile schließt: „Fast ein jeder hat die Welt geliebt, wenn man ihm zwei Hände Erde gibt."

Wie soll ich dich empfangen und wie begegn' ich dir? Diese Frage wird, seit ich mich erinnern kann, zu der Frage im Advent. Was tue ich dafür, dass er in diese Welt einziehen kann, willkommen ist unter uns?

Paul Gerhardt macht mir jedoch kein schlechtes Gewissen, pflanzt mir kein defizitäres Selbstbewusstsein ein, sondern besingt das Loskommen von „schweren Banden", das Herauskommen aus dem Tal der Leiden an Leib und Seele, dankbar, staunend. Und mit einem „grünenden Herzen" lerne ich zu leben und darauf zu vertrauen, dass das Reich kommt, „da Fried und Freude lacht."

Diese Wortfigur vom „Reich, da Fried und Freude lacht" hat mir vor fünfunddreißig Jahren mein verehrter Bischof Krusche auf der Ordinationsrüste erschlossen. Und er kommt bis heute immer wieder auf diese eine Zeile zurück ...

Wer nun nicht auch bedenkt, dass Paul Gerhardt dies Lied „Wie soll ich dich empfangen" im letzten Jahr des verheerenden Dreißigjährigen Krieges geschrieben hat, der wird diese Verse kaum erfassen können.

Nichts, nichts hat dich getrieben
zu mir vom Himmelszelt
als das geliebte Lieben,
damit du alle Welt
in ihren tausend Plagen
und großen Jammerlast,
die kein Mund kann aussagen,
so fest umfangen hast.

Das schreib dir in dein Herze,
du hochbetrübtes Heer,
bei denen Gram und Schmerze
sich häuft, je mehr und mehr;
seid unverzagt, ihr habet
die Hilfe vor der Tür;
der eure Herzen labet
und tröstet, steht allhier.

Ich stelle sie mir vor: jene Menschen, die vor den Wüstungen standen, die einmal ihre Dörfer gewesen waren, die in die Abgründe des Menschlichen hineingesehen und wohl auch nach Gott geschrieen haben und die dann mit Paul Gerhardt innig singen sollten und singen konnten: „Befiehl du deine Wege und was dein Herze kränkt der allertreusten Pflege des, der den Himmel lenkt."

Freilich bleibt mir Paul Gerhardts durchgängige Himmelssehnsucht verschlossen. Dazu lebe ich doch zu gern und habe das Loslassen-Können noch vor mir – ich hoffe ein getrostes; und sei es auch ein kreatürlich schweres.

Gerade Loblieder sind immer auch Gegentexte gegen die Verzweiflung. Später als Theologiestudent, der das Tagebuch des Auschwitz-Kommandanten Höss las, Buchenwald und Majdanek besuchte und Paul Celans Todesfuge verstört durchbuchstabierte, später fragte ich mich also: Wie kann ich noch singen, unbeschwert gar:

> Lobet den Herren alle, die ihn ehren;
> lasst uns mit Freuden seinem Namen singen ...

Dann spüre ich, dass dieses fünf Jahre nach dem Dreißigjährigen Krieg geschriebene Lied ein einziges Bittlied und ein Danklied ist für diejenigen, die überlebt hatten.

> ... dass unsre Sinnen wir noch brauchen können
> und Händ und Füße, Zung und Lippen regen,
> das haben wir zu danken seinem Segen.
> Lobet den Herren!
>
> Dass Feuerflammen uns nicht allzusammen
> mit unsern Häusern unversehns gefressen,
> das macht's, dass wir in seinem Schoß gesessen.
> Lobet den Herren!
>
> Gib, dass wir heute, Herr, durch dein Geleite
> auf unsern Wegen unverhindert gehen ...
> Treib unsern Willen, dein Wort zu erfüllen ...
> Richt unsre Herzen, dass wir ja nicht scherzen ...

Das Loblied wird zum Bittlied, das Bittlied zum Vertrauenslied. Was aber ist das eigentliche Geheimnis dieser Lieder, die mich, viele Menschen mit mir und

Menschen früherer Generationen so angesprochen und in die Mitte des Glaubens geführt haben? Es ist die direkte Anrede. Stets steckt in diesen Liedern ein ich, ein du oder ein wir.

Es sind keine gesungenen Rechtgläubigkeitskatechesen, sondern wir haben durch Erfahrung geprägte Glaubenslieder vor uns, die mich mit meiner Erfahrung in diesen Glauben, in ein christusbezogenes Grundvertrauen hineinführen. Die mich einerseits mit dem, was ich tun kann, bescheiden machen und mich andererseits aufrichten, das auch zu tun, was ich kann, und mich stärken, ja auch justieren, orientieren.

So wurde für das Bestehen meines Alltags das Lied „Ich weiß, mein Gott, dass all mein Tun und Werk in deinem Willen ruhn“ mir zum wichtigsten Lied. Da kann ich um Verstand bitten, da werde ich zum Prüfen dessen ermuntert, was mir wichtig ist, da wird mir zugesagt, dass da einer zu mir tritt und mir das leicht macht, was mir zu schwer wird oder gar unmöglich scheint.

Es ist gerade das Befremdliche an mancher Formulierung, die ganz und gar nicht in meine Zeit passt. Ich fände es unerträglich, wenn man diese Lieder je modernisieren würde. Wer spricht schon heute noch davon, dass einem etwas verliehen werden möge?

> Verleihe mir das edle Licht,
> das sich von deinem Angesicht
> in fromme Seelen strecket
> und da der rechten Weisheit Kraft
> durch deine Kraft erwecket.

Natürlich sind das überholte Reime; aber sie tragen, weil der Geist, der aus diesen Liedern kommt, trägt.

Und fromme Seelen – was ist denn das? Es sind Seelen, die ganz aus Vertrauen leben. Das heißt fromm!

Mein Ort des Glaubens, der mit mir an die verschiedenen physischen Orte wandert, sind diese Lieder, verbunden mit ihren nahe gehenden Melodien, verbunden damit, dass ich sie mit anderen gesungen habe und wieder und wieder singe – aus ganzem Herzen, mit allen Sinnen, das offen gelegte Geheimnis preisend, das Geheimnis des Unergründbaren, aber mir Zukommenden.

Ich zähle dazu gern die Orte auf: das Kinderschlafzimmer 1949, die gotische St. Johanniskirche in Werben an der Elbe seit 1955, tags und nachts, das Grab meines Bruders 1957, der Merseburger Dom 1971, der Cranachaltar in Wittenberg 1978, die Elbwiesen jeden Sommer.

Und die Zeit: das Kirchenjahr, Jahr für Jahr.

Ich erlebe es in jedem Jahr zweimal in besonderer Weise, wie das Lied „Wie soll ich dich empfangen“ mit der Melodie des anderen, des großen Karfreitagsongs Paul Gerhardts „O Haupt voll Blut und Wunden“ gesungen wird. So dicht greifen diese beiden Lieder in Text und Melodie ineinander, dass zwischen ihnen ein „Haus des Glaubens“ entsteht. Das erlebe ich immer dann, wenn ich diesen Choral mit anderen singe oder von einem Chor gesungen höre – im Weihnachtsoratorium.

Ich glaube, dass der Protestantismus in seiner von Luther geprägten Form auf Dauer nur bestehen wird, wenn die Aneignung der biblischen Zeugnisse durch den einzelnen mündigen Christen, das gemeinsame Nachdenken über die Wahrheit und Tragfähigkeit der biblischen Zeugnisse verbunden bleibt mit der naiven und nichtsdestotrotz tiefen, existenziell erprobten Liederlyrik Paul Gerhardts – samt seiner Jesus-Innigkeit, seinem Weltbezug und seiner Weltentsagung. Gerade die Entsagung kann davor bewahren, dass der Glaube in Fanatismus und tötende Orthodoxie oder Ideologie umschlägt.

Und was wäre die ganze Schöpfung, ohne dass sie Ausdruck finden könnte in dem Lied, das schon die kleinen Kinder zusammen mit den ganz alten Frauen beglückt und vergnügt singen:

Geh aus, mein Herz, und suche Freud
in dieser schönen Sommerzeit ...
Die Bäume stehen voller Laub ...
... Die Lerche schwingt sich in die Luft ...
Die Glucke führt ihr Völklein aus ...
Die Bächlein rauschen in dem Sand ...
Die unverdrossene Bienenschar
fliegt hin und her, sucht hier und da ...
Der Weizen wächset mit Gewalt,
darüber jauchzet jung und alt ...
Ich selber kann und mag nicht ruhn,
des großen Gottes großes Tun
erweckt mir alle Sinnen;
ich singe mit, wenn alles singt,
und lasse, was dem Höchsten klingt,
aus meinem Herzen rinnen.

Mitsingen mit allem, was singt, in den Schöpfungschor mit einstimmend ... Und alles tun, was diese Schöpfung bewahrt. Wir bedürfen ihrer, sie bedarf unser. Leben ist ein großes Geschenk, „ausgewickelt“ ist es eine große Aufgabe. Singend lässt sie sich bestehen.

Friedrich Schorlemmer wurde 1944 in Wittenberg geboren. Er studierte Theologie an der Universität Halle. Nach seinem Studium war er Studieninspektor an den Franckeschen Stiftungen und zugleich Vikar in Halle-Neustadt. Von 1971 bis 1978 war er Jugend- und Studentenpfarrer in Merseburg, anschließend Dozent am evangelischen Predigerseminar in Wittenberg und Prediger an der dortigen Schlosskirche. Friedrich Schorlemmer zählte zu den Mitbegründern des »Demokratischen Aufbruchs«. 1990 trat er der SPD bei. Seit 1992 ist er Studienleiter an der Evangelischen Akademie in Wittenberg. Für seine Verdienste wurde er 1989 mit der Carl-von-Ossietzky-Medaille und 1993 mit dem Friedenspreis des Deutschen Buchhandels ausgezeichnet.

Lob des Computers

Axel Noack

Als einen guten Platz für Himmelssucher, also als einen Ort, wo mein Glaube sich auskennt und ein Stück weit auch zu Hause ist, möchte ich hier meinen Computer nennen.

Darf ich das eigentlich laut sagen?

Natürlich könnte auch ich andere Plätze angeben, an denen ich für meinen Glauben fündig geworden bin und an die ich mich gern erinnere. Die haben sich allerdings im Laufe der Zeit stark verändert – durch mein eigenes Älterwerden, aber noch stärker wohl durch den gesellschaftlichen Wandel der Anschauungen und Einstellungen. Meine frühe Jugendzeit fällt in eine Phase, da genossen – ganz anders als heute – sakrale Räume kein besonders hohes Ansehen.

So nimmt es nicht wunder, dass auf meiner Glaubenslandkarte für Kindheit und Jugend vor allem kirchliche „Rüstzeitheime", oder „Freizeitheime", wie sie heute heißen müssen, einen hervorgehobenen Platz einnehmen. In unserer Kirche würden mit mir viele meiner Altersgenossen „Schloss Mansfeld" in unmittelbarer Nähe der Lutherstadt Eisleben erwähnen. Wobei es allerdings weder Martin Luther noch die wunderschöne und einmalige Schlosskapelle sind, die den bleibenden Eindruck hinterlassen haben, sondern wohl eher die unterirdischen Gänge (heute aus Gründen der Sicherheit längst verbarrikadiert) und die Kellergewölbe der weitläufigen Schlossanlage. Dazu die vielen Gespräche in den Diskussionsrunden und auch die zu nächtlicher Zeit in den Achtbettzimmern, zusammen mit anderen Gleichaltrigen, die dann miteinander heiß über Gott und die Welt diskutierten.

Später genoss ich den besonderen Vorzug, jeweils etliche Jahre meines Lebens in unmittelbarer Nähe und Beziehung zu den schönsten Domen in Deutschland zu verbringen: in Naumburg, in Merseburg und jetzt in Magdeburg. Das sind schon ausgesuchte und besondere Plätze für Himmelssucher, und so richtig werden sie einem erst lieb, wenn man beginnt, in diesen Räumen zu leben. In Naumburg konnte ich sogar einige Jahre als Domführer tätig sein, wodurch sich eine Beziehung besonderer Art zu den verstecktesten Winkeln dieses Bauwerkes entwickelte. Der Naumburger Dom mit seinem Westlettner, mit Eckehart und Uta wird immer einen besonderen Platz auf meiner persönlichen Himmelslandkarte einnehmen.

Demgegenüber wirkt ein schlichter Computer in dieser Aufzählung völlig deplaziert. Ein im Innenleben eines technischen Instrumentes angesiedeltes Himmelsplätzchen steht natürlich sofort unter dem Verdacht, kalt, nüchtern und herzlos zu sein. Freilich ist der Computer eine Maschine und wer auf sein Innenleben schaut und auf die Reduzierung der Wirklichkeit auf „Einsen“ und „Nullen“, mag dann dagegen streiten, dass dies ein Ort sei, an dem Glauben und Leben in ihrer ganzen Fülle wirklich gegenwärtig sein können. Aber er ist ein gutes Hilfsmittel, ersonnen und gemacht von klugen Menschen, deren Fähigkeiten ich im Stillen immer bewundere.

Vor allem aber weiß ich auch: In den drei letzten Jahrzehnten hat nichts unser gesamtes Leben so nachhaltig verändert, wie es die immer kleiner werdenden Chips der Computerwelt getan haben. Was vor knapp dreißig Jahren noch als reine Utopie erschien, ist heute längst Wirklichkeit geworden – und was noch viel wichtiger ist: Hier ist eine neue Technologie nicht in fernen Laboratorien am Werk, sondern sie hat in kürzester Zeit Einzug gehalten in unsere Büros, unsere Wohnzimmer und sogar in unsere Küchen. Ohne einen kleinen Computerchip kommt heute kaum noch eine Kaffeemaschine aus und selbst in die Dritte Welt ist es leichter eine E-Mail zu senden, als eine herkömmliche Telefonverbindung herzustellen.

Sollte diese technische Revolution vor Kirche und Theologie haltmachen? Dass sie das nicht getan hat, wissen wir längst. Es gehört auch bei uns zum Alltag, einen Computer zu benutzen, digital zu fotografieren oder mit dem Handy zu telefonieren.

Eben deshalb würde es für mich eine große Umstellung bedeuten, ginge mir mein Computer bei den vielfältigen Vorbereitungen für meinen Beruf, beim Studium der Heiligen Schrift und beim Überlegen von Predigten, Andachten und Bibelarbeiten nicht mehr zur Hand.

Möglicherweise sollten wir über kurz oder lang Gott, den Herrn, den wir in Kinderliedern dafür loben und preisen, das er die „Sternlein", die „Mücklein" und die „Fischlein" so sorgfältig zählt, „dass ihm auch nicht eins fehle an der ganzen großen Zahl", auch dafür loben, dass bei ihm kein Bit oder Byte verloren geht.

Dafür, dass er den Menschengeist dazu befähigt hat, die Computertechnologie zu erdenken, möchte ich ihn schon heute preisen.

Vermutlich werden mir da nicht alle zustimmen und erwarten, dass ich doch im gleichen Maße die Gefahren benennen müsste, die von der „schönen neuen Computerwelt" ausgehen. Ich will das nicht klein reden, gebe aber ehrlich zu, dass bei mir schon eine gewisse Begeisterung für die Technik und also auch für computerähnliche Geräte mit ins Spiel kommt. Schließlich wollte ich ja auch einmal Mathematik studieren.

Deshalb nenne ich hier meinen Computer als einen besonderen „Ort", der mir hilft, Glaubensfragen zu durchdringen und zu durchdenken. Hier kann ich auf besondere Weise Bibeltexte bearbeiten und sie mir ganz nahe kommen lassen.

Wenn ich den Computer anschalte, dauert es nicht lange und die Herrnhuter Losung erscheint auf dem Bildschirm. Auch daran habe ich mich gewöhnt und würde etwas vermissen, wenn es mir nicht zu Beginn eines jeden Jahres gelänge, die neuen Losungen auf den PC zu überspielen – einen biblischen Leitspruch, der über jeden Tag gestellt wird. Selbstverständlich kann ich über meinen Computer auch auf eine vollständige Bibel in der Sprache des mir so vertrauten Luthertextes zugreifen. Ohne jedes Problem lassen sich andere Übersetzungen heranziehen und die Parallelstellen eines Bibeltextes sucht mir mein PC in Windeseile heraus. Gerade für eine richtige „Bibelarbeit" ist der Computer eine großartige Erleichterung der Arbeit.

Wie viele Bibeltexte sind mir auf diese Art schon lieb geworden. Denn das ist eine Erfahrung, die ich immer wieder machen konnte: auch bei Bibeltexten, die beim ersten Lesen als widerspenstig und einigermaßen abwegig erscheinen, entsteht nach längerer Beschäftigung und intensiver Nachschau doch eine große, intensive Freude. Schließlich beginnt der Text selbst zu mir zu sprechen. Auch mit dem Computer lässt sich nachvollziehen, was Luther meinte, schon im Jahre 1539 den Theologen ins Stammbuch schreiben zu müssen:

Zum anderen sollst du meditieren, das ist: nicht allein im Herzen, sondern auch äußerlich die mündliche Rede und im Buch geschriebenen Worte immer treiben und reiben, lesen und wiederlesen, mit fleißigem Aufmerken und Nachdenken, was der Heilige Geist damit meint. Und hüte dich, dass du nicht überdrüssig werdest oder denkest, du habest es ein Mal oder zwei Mal genug gelesen, gehört und gesagt und verstehst das alles bis auf den Grund. Denn daraus wird nimmermehr ein guter Theologe. Solche sind wie das unzeitige Obst, das abfällt, ehe es halb reif wird. ... Denn Gott will seinen Geist nicht geben ohne das äußerliche

Wort. Danach richte dich. Denn er hat es nicht vergeblich befohlen, äußerlich zu schreiben, predigen, lesen, hören, singen und sagen usw.

Freilich habe ich mich immer auch gefragt, ob dieser mehr „äußerliche", schnelle und unkomplizierte Umgang mit dem Text – so praktisch und effektiv dies auch sein mag – nicht doch den Blick darauf versperrt, dass es sich ja nicht um beliebige Texte, sondern um Gottes Wort handelt. Meine langjährige Erfahrung mit der Computerbibel hat mich darin sicher gemacht, diese Frage verneinen zu können. Gerade die Präsenz des Bibeltextes in seiner ganzen Fülle und Breite lässt mich doch den Reichtum von Gottes Wort erkennen. Ich sehe viel deutlicher, wie sehr wir mit unseren Möglichkeiten hinter dem Zuspruch und dem Anspruch des Wortes Gottes zurückbleiben. Ich habe es als Theologe lernen dürfen, ein Bibelwort, etwa einen Psalm, textkritisch zu durchleuchten und ihn schon kurz danach mit gefalteten Händen zu beten. Das eigentümliche ist: Mittlerweile hilft mir der Computer bei beidem, beim Forschen und beim Beten.

Es steht auch nicht zu befürchten, dass ich mich in der Bibel als Buch einmal nicht mehr zurechtfinden könnte, wie es ja vorkommen soll, dass Menschen, die nur noch den Taschenrechner benutzen, Schwierigkeiten mit dem Kopfrechnen bekommen. Bestimmt wird mir die Bibel immer auch als Buch lieb bleiben und bestimmt werde ich niemals in einem Gottesdienst eine biblische Lesung von einem Zettel mit Computerausdruck vornehmen. In anderen Kirchen der Ökumene finden Bibel und Lektionar hohe Verehrung und werden von den Gläubigen sogar andachtsvoll geküsst. Für mich als nüchternen Protestanten soll die Achtung vor diesen Geschwistern wenigstens bedeuten, dass wir Evangelium und Epistel im Gottesdienst aus einer „richtigen" Bibel lesen. Aber da reißt schon manche Unsitte ein und der Computer versucht, sich einen Platz zu erobern, der ihm nicht zukommt.

Die Möglichkeiten des Computers sind natürlich mit Losungen und Bibeltext längst nicht erschöpft. Für mich ist es immer wieder eine erstaunenswerte Freude, dass diese kleine Maschine mir hilft, die ganze Wolke der Zeugen aus Geschichte und Gegenwart präsent zu haben. Die Schriften und Predigten des für mich heute so wichtigen Martin Luther zum Beispiel gibt es mittlerweile für relativ wenig Geld auf einer einzigen silbernen Scheibe. Daneben habe ich durch das Internet die Möglichkeit, die liebevoll gestalteten Seiten von anderen Christen aufzurufen, die sich in aller Redlichkeit um die Themen des Glaubens mühen. Sogar Predigten findet man in Hülle und Fülle. Freilich sind da auch Texte dabei, bei denen ich mich schämen würde, sie als Predigt zu halten – geschweige denn, sie im Netz zu veröffentlichen. Der Computer nimmt mir also die wichtige Arbeit des Unterscheidens und der Wertung in keiner Weise ab. Viel eher besteht heute die Gefahr, in der Fülle des Materials und der Möglichkeiten zu ertrinken. Eigentlich braucht es heute schon eine „Heimatkunde für den PC", um auf Kurs zu bleiben und sich nicht zu verzetteln. Aber das – so meine Erfahrung – schüttelt sich, und es stellen sich schnell „Favoriten" heraus, deren Seiten ich gerne besuche und die eine unglaubliche Hilfe darstellen.

Genial ist natürlich auch die Erfindung so genannter „Suchmaschinen". In weniger als einer Zehntel Sekunde sucht eine solche Maschine mir zum Beispiel 1,2 Millionen deutschsprachige Seiten zum Thema „Kirchenjahr" heraus. Natürlich erscheint unter solchen Suchergebnissen auch mancher Blödsinn. Aber warum soll eine Maschine, die sich bei der Suche nach fast allen Themen des Lebens als so hilfreich erweist, nicht auch demjenigen zur Hilfe und Stütze werden können, der in den Fragen der Lebensgestaltung und des Glaubens auf der Suche ist? Eins haben diese Suchmaschinen uns jedenfalls deutlich voraus und zeigen es jedem und jeder, die sie benutzt: Es reicht nicht aus, im Leben immer nur auf der Suche zu sein. Man muss auch finden können! Gerade in Zeiten, wo es als „schick" gilt, „ein Suchender" zu sein, zeigt uns so ein einfältiger Computer, wie wichtig es ist, auch anzukommen.

Schließlich muss ich noch die bewundernswerte Geduld hervorheben, die mein Computer mir entgegenbringt. Mir kommt er darin sehr entgegen, dass er sich überhaupt nicht weigert, niemals murrt oder unwillig wird, wenn ich ihm erst einmal völlig unlogische und nicht zusammenhängende Gedanken anvertraue und einfach darauf los schreiben kann. Und dann hilft die Technik mir, die Gedanken zu sortieren und zu ordnen.

Es soll ja Leute geben, die können druckreif reden. Sie überlegen sich – allenfalls mit Hilfe handschriftlicher Notizen – alles vorher und schreiben oder sprechen dann in eindeutiger Klarheit. Zu diesem Typ Menschen gehöre ich nicht, sondern es kommt sogar vor, dass ich schneller schreibe, als ich denke. Diese Vorgehensweise erfordert vom „Gegenüber" eine große Geduld. Mein PC bringt sie auf. Selbst am späten Abend zeigt er noch keine Ermüdungserscheinungen und reagiert mit gewohnter Schnelligkeit. Er ist und bleibt ein diensteifriger Bibliothekar, der schnell das bereit stellt, was ich zu lesen wünsche, und er hilft mir, mit anderen in Verbindung zu treten und an deren Ergebnissen und Überlegungen teil zu haben. Er hat also auch etwas sehr Kommunikatives.

Deswegen bleibt er dennoch eine Maschine, und ich teile überhaupt nicht die Sorge derer, die meinen, dass uns diese Maschine einmal beherrschen könnte. Denn auch das durfte ich schon schmerzlich erfahren: Er denkt ja nicht mit. Auch wenn einige Kontrollfragen und Warnungen eingebaut sind, am Ende macht er jeden Unsinn mit und hindert mich nicht daran, beim Kopieren, Löschen und Speichern schwerwiegende Fehler zu begehen. Manchmal ist halt alles weg, und meinen PC scheint das, was mich aufregt, nicht im Mindesten zu stören. Auch traue ich ihm keine künstliche Intelligenz zu. Menschliche Seiten sind ihm völlig fremd. Kein PC kann zum Beispiel sagen: „Heute habe ich keine Lust!" Könnte er das, wäre eine Qualitätsstufe erreicht, die ihn mir persönlich sehr nahe bringen würde. So gesehen können wir beide ganz gut miteinander arbeiten. Am Ende wird er runtergefahren und ausgeschaltet.

Axel Noack wurde 1949 in Biesnitz/Kreis Niesky geboren und wuchs in Halle an der Saale auf. Er studierte Theologie am Katechetischen Oberseminar der Kirchlichen Hochschule in Naumburg, an der er nach seinem Vikariat eine Repetentur für Kirchengeschichte innehatte. Nach seiner Ordination 1978 arbeitete er bis 1984 als Studentenpfarrer in Merseburg, anschließend als Gemeindepfarrer in Wolfen. Seit dem 5. Juli 1997 ist er Bischof der Evangelischen Kirche der Kirchenprovinz Sachsen in Magdeburg. Bischof Noack hat maßgeblichen Anteil an dem Zusammenschluss des Bundes der Evangelischen Kirchen in der DDR mit der Evangelischen Kirche in Deutschland (EKD) im Juni 1991. Er ist Mitglied der EKD-Synode, Mitglied des Aufsichtsrates des Evangelischen Entwicklungsdienstes und Vorsitzender der Arbeitsgemeinschaft Missionarische Dienste im Diakonischen Werk der EKD. Axel Noack ist verheiratet und hat drei Kinder.

Die Bank im Hollerland

Ezzelino von Wedel

Um die dreißig Minuten dauert es mit dem Fahrrad. Am kleinen Flüsschen entlang bis zum Tierheim, wo Hunde am Gitterzaun hochspringen und mir bettelnd nachbellen, vorbei an den rauchenden Schloten der Müllverbrennungsanlage, unter der Autobahnüberführung hindurch - und dann bin ich draußen. Die Vorstadt liegt hinter mir, der Lärm löst sich in fernes Rauschen auf, es wird ruhig. Vor mir liegen weite Wiesen, rechts begleitet ein kanalartiges Gewässer den schmalen Weg, hin und wieder taucht ein Fischotter auf und gleich wieder unter. Jetzt noch durch das bewaldete Gelände mit dem dunklen Haus, und dann sehe ich sie schon, die kleine Bank oben auf dem Deich. Meine Bank. Meine Ruhestätte.

Hier setze ich mich hin, direkt über dem Sielgraben, der schnurgerade bis zum Horizont verläuft. Zu meiner Rechten das dunkle Wäldchen, links eine Landschaft wie auf einem niederländischen Gemälde: ein Hof, zwei Ställe, Vieh auf den Wiesen, Pappeln im Hintergrund. Der Himmel wölbt sich titanisch über dem flachen Land. Großbauchige Wolken schweben vor blauem Hintergrund. Wildenten fliegen zu zweit oder zu dritt einem unsichtbaren Ziel entgegen. Diese herrliche Weite, diese Ruhe. Für einen Augenblick ruhen alle Wünsche, alle Begierden, die Welt liegt wie hingezaubert da, nichts kann sie jetzt in Frage stellen.

So war es die ersten Male, als ich diese Bank und dieses Panorama entdeckte. Endlich hatte ich einen Ort gefunden, wo sich dieses Gefühl verlässlich einstellte: angekommen zu sein, zu Hause zu sein, wo mich nichts mehr annagen kann, wo ich mit allem einverstanden bin, mit der Welt, und vor allem: mit mir selbst. Ist das Glaube, dieses Welteinverständnis zu spüren und in ihm zu ruhen?

Wie merkwürdig: es funktionierte die ersten Male. Immer wieder. Ich fuhr hinaus, an der Müllverbrennungsanlage vorbei, vorbei an den fleißigen Fischottern und durch das bewaldete Gelände, ich setzte mich auf die Bank. Und dann ließ ich diese Landschaft in mich hineinfließen, diesen Himmel, diese Erde, und fast war es mir, als sei ich gleichzeitig hier und woanders, hier am Deich und gleichzeitig am Mittelpunkt der Welt, da, wo alles anfängt und alles zusammenläuft. Immer wieder hörte ich in meinem Hinterkopf den Satz von den ersten Seiten der Bibel: „Und Gott sah an alles, was er gemacht hatte, und siehe, es war sehr gut.“ Ja, es war sehr gut.

Doch dann kam dieser Tag, an dem es nicht mehr so gut war. Schon die Fahrt gestaltete sich ungewöhnlich. Kaum hatte ich die Vorstadt hinter mir gelassen und radelte an dem kanalartigen Gewässer entlang, höre ich lautes Rufen und das klägliche Muhen einer Kuh. Zwanzig Meter weiter sah ich das Malheur. Im Kanal steht eine Kuh bis zum Bauch im Wasser. Um den Hals hängt eine Schlinge, und am Ufer ziehen vier Menschen mit aller Kraft am Seil: Großvater, Großmutter, Sohn, und, als Letzter der Kolonne, der kleine Enkel. „Eins, zwei, drei“, ruft der Großvater. Alle werfen sich nach hinten und ziehen. Aber die Kuh bleibt unbeweglich stehen. Vier Menschen, drei Generationen ziehen an einem Strick. Aber sie sind machtlos gegen den Starrsinn einer Kuh.

Zwanzig Minuten später bin ich bei meiner Bank. Auch hier ist etwas geschehen. Bierdosen, Plastiktüten, Zigarettenkippen, ein undefinierbares dreckiges Kleidungsstück, die Bank verschmiert und nass. Mein Heiligtum beschmutzt, entweiht und befleckt. Ich blickte auf das Landschaftspanorama, das mich bislang immer zuverlässig aus der Alltagswelt herausgeholt hatte. Doch heute blieb die Verwandlung aus. Die Landschaft war stumm geworden, sie sprach nicht mehr zu mir. Der schnurgerade Sielgraben: ein trübes Gewässer, das Vieh auf den Wiesen: eine Ansammlung halsstarriger Kühe, meine Bank: ein klebriger Sitzplatz, auf dem ich mich nicht niederlassen wollte.

Entzauberung, Einbruch der Banalität. So verletzlich war also dieses Erleben, das mir wie ein Wunder erschien, wie der Schlüssel zu einer Tür, die in eine andere und beglückendere Wirklichkeit führte. Ein bisschen Schmutz, ein bisschen Vandalentum und Zügellosigkeit, und schon war der Zauber verflogen.

Der christliche Glaube trägt ein schweres Erbe auf seinen Schultern. Und die Protestanten tragen am Schwersten daran. „Entzauberung der Welt" nennen Religionswissenschaftler dieses Erbe. Als das alte Israel zu seinem Gott Jahve fand und Jahve zu seinem erwählten Volk, begann diese Entzauberung. Bis dahin waren die Götter immer mit der Natur verbunden. Pflanzen, Bäume, Tiere, Sterne - sie alle dienten als Wohnorte der Götter. Ein Baum war immer mehr als nur ein Gewächs, ein Stern mehr als nur eine Leuchtkugel. Aus ihnen sprach etwas Heiliges, etwas Numinoses. Doch mit dem Monotheismus wurde die Natur entgöttlicht. Der eine Gott hatte zwar die Welt erschaffen, aber er wohnte nicht mehr in seiner Schöpfung, sondern in einem abstrakten Medium, in der Heiligen Schrift.

Ein Baum war jetzt nur ein Baum, ein Stern nur ein Stern, die Natur nicht mehr die Wohnstätte des Göttlichen. Mit diesem Rückzug Gottes ist etwas Nüchternes, Rationales in die Gefühlswelt eingetreten. Die Entgöttlichung der Natur ermöglichte zwar den Triumphzug der Naturwissenschaften und seine segensreichen Folgen. Aber sie hat auch die skrupellose Ausbeutung und Erniedrigung der Natur ermöglicht.

Vor allem aber hinterließ Gottes Rückzug einen religiösen Heimatverlust, eine spirituelle Sinnentleerung der Welt, eine gesteigerte Sehnsucht nach der Begegnung mit dem Göttlichen. Das Studium der Heiligen Schriften ist ein anstrengender Ersatz für diesen Verlust.

Die katholische Kirche hat dieses Dilemma intuitiv verstanden und auf mütterliche Weise Konzessionen gemacht: prachtvolle Liturgien, farbige Inszenierungen, Prozessionen, priesterliche Verkleidungen und sieben Sakramente - als ein Versuch, den monotheistischen Erfahrungsentzug wieder gutzumachen. Strenger hingegen gingen die Protestanten vor. Sie verringerten die Zahl der Sakramente auf zwei, warfen die Bilder aus den Kirchen, hungerten die Liturgie aus, ersetzten bunte Priestergewänder durch nüchtern schwarze Talare und erfanden die Entmythologisierung. Kein Wunder, dass heute vor allem die protestantische Welt nach Spiritualität dürstet. Denn was ist Spiritualität anderes als die Erfahrung des Göttlichen in unserer so durchrationalisierten Welt? Gott aus seiner Weltferne in die Welt zurückzuholen, in Pflanzen, Tieren und Landschaften wieder eine göttliche Seele zu erspüren, Orte zu finden, die mit ihrer spirituellen Aura unseren Glauben beatmen und beleben: das alles sind weit verbreitete religiöse Suchbewegungen jenseits der großkirchlichen Angebote. Wie tragfähig, wie verlässlich sind die Erfahrungen, die wir dort machen?

Schon lange, bevor ich die Bank am Deich entdeckte, habe ich nach einem Ort gesucht, wo mein Glaube zu Hause ist. Es waren immer Orte, die meinen jeweiligen Glauben widerspiegelten, denn der Glaube wandelt sich mit uns. In meiner Kindheit war die Kirche der Ort des offiziellen Glaubens - eines Glaubens, der von keinem Zweifel überschattet war, der aber auch für wenig Überraschung oder Erregung sorgte. Meine innersten Phantasien gingen in eine ganz andere Richtung: Ich saß abends oft am Fenster und blickte suchend in die Dämmerung. Ich hoffte auf eine fliegende Untertasse, die vor unserem Haus landen würde, um mich mit auf die galaktische Reise zu nehmen. Das war damals meine Vision einer durch und durch erregend anderen, gleichsam jenseitigen Welt.

Als ich mit elf Jahren ins Internat kam und an Heimweh litt, entdeckte ich in einer nahe gelegenen Kapelle ein Bild des Gekreuzigten. Erst jetzt, wo ich bewusst litt, sprach mich dieses urchristliche Bild mit aller Wucht und allem Trost an. Ich litt nicht allein, da war ein Größerer, der dieses dunkle Tal schon vor mir durchschritten hatte. Ich hielt mich damals so oft es ging in dieser Kapelle auf. Später übte das Benediktinerkloster Maria Laach eine magische Wirkung auf mich aus: der feierliche Einzug der Mönche und ihr Gesang, der um vieles schöner und erhebender war als das kirchliche Gerede.

Wieder einige Jahre später stand ich oft vor einer geschnitzten Madonna, die mich direkt anzublicken schien. Später habe ich all diese Orte wieder aufgesucht. Es ging mir mit ihnen wie es einem geht, wenn man alte Liebschaften trifft: Sie haben ihre Zauberkraft verloren, aber das damalige Erlebnis lebt in uns weiter als kostbare Erfahrung.

Irgendwann war es vorbei mit kirchlichen Orten. Ich suchte die Glaubenserfahrung mitten in der Welt, genauer gesagt: Ich hörte auf zu suchen und ließ mich überraschen. Zu meinen schönsten Überraschungen gehört eine wortlose Begegnung mit dem Gründer von Taizé, Frère Roger Schutz. Seine Nähe ließ mich spüren, was der Glaube bewirken kann. Zufällig saß ich mit ihm in einem Flugzeug von Kiew nach Moskau. Ich entdeckte seine schmale Gestalt beim Einsteigen und sah, wie er sich zwei Reihen vor mir hinsetzte. Die Maschine war voll beladen mit dicken Popen und ihrem unendlich schweren Gepäck. Kurz nach dem Abflug kamen heftige Turbulenzen auf. Ich wischte mir den Schweiß von der Stirn und war nur noch damit beschäftigt, meine Panik in Grenzen zu halten. Da fiel mein Blick auf den schmalen Hinterkopf von Roger Schutz zwei Reihen vor mir. Die Wirkung war unglaublich. Mit einem Schlag verschwand die Panik und machte einer himmlischen Gelassenheit Platz. Wenn wir abstürzen, dann jedenfalls zusammen mit diesem Heiligen, dachte ich. Der hat etwas, das dich hält. Da kann dir nichts passieren.

So muss es den Jüngern gegangen sein, als sie mit Jesus über den aufgepeitschten See Genezareth fuhren und er mit einer Handbewegung den Sturm stillte. Das war bislang für mich immer nur eine schöne Geschichte gewesen. Jetzt war sie plötzlich Wirklichkeit geworden. Eigentlich saß ich gar nicht in einem Flugzeug irgendwo zwischen Kiew und Moskau. Ich saß in diesem Boot auf dem See Genezareth.

Eigentlich, eigentlich ... was heißt das: Eigentlich saß ich nicht im Flugzeug, sondern im Boot? Ich gebe zu, ich bin ein Dualist. Ich glaube an die Dimension des Eigentlichen, die umgeben ist von einem Meer des Normalen und Nicht-Eigentlichen. Manchmal strahlt das Eigentliche in das Nicht-Eigentliche hinein. Das sind dann die herausgehobenen Zeitinseln, die besonderen Orte, an denen alles seinen richtigen Platz hat. Das Wichtige ist als Wichtiges sofort zu erkennen, das Unwichtige auch. Von solchen besonderen Orten aus gesehen enthüllt sich eine doppelbödige Wahrheit: Die Welt ist im Tiefsten gut, sie ist „in Ordnung".

Und gleichzeitig erkennen wir, dass sie alles andere als gut und in Ordnung ist. In einem Flugzeug zu sitzen, das abzustürzen droht, ist alles andere als eine gute Erfahrung. Aber wenn dieses Flugzeug sich auf geheimnisvolle Weise in ein Boot verwandelt, das über den See Genezareth fährt, dann ist alles in Ordnung, auch wenn nichts in Ordnung ist. Sind das nur Sprachspiele? Für mich nicht. Für mich sind das Erfahrungen, die unsere Sprache nur unzulänglich wiedergeben kann. Es wäre mir nicht möglich zu leben ohne die Erfahrung, dass im Tiefsten alles gut ist. Aber ich spüre, dass von dieser Erfahrung ein Auftrag ausgeht: ihr treu zu bleiben, sie nicht zu vergessen, sie nicht verkommen zu lassen im Meer des Normalen und Uneigentlichen.

Ich fahre noch immer zu dieser Bank am Deich. Der erste Zauber ist verschwunden. Ich weiß, diese Bank ist nicht der eine Ort, an dem ich das Wunder des Glaubens spüre. Wenn ich jetzt dort sitze, habe ich nicht das Gefühl, in einem tiefen Welteinverständnis zu ruhen und getragen zu werden. Ich sitze schlicht und einfach auf einer Bank am Deich. Aber irgendwann, irgendwo wird es wieder geschehen. Plötzlich werde ich wieder spüren: Ich bin nicht nur hier. Ich bin gleichzeitig woanders. Und erst von diesem Woanders her verstehe ich die Welt und mich. Nun gut, ich werde diesen neuen Ort schon finden. Oder er mich.

Ezzelino von Wedel wurde 1946 geboren, wuchs in einem fränkischen Dorf auf, verbrachte seine Schuljahre in Holland, Italien und England und arbeitete zunächst als Übersetzer und Sozialarbeiter. Danach studierte er Evangelische Theologie in Hamburg und war dort von 1978 bis 1982 Pfarrer. 1982 wechselte er von der Kanzel ins Studio und betätigte sich bis 2004 als Leiter der Kirchenfunkredaktion von Radio Bremen. Er veröffentlichte zahlreiche Artikel, Sendungen, Interviews und Reportagen, u. a. im ZEIT-Magazin und im »Kursbuch«.

Leben wie es im Buche steht

Johanna Haberer

Das Buch ist klein. Vielleicht zehn mal sieben Zentimeter. Es ist schon etwas lädiert, mit einem eingerissenen Buchrücken. Der Umschlag ist knallrot. Es passt überall hin, und es geht immer mit mir mit.
In diesem Buch wohnt mein Glaube. Mein Glaube wohnt in den Geschichten, die in diesem Buch versammelt sind. Dieses Buch ist mir heilig.
Heilig ist mir dieses kleine rote Buch nicht, weil es heilig macht oder von Heiligen berichtet, sondern weil es von Gottes Wegen in den Gedanken und Phantasien der Menschen erzählt. Mein Glaube wohnt in der Bibel der Juden und Christen, er wohnt im Alten und im Neuen Testament.

Die Bibel ist ein Buch voll mit wahren Geschichten. Wahrheit im Sinne dessen, was sich im Leben und im Sterben von Menschen bewährt hat. Worte, die lebendig werden im Leben der Einzelnen oder der Völker. Worte, die Taten werden. Worte, die so lange weitererzählt worden sind – an Lagerfeuern, in Zelten, in Tempeln, von Geschichtenerzählern. Worte, die Jahrhunderte lang Zuhörer gefunden haben, bis sie eines Tages einer und wieder einer und wieder einer aufschrieb, was wir heute noch hören und lesen können. Die Bibel ist verdichtete Erfahrung: Schmerz, Leid, Angst, Freude, Glück, Krieg und Sieg, Verlust und Gewinn; alles, was Menschen widerfahren kann, ist hier geflüstert, in Psalmen gesungen, erzählt, geschrieen und inszeniert. Ein Weltkulturerbe ist die Bibel, ein Dokument der Menschheitsgeschichte, erzählt über tausende von Jahren, wortgetreu weitergegeben von Generation zu Generation, aufgeschrieben und gehütet von Priestern und Schriftgelehrten. Menschheitstexte in allen Gattungen und Formen: Sprüche sind dort gesammelt und Rätsel, Lieder und Gedichte und Novellen, Theaterstücke und Romane, Geschichtsbücher und Fabeln. Die lange Geschichte der Menschen mit Gott dokumentiert die Bibel – und zugleich die Geschichte Gottes mit den Menschen.

Was Menschen erleben und erleiden, ist in diesen Texten verdichtet: Brudermord, Krieg und das Ringen um den Frieden, die Gesetzlichkeiten des gesellschaftlichen Zusammenlebens, die Fragen nach Macht und Recht, Familienzwist und Kinderlosigkeit, der Kampf um bebaubares Land und ausreichend Wasser, Erotik und Liebe, Verrat und Verlust, jubelnde Gottesleidenschaft und abgründige Gottesverzweiflung.

„Sie werden lachen, die Bibel" soll Bertolt Brecht auf die Frage nach dem wichtigsten Buch in seinem Leben geantwortet haben. Heinrich Heine und Wolfgang Goethe, Kurt Tucholsky und Fjodor Dostojewskij – für sie alle war die Bibel Grundmuster ihrer Literatur, Quelle für die Lebensdramaturgien, die sie unvergessen und unvergesslich in Poesie gegossen haben. Und erst gar die Musik: Die Matthäuspassion, das Weihnachtsoratorium und die h-moll-Messe von Bach, das Brahmsrequiem, Händels Messias …
Hier zwischen diesen roten Buchdeckeln, die sich wohl niemals schließen lassen, wohne ich.
Die heilige Schrift der Juden und Christen beginnt mit dem Anfang der Welt, und sie endet mit ihrem Ende. Nach dem griechischen Alphabet von Alpha bis Omega: das ganze große Welttheater dazwischen.
Und über Generationen haben Menschen ihr Leben in den Geschichten der Bibel geborgen. Sie fanden sich wieder in dem tragischen Menschheitsvater Kain, der eifersüchtig seinen Bruder erschlägt, und im sterbenden Jesus, der am Kreuz stammelt: „Vater vergib ihnen, denn sie wissen nicht, was sie tun."
Die ganze Bibel ist ein Lebensbuch für uns Menschen, die nicht wissen, was sie tun, und die doch so leidenschaftlich wissen wollen, was sie tun sollen. Sie ist für mich kein Buch, das simple Antworten auf Lebensfragen gibt oder gar Rezepte für gelingendes Leben, sondern sie artikuliert Gott gegenüber die offenen Fragen meines Lebens. Sie beschreibt den Rahmen, in dem ich mein Lebensbild malen kann, das Spielfeld, auf dem ich mein Lebensspiel beginnen und auch wieder in Frieden enden kann.
Mein Leben ist ein Geschenk, singen die Texte – bei all

dem Elend, das wir Tag für Tag wahrnehmen, ein Wunder der Vielfalt und der Schönheit. Und meine Antwort auf dieses Geschenk möge der Dank sein. Leben kann glücken, wenn ich mich als Geschöpf erkenne und nicht als Macher meines Lebens. Das alte Wort Demut zieht sich in Wort und Sinn wie ein roter Faden durch die Schriften. Ich möge mich einordnen und fügen in die Grenzen meiner Existenz, indem ich anerkenne, dass ich nur ein winziges Puzzlestück in einem großen Weltenplan bin, den nicht ich selbst bestimme, sondern der Gott der Zukunft, der sich selbst den Namen gibt: „Ich werde sein, der ich sein werde." Und dieser Gott hat der Welt sein Gesicht gezeigt. Er hat sich irdisch verewigt in seinem Sohn, dem Menschensohn.

In vier Büchern und damit in vier Varianten erzählen die Evangelien des Neuen Testaments die Biographie des Menschensohns. Eine lange Passion ist die Lebensgeschichte Gottes in der Welt – Gottes unerwiderte Liebesgeschichte. Das Leben eines einfachen Mannes, der alle Grenzen sprengt: Die Grenzen unserer Eigensucht und unserer Ichsucht, die Grenzen unserer Regelsucht und unserer Todessucht.

Und auch in diesem irdischen Leben scheint das Gesicht der Barmherzigkeit auf, das Antlitz der Vergebung, es zeigen sich Züge der Heilung und des Friedens.

Wie arm wäre diese Erde ohne Texte wie die Bergpredigt: „Selig sind, die Frieden stiften, selig, die da hungert und dürstet nach Gerechtigkeit, selig die Barmherzigen" ... oder „Liebet Eure Feinde, segnet die, die euch fluchen ..."

Gott hat mit der Geburt Jesu einen neuen Ton angeschlagen in dieser Welt. Und wir hören diese Melodie

von Generation zu Generation, weil sie wahrhaftig ist und weil sie sich im Leben von Milliarden Menschen letztlich bewährt hat.
Biblische Texte sind Lebenstexte, die mich begleiten, umhüllen und schützen, wie ein warmer Mantel. Ich weiß das, denn ich lebe mit diesem Buch. Und es überrascht mich immer wieder, weil es mit mir wächst und alt wird, ohne an Aktualität zu verlieren.
Ich gehöre zu den Glückspilzen, die in einer lebendigen Erzählgemeinschaft biblischer Geschichten aufgewachsen sind. In einer Familie, in der man biblische Geschichten tradierte, weil man ihnen traute. Die Eltern und Großeltern waren nicht der Meinung, es schade dem Kind die in diesem Buch immer wieder geforderte Moral, oder es schade dem Kind das Bild eines abgründigen Gottes, der, wie bei der Sintflut, die ganze Erde unter Wasser setzt, oder der Abraham auffordert, seinen einzigen, geliebten Sohn zu opfern, oder der Jakob nachts am Fluss auflauert und ihn packt, ihn anfällt und ihn versucht niederzuringen. Oder es schade dem Kind das Bild eines Gekreuzigten, das doch bis heute zu unserer täglichen Nachrichtenrealität gehört.
Das Menschheitsbuch Bibel rechnet mit den abgründigen Seiten Gottes und ringt mit ihnen – Zeile für Zeile, Buchstabe für Buchstabe. Gott sei Dank, denn meine Erfahrung sagt mir, wenn ich in allen Abgründen des Lebens immer noch mit Gott rechnen möchte, dann brauche ich diese Geschichten: diese Vernichtungs- und Prüfungs- und Kampfgeschichten.
Ich gehöre zu den Glückspilzen, die von Kindesbeinen an aufgewachsen sind mit dem verlorenen Sohn, der im Grund immer weiß, dass er alles verspielen kann,

Gottes Liebe aber nicht. Ich bin aufgewachsen mit Joseph, dem jüngsten der zwölf Söhne Jakobs, der verraten und verkauft in der Grube sitzt und sich ganz sicher ist: Ich komm hier raus. Ich bin aufgewachsen mit dem Mann Mose, der sich ein Leben lang abrackert mit der ihm gestellten Lebensaufgabe, die Früchte aber nicht erntet.

Als Kind bin ich mit anderen kleinen Kindern aufgewachsen, die ich in der Bibel kennengelernt habe – Kinder, ausgesetzt im Körbchen, wie Moses. Eifersüchtig, betrogen, voller Bitterkeit gegenüber dem bevorzugten Bruder: ein haariger Esau; auch das beinahe geopferte Kind Isaak habe ich am eigenen Leib kennen gelernt: Geschwisterliebe und Geschwisterstreit, das Ringen um die Anerkennung der Eltern und immer dabei die vorausgesetzte Gewissheit, dass auch die Eltern ihr Korrektiv bei Gott haben. Und als ich größer wurde, begegnete ich mit großer Sympathie diesem Lümmel Jesus, der mit zwölf Jahren tagelang verschwunden ist, und der, als ihn seine Eltern in Panik suchend im Tempel finden, sie kühl abfahren lässt: „Was wollt denn ihr hier? Habt euch doch nicht so."

Den schwangeren Frauen bin ich begegnet, Hanna und Maria, die mit der Zukunft Gottes im Leib Revolutionslieder singen. „Empor mit den Kleinen, nieder mit den Mächtigen", singen die Frauen – guter Hoffnung, den Blick auf das Kleine.

Oder die, mit Verlaub, völlig emanzipierten Kämpferinnen: Mirjam mit der Trommel oder Deborah, die Richterin, die das Volk Israel als Anführerin, sozusagen als erste Generalin durch einen grausamen Aufstand führte und es später sozusagen als Verfassungsrichterin

in Freiheit und Frieden regierte.
Bis heute liebe ich den Vers im Deborahlied, wo die bedrückte Stimmung eines geknechteten Volkes geschildert wird, das sich befreit unter der Führung einer Frau: Ich zitiere aus Richter 5: „Still war's bei den Bauern in Israel, ja still in Israel, bis du, Debora, aufstandest, bis du aufstandest, eine Mutter in Israel." (Richter 5,7)
Sie wurden mir zu Freundinnen, diese Frauen. Sie lebten zwar in patriarchalen Verhältnissen, aber es waren großartige Sippenmütter, es waren Politikerinnen, es waren Kämpferinnen, und sie schenkten mir alles, was eine Frauenbiographie braucht. Ich habe Frauen kennen gelernt, die keine Kinder bekommen, die verlassen werden, die in höchst unbürgerlichen Familienkonstellationen überleben. Aber auch Frauen, die alles tun, um ihre Kinder groß zu kriegen, Frauen, die die Welt von unten sehen – aus der Perspektive der Kleinen, Frauen, die in allem und trotz allem unter der schützenden Hand Gottes stehen.
Und wenn man später in seinem Leben einmal beginnt, Verantwortung zu übernehmen, da kann man dann froh sein, wenn man den David kennengelernt hat, den jungen Mann mit den überragenden Anfangserfolgen, wie er da spielend den Goliath erlegt. Naiv, wie man halt ist, wenn man die Gefahren nicht kennt. Es ist gut, wenn man dann weiter die Geschichte von David und Nathan liest – einerseits die Korruption der Macht und andererseits Nathan, der Prophet, der die Lüge, und die Rücksichtslosigkeit des Mächtigen freilegt wie eine schwärende Wunde: „Du bist der Mann." Es ist gut, wenn man Verantwortung übernimmt und sich dabei der großen Propheten Israels erinnert: vom rechten Gottesdienst, der ein Dienst am Gemeinwohl

und an den Menschen ist, oder dem unbeirrbaren Satz: „Es ist dir gesagt Mensch, was gut ist und was der Herr von dir fordert."

Ja, sie werden zu Lebensbegleitern, diese Figuren, zu sprechenden Wegweisern. Sie stehen in der inneren Welt herum und bieten sich an für mich und mein Leben, dass ich mich darin berge. Bis zum Schluss, bis ich mich in Simeon und Hanna wiederfinde, die Alten, die den Tod nicht sehen werden, bevor sie nicht den Heiland gesehen haben.

Die Bibel ist einen Selbstversuch wert, es ist ein Erfahrungsbuch für ein ganzes Leben. Mit Rollen und Bildern, die für die ganze Menschheit reichen. Für jeden und für jede – so viele Rollen!

Und jeder, der einmal versucht hat, die Erfahrungstiefe dieser Geschichten zum Beispiel im eigenen Lebensspiel auszuloten, der wird erkennen, dass alle biblischen Geschichten Geschichten innerer Entwicklung und gleichzeitig Geschichten innerer Heilung sind.

Die biblischen Geschichten wollen heil machen. Bei aller manchmal abgründigen Tiefe steht immer am Ende der Prozess der Heilung: Da bekommen die Dämonen einen anderen Ort, sie werden zurechtgewiesen und benannt, da wird den Blinden ein klarer Blick zugesprochen und dem Tauben das Gehör. Da wird Lazarus zugemutet, die Totenhöhle zu verlassen im Namen des springlebendigen Gottes: Komm heraus und lebe.

Die Bibel ist ein Erfahrungsbuch für die Überzeugung: Gott kann verändern, und auch ich kann mich verändern, ich kann Zukunft gestalten, nicht nur Vorgezeichnetes ableben; es gibt – allen Abgründen zum Trotz – einen liebevollen Willen Gottes mit jedem einzelnen Menschen, und es gibt das Wunder vom besiegten Tod.

Und wenn Jesus Christus den Tod besiegt hat, dann ist es doch wenigstens möglich, dass ich und mein Glaube ein paar Berge versetzen, wenigstens ein paar kleine. Denn das wollen die biblischen Geschichten: Sie wollen weitererzählt werden von uns, mit unseren Worten und Taten und unseren Bildern. Überlebensbilder malt die Bibel, mit denen ein Mensch leben und irgendwann einmal dann auch getrost sterben kann.

Johanna Haberer wurde 1956 in München geboren. Sie studierte Theologie und war anschließend als Pfarrerin in Schongau tätig. Danach arbeitete sie als kommissarische Rundfunk- und Fernsehbeauftragte ihrer Landeskirche beim Bayrischen Rundfunk, als Referentin für den Hörfunk im Evangelischen Presseverband für Bayern und als Redakteurin beim »Sonntagsblatt«. Es folgten freie Mitarbeiten u. a. beim Bayrischen Rundfunk und bei der evangelischen Filmgesellschaft EIKON sowie bei ARD und ZDF. Außerdem arbeitete sie als Redaktionsleiterin des Evangelischen Fernsehens (efs) mit. Von 1997 bis 2001 war sie Rundfunkbeauftragte des Rates der Evangelischen Kirche in Deutschland. Seit 2001 lehrt Johanna Haberer als Professorin für Christliche Publizistik an der Universität Erlangen.

Im Wort zu Hause – Über biblische und jüdische Heimaterfahrungen

Jürgen Ebach

„Am Anfang / war das Wort / und das Wort / war bei Gott / Und Gott gab uns / das Wort und wir wohnen / im Wort / Und das Wort ist / unser Traum / und der Traum ist / unser Leben“

So lautet ein Gedicht der aus der Bukowina stammenden, deutsch schreibenden jüdischen Lyrikerin Rose Ausländer.[1] „... und wir wohnen im Wort“– das Wort als Wohnung, die Schrift als Heimat, die Heimat als

Traum und der Traum als Leben. Heimatkunde für Himmelssucher? Im Brief des Paulus an die Gemeinde in Philippi lesen wir (Phil 3,20): „unser Bürgerrecht ist im Himmel". Wer sich so beheimatet, fühlt sich auf der Erde nicht ganz zu Hause. Wer so von Heimat spricht, spricht von einer Heimat, die vorn liegt. Solche Heimat ist kein Land, aus dem man kommt, sondern ein Ort, zu dem man kommen wird. „Heimatkunde" wird zum utopischen Fach. Auch darum ist „Heimat" das letzte Wort in Ernst Blochs großem Werk „Das Prinzip Hoffnung". Diese „Heimat" entsteht, so heißt es am Ende dieses Grundwerks über die Utopie, als „etwas, das allen in die Kindheit scheint und worin noch niemand war".[2] Rose Ausländer formuliert es so:

Utopia
Utopia / mein Land /
Keines größer / keines schöner /
Hier / bin ich geboren /
Hier will ich leben / äonenlang[3]

Von woher kommen, wo man niemals war – an einem Ort Heimat finden, an dem man noch nicht ist – die utopische Heimatkunde ist von biblischen und jüdischen Heimaterfahrungen geprägt. Und doch ist, wer mit solchem Heimweh unterwegs ist, nicht heimatlos. Wenn Heimat, der „gelebte Raum"[4] ist, „in dem ein Mensch verankert ist und sich auskennt"[5], dann können das Wort, das Buch, die Literatur zur Heimat werden.

„Ich bin ein halber Pole, ein halber Deutscher und ein ganzer Jude", so antwortete Marcel Reich-Ranicki einmal auf die Frage, welcher Nationalität er sich zugehörig fühle: der deutschen oder der polnischen. Als seine Heimat bezeichnete er immer wieder die Literatur. In der Literatur zu Hause sein, meint in diesem Zusammenhang viel mehr als die professionelle Kenntnis des Stoffes. Sie meint das Buch als Lebensraum und das Lesen als Leben. Im Wort, im Buch zu Hause sein – dies ist die zweite Prägung biblischer und jüdischer Heimaterfahrungen. Das Buch ist dabei in erster Linie das Buch der Bücher, die Bibel, die „Schrift". In seinen „Geständnissen" formuliert Heinrich Heine, den Juden wurde im Exil (und den vielen Exilen danach) die „Schrift" ein „portatives Vaterland", sozusagen: eine transportable Heimat.

Heimat in den Worten zu finden wird lebensnotwendig, wenn die Orte der Heimat zerstört sind. In Rose Ausländers Gedicht „Mutterland"[6] lese ich die Zeilen:

> Mein Vaterland ist tot / sie haben es begraben /
> im Feuer
> Ich lebe / in meinem Mutterland / Wort.

In den Erfahrungen der Nazizeit, des Krieges und der Vertreibungen werden die alten Erfahrungen Israels wiederholt, wieder geholt. Vor zweieinhalb Jahrtausenden, nach dem Zusammenbruch der Königreiche Israel und Juda, im babylonischen Exil und danach unter fremder Herrschaft wurde aus alten Traditionen das große Werk der Tora, der Mosebücher, gefügt. Die Tora setzt ein mit der Schöpfung von Welt und Menschen und den Geschichten der Väter und Mütter Israels. Von den Verheißungen an Abraham und Sara, Rebekka und Isaak, Jakob und seine Familie erzählt sie und dann weiter, wie die Familie Jakobs nach

Ägypten kam, wie dort das Volk Israel entstand, wie es zur Zwangsarbeit gezwungen wurde und vom Völkermord bedroht war, kaum dass es entstanden war. Und dann erzählen die Mosebücher vom Ursprung Israels, vom Exodus, dem Auszug aus dem ägyptischen Sklavenhaus. Aber die Befreiung wurde nicht sogleich zur Freiheit, vielmehr folgten lange Jahre der Wüstenwanderung mit nichts im Gepäck als Gottes Verheißung, dass Israel einmal in sein Land kommen und dort Heimat und Freiheit haben werde. Doch zuerst: „Heimat ist das Entronnensein".[7]

Als Israel sein Land nicht mehr hatte, erzählte es von der Zeit, als es sein Land noch nicht hatte. Und so gerät das Heimweh nicht zur nostalgischen Verklärung des Gewesenen, sondern zur Erwartung des Kommenden. „Nächstes Jahr in Jerusalem" heißt es in solcher Erwartung in den Worten, die beim Pessachfest gesprochen werden. Die Hoffnung lebt in der Erinnerung, und die Erinnerung ist aufgehoben im Wort, im Buch.

Wer seine Heimat im Buch finden will, muss das Buch in sich aufnehmen. Das Buch als Lebensmittel! Darum soll sich der Prophet Hesekiel eine Schriftrolle einverleiben. Im Hesekielbuch lesen wir (Ez 2,8-3,3), wie die göttliche Hand sie ihm buchstäblich zu essen gibt[8]:

Du aber, Mensch, höre, was ich zu dir sage! Sei nicht trotzig wie die trotzig Verschlossenen! Öffne deinen Mund und iss, was ich dir gebe! Ich schaute: Da – eine Hand streckte sich mir entgegen, und in ihr war eine Schriftrolle. Sie breitete sie vor mir aus: Vorder- und Rückseite waren beschrieben. Es stand dort: ‚Klage' und ‚Ach' und ‚Wehe'. Sie sprach zu mir: Mensch, was du da vor dir hast, iss! Iss diese

Rolle, und dann geh, rede zum Haus Israel! Da öffnete ich meinen Mund, und sie gab mir diese Rolle zu essen und sagte zu mir: Mensch, gib deinem Bauch Nahrung und fülle deinen Magen mit dieser Rolle, die ich dir gebe! Da aß ich sie, und sie war in meinem Mund so süß wie Honig.

Wer dem Buch in sich Raum gibt, kann im Buch Heimat finden. Darin steckt auch eine Gefahr für die jeweils Herrschenden. Diese Erfahrung steht am Beginn der Entstehung der Bibel. Der Prophet Jeremia (Jer 36) hatte auf Gottes Weisung eine Schriftrolle verfertigt, indem er Baruch die Worte diktierte. Baruch schreibt und liest die Worte öffentlich vor. Die Sache wird vor den König gebracht, der lässt sich die Rolle vorlesen, um sie dann Abschnitt für Abschnitt zu verbrennen. Die Bücherverbrennung aber behält nicht das letzte Wort; Jeremia lässt Baruch eine neue, erweiterte Rolle schreiben – den Kern des Jeremiabuches. Das Buch entsteht nicht nur gegen, sondern geradezu durch den Versuch, es zu vernichten. Das Buch triumphiert über den Tyrannen, der es verfolgt. Das Thema hat Ray Bradbury in seinem Buch „Fahrenheit 451“ aufgenommen. Es spielt in einem Staat, in dem es die Aufgabe der Feuerwehr ist, Brände zu legen, um jedes Buch, jede Schrift zu vernichten. Denn alles, was geschrieben ist, kann ein Angriff auf die Totalität der Macht sein, die keine abweichende Meinung, keine Privatsphäre, keine Phantasie zulassen kann. Wo alle Bücher verbrannt werden – bei einer Temperatur von 451 °Fahrenheit, das entspricht 232 °Celsius, brennt Papier – werden Menschen zu deren Rettern, die sich Bücher einverleiben, indem sie sie auswendig lernen und so selbst zu Büchern werden. In der Schlussszene des Buches wird der einstige Feuerwehrmann und Bücherverbrenner Guy Montag, der zum Regimegegner geworden ist und sich diesen Büchermenschen zugesellt hat, zu einem von ihnen, das heißt ebenfalls zu einem Buch. Er soll für zwei Bücher der Bibel stehen bzw. – was in diesem Fall dasselbe ist – in ihm sollen zwei biblische Bücher stehen. Fast am Ende des Romans steht ein Zitat aus einem der beiden. Dieses Zitat aus der Johannesoffenbarung aber ist selbst schon ein Zitat – aus dem Buch des Hesekiel, eben jenes Propheten, der ein Buch essen und so selbst zum Buch werden sollte.

Im Buch als Heimat geht es nicht immer behaglich zu. Oft wird es zur Zuflucht, zum Asyl. Im Buch findet nicht selten Heimat, wer in der Heimat der Anderen fremd ist. Die Lyrikerin, die wie keine andere diese biblisch-jüdische Erfahrung in Worte gefasst hat, trägt den Namen „Ausländer“. Es ist der Name ihres Mannes, mit dem sie nur kurz zusammenlebte und von dem sie bald geschieden wurde. Dass sie den Namen „Ausländer“ bis an ihr Lebensende 1988 im Nelly-Sachs-Altersheim der jüdischen Gemeinde Düsseldorf beibehielt, spricht Bände.

Heimat und Fremde – die so gegensätzlichen Worte kommen in der Bibel auf überraschende Weise zusammen. Denn die ersten Fremden, die in der Bibel genannt werden, sind nicht „die anderen“, sondern (in 1. Mose 15) Abrahams Nachkommen, ist Israel selbst. Israels Väter und Mütter lebten als Fremdlinge in dem Land, das erst ihren späteren Nachkommen gehören wird. Und auch die Jüdinnen und Juden, die im Land Israels lebten und leben, hören und lesen in der „Schrift“, dass Israel von woanders herkommt und nicht „immer schon" im Lande war. Die Beheimatung in diesem Buch und seiner fortlaufenden Lektüre und Auslegung verbindet so auch Israels Generationen; im Buch findet Israel Identität und Heimat.

In diesem Buch ist auch mein Glaube zu Hause. Ich bin ein evangelischer Bibelwissenschaftler und Theologe. Als Christ gehöre ich nicht zu den ersten und bleibenden Adressaten dieses Buches, aber ich darf mithören auf das, was Israel gesagt ist und mir wiederum davon etwas sagen lassen. Das Buch ist für mich die gesamte christliche Bibel, das Alte und das Neue Testament. Das Neue Testament führt mich als Christen aber nicht aus dem Alten heraus, sondern umgekehrt in das Alte hinein. So kann ich, der ich kein Jude bin, an Israels Gott glauben. Wenn ich vom Glauben spreche, meine ich keine Satzwahrheiten (von der Form: „ich glaube, dass ..."). Ich meine auch nicht das „Glauben", welches weniger ist als Wissen („Weißt du das oder glaubst du das nur?"). Das Wort „glauben" meint in der Bibel das, worauf man steht. Darauf stehe ich – das ist es, was meinem Leben Stand und Bestand gibt. Aber auch: Da stehe ich drauf – das finde ich gut! Eine Form des biblisch-hebräischen Worts für „glauben" – aman – kennen und sprechen alle Christen am Ende eines Gebets, wenn sie „Amen" sagen. „Amen", das bedeutet: „Es werde wahr!" Sich in dem zu beheimaten, wozu man „Ja und Amen" – und zuweilen auch „Nein und Amen" sagen kann, gehört mit zu jener utopischen Heimatkunde, welche die der Bibel ist. „Es werde wahr!" Hier gibt es keine Sicherheit, aber Gewissheit. Ich versuche im Lesen und Auslegen der „Schrift" so vernünftig wie möglich zu denken und zu argumentieren. Was ich da wissenschaftlich herausfinden möchte, soll jedem denkenden Menschen, der die nötigen Kenntnisse mitbringt, zugänglich und nachvollziehbar sein. Dass es „wahr“ ist, kann Wissenschaft nicht beweisen. Aber ich wette darauf ...

Wie jede Heimat hat auch diese Buch-Heimat dunkle Seiten. Manche sind dunkel, weil ich sie nicht verstehe. Andere sind dunkel, weil sie mir, gerade wenn ich sie verstehe, unheimlich sind und bleiben. Warum muss sich die große Geschichte der Befreiung, die der Exodus Israels aus dem Sklavenhaus ist, so durch Gewalt und Blut hindurch arbeiten? Warum fordert die Erlösung der Menschheit den grausamen Tod Jesu? Warum gehen der Verheißung des neuen Himmels und der neuen Erde, die am Ende der christlichen Bibel in Aufnahme von Worten aus dem alttestamentlichen Jesajabuch verheißen ist, die schrecklichsten Kämpfe zwischen Gott und Teufel voraus? Ich habe zu diesen Fragen Antworten, oder bescheidener: Ich habe Teilantworten, doch das Unheimliche in dieser Heimat bleibt. Die Bibel als ein „portatives Vaterland“ und das Mutterland „Wort“, bleiben – das ist das Anstrengende und das Tröstliche zugleich – Wegzehrung, Erfahrung. Eine bleibende Heimat werden wir – so Gott will und er lebt – im Himmel haben.

„Heimatkunde für Himmelssucher“? Vielleicht darum auch umgekehrt: Himmelskunde für Heimatsucher. Wo mein Glaube zu Hause ist? Vielleicht darum auch umgekehrt: Wo mein Zuhause zu glauben ist. Von solchem Glauben handelt eine Geschichte vom Rabbi Levi Jizchak, der am Ende des 18. und zu Beginn des 19. Jahrhunderts in Berditschew in der Ukraine wirkte: *Ein Aufklärer, ein sehr gelehrter Mann, der vom Berditsche-*

wer gehört hatte, suchte ihn auf, um auch mit ihm, wie er's gewohnt war, zu disputieren und seine rückständigen Beweisgründe für die Wahrheit seines Glaubens zuschanden zu machen. Als er die Stube (...) betrat, sah er ihn mit einem Buch in der Hand in begeistertem Nachdenken auf und nieder gehen. Des Ankömmlings achtete er nicht. Schließlich blieb er stehen, sah ihn flüchtig an und sagte: „Vielleicht ist es aber wahr." (...) Rabbi Levi Jizchak (...) wandte sich ihm nun völlig zu und sprach ihn gelassen an: „Mein Sohn, die Großen der Thora, mit denen du gestritten hast, haben ihre Worte an dich verschwendet, du hast, als du gingst, drüber gelacht. Sie haben dir Gott und sein Reich nicht auf den Tisch legen können, und auch ich kann es nicht. Aber, mein Sohn, bedenke, vielleicht ist es wahr."[9]

Anmerkungen

1 Rose Ausländer, Hinter allen Worten. Gedichte, Frankfurt a. M. ^{3}1998, S. 136.

2 Ernst Bloch, Das Prinzip Hoffnung, Kap. 43–55; Gesamtausgabe Bd. 5, Frankfurt a. M. 1959, S. 1628.

3 Rose Ausländer, Hinter allen Worten, S. 153.

4 Bernhard Waldenfels, Heimat in der Fremde, in: Ders., In den Netzen der Lebenswelt, Frankfurt a. M. 1985, S. 195.

5 Andreas Obermann, Fremd im eigenen Land. Die Heimatkonzeption frühchristlicher Gemeinden nach dem 1. Petrusbrief und ihre praktischen Implikationen heute, in: Kerygma und Dogma 51 (2005) S. 263–289, hier S. 264.

6 Mutterland / Einverständnis. Gedichte, Frankfurt a. M. 1988, S. 17.

7 Max Horkheimer / Theodor W. Adorno, Dialektik der Aufklärung [Amsterdam 1949], Frankfurt a. M. ^{2}1969, S. 97.

8 In der Übersetzung von Ruth Poser / Susanne Gillmayr-Bucher für die „Bibel in gerechter Sprache“, die voraussichtlich 2006 im Gütersloher Verlagshaus erscheinen wird.

9 Nach Martin Buber, Die Erzählungen der Chassidim, Zürich ^{10}1987, S. 363 f.

Jürgen Ebach wurde 1945 geboren und ist Professor für Altes Testament an der Ruhr-Universität Bochum. Er publizierte zahlreiche Bücher zu altorientalischer und israelitischer Religionsgeschichte, biblischer Ethik, Sozialethik sowie zum Thema Biblische Theologie. Zudem engagierte er sich lange als Präsidiumsmitglied beim Deutschen Evangelischen Kirchentag.

Verzeichnis der Bildquellen:

dpa picture alliance:
S. 21 (dpa – Report), S. 41 (dpa - Report),
S. 51 (Wdh. auf Cover),
S. 53 (ZB-Fotoreport), S. 95 (HB Verlag),
S. 181 (picture alliance – akg images),
S. 193 (OKAPIA KG, Germany),
S. 251 (HB Verlag), S. 261 (dpa – Report)

Corbis: S. 31, S. 127, S. 281
epd-Bild: S. 213, S. 115 (Wdh. auf Cover), S. 229
photocase: S. 137
Goralewski-Gesellschaft: S. 75
Bildarchiv Hamburg: S. 221
Steffi Hilmer: S. 85
Hermann-Josef Pape: S. 105
Sabine Leutenegger, Will (Schweiz): S. 117
Jens Schulze: S. 126 (Wdh. auf Cover)
Helmut Grimm: S. 147
Dr. Jens Schulze: S. 155
Jens Küsters: S. 289
Jürgen Pietzsch: S. 291